胡文彬 著

历史的光影

LISHI DE GUANGYING

程伟元与《红楼梦》

揭开蒙尘的历史，了却红学史上一桩公案

佐证程伟元在《红楼梦》阅读、传播史上做出的重大贡献

中国红学会副会长、顾问、学术
委员会主任胡文彬先生最新力作

中国文史出版社

图书在版编目（CIP）数据

历史的光影：程伟元与《红楼梦》 / 胡文彬著.
-- 北京：中国文史出版社，2018.10
ISBN 978-7-5205-0802-5

Ⅰ. ①历… Ⅱ. ①胡… Ⅲ. ①《红楼梦》研究②程伟
元—人物研究 Ⅳ. ①I207.411②K825.6

中国版本图书馆CIP数据核字(2018)第264170号

责任编辑：全秋生
封面设计：徐　晴

出版发行：中国文史出版社
地　　址：北京市海淀区西八里庄路69号　　邮编：100142
电　　话：010－81136602　　81136603　　81136606 （发行部）
传　　真：010－81136655
印　　装：北京温林源印刷有限公司
经　　销：全国新华书店
开　　本：787×1092　　1/16
印　　张：18.25　字数：280 千字
版　　次：2020年 1 月北京第1版
印　　次：2020年 1月第1次印刷
定　　价：55.00元

C目录
CONTENTS

3

第五章　程伟元与《红楼梦》

序

　　《红楼梦》是一部伟大的小说，可是作者曹雪芹却没能全部定稿于生前，还是由另外一个人在他逝世之后把这部未完成的杰作编辑加工完成的，这个人就是程伟元。程伟元使这部伟大作品得以完整的面目呈现于读者面前，在社会上引起了广泛强烈的影响，他是功不可没的。可以说没有程伟元就没有《红楼梦》，没有程伟元整理出版的《红楼梦》，单单八十回本的《石头记》，它是否能占据章回小说中的鳌头，恐怕还是问题呢！

　　曹雪芹自己初步完稿的前八十回，同程伟元编辑整理的后四十回比较起来，前者优于后者是显然的，也是当然的，并没有什么奇怪。但是这后四十回是不是就是程伟元的画蛇添足呢？程伟元并不需要我们来替他评功摆好，也不需要我们来替他改正平反，我总相信广大读者还是喜欢一百二十回的《红楼梦》的，因此，我也希望《红楼梦》的研究者对程伟元要全面而公平一些，起码要承认一个简单的事实——为了研究《红楼梦》就需要研究程伟元。

　　可惜程伟元的生平事迹我们所知几乎没有，幸而近来发现了他的一些画本，现在又经胡文彬君辛勤搜集，获得了不少有关他的材料，编辑了这本《历史的光影——程伟元与〈红楼梦〉》（这里所指昔日所编的程伟元生平与《红楼梦》论文集），使我们对程伟元的生平大致有一些了解，这对研究《红楼梦》是大有裨益的。

　　胡文彬君参加过新本《红楼梦》的校订工作，他费了不少功夫去搜集程伟元的材料，居然大有收获，现在又整理出来，这是极可喜的。

过去，文彬君在追寻程伟元材料时，亦时来相商，曾就所知详谈之。可惜的是，过去曾由友人经手借来刘大观的《玉磬山房诗文集》初刻本，其中不少关于程伟元的材料，这是重刻本中所未有的，当时也都抄下来，但在"文革"中全部丢失了。文彬君也曾代为向各图书馆查找，始终没再见到。现在附记于此，希望能看到这部书的人注意及之。

周绍良

1984年7月18日

【附记】

1984年初，我将历年铢积寸累的有关程伟元生平研究资料和部分程伟元研究论文编述一集，并恳请周绍良先生为本集撰写了这篇序文。后来由于出版社的人事变动与当时出版社方面出现的困难，这本题名为《历史的光影——程伟元与〈红楼梦〉》的资料集"胎死腹中"。时过27年，本书即将付梓之际，我将周先生当年写的序文移作本书之序，一则表达我对先生当年教导、支持的感激之情，二则是对先生驾鹤西归表达深切缅怀之意！

胡文彬 拜记

2011年11月1日

　　永宁寺壁，见程状元伟元题字。顷年纲好内兄曾过此。知其为名士，闻是正公后孙云。

　　尊诵程朱四十年。欲持门户作曾玄。堃云（朱堃云文公二十六世孙）一面如家法。独恨不先识小泉（伟元）。

記言碣石亦傳疑⋯⋯有石特出山頂形如文筆⋯⋯

廢于斯。

韓氏不過爲邵望脚淮負是此鄉人⋯⋯

文筆張奇兆合覓弓與弢聲。

二月十二日出山海關。

重關屹屹向東開海壑山嵜嶸北聖靈摧飛隼。

墮南陶波礙且緣迴城荊未有三家帝籍撥無如二

世衰霽客鷄兒藏耳我車迎月好歸來。

寧遠城東五里鷄鳴山下有湯井山頂有臺名。

嘔血。

破朧當時走老首尚傅嘔血止山頭將軍瘞碧還無

地湧井長如熱盂流。

永寧寺屏見程元傳元題字頃年網好內兄

曾過此知其爲名士闢是正公後孫云。

尊誦程朱四十年欲持門戶作曾玄壁雲公二十六

一面如家法獨恨不先識小泉。

十三山

峯離錯平野如卧鉅麓鈹淩露不成劈寸草尺未咎

去日驟雨山下去迎促未見山佳處撮土戴石十三

清道光年间朝鲜来华文人所撰《斗室存稿》卷一，记载程伟元游永宁寺题壁文字（残）。为研究程伟元在盛京期间活动情况提供一则新的记录材料！

千秋功罪费评章

　　清乾隆五十六年辛亥（1791），程伟元将历年"竭力搜罗"的《红楼梦》抄本，"同友人细加釐剔，截长补短，抄成全部"，以"萃文书屋"的名义出版了一百二十回本《红楼梦》，封面题为"绣像红楼梦"，扉页题为"新镌全部绣像红楼梦"，各回首及中缝均题为"红楼梦"。因其卷首有程伟元序、高鹗序，后经胡适命名为"程甲本"，历数十年，为红学版本研究者所接受。程甲本问世后不及90天，程伟元、高鹗在程甲本基础上又加工整理，于乾隆五十七年壬子（1792）再次活字摆印一百二十回本《红楼梦》，世称程乙本。

　　两百多年来，世人所见所读《红楼梦》的版本主要是程甲本、程乙本，或是甲乙两本的翻刻本、校点本、校点注释本、评点本、改缩本等。直至1912年，上海有正书局石印了附有脂砚斋评语的《国初钞本原本红楼梦》，共八卷八十回，其扉页题"原本《红楼梦》"，中缝则题"石头记"。因其卷首有德清戚蓼生写的序，故版本学家又称其为"戚序本"或"戚序有正本"。这是第一个正式出版的抄本系统的《红楼梦》本子。但是由于原本《红楼梦》仅八十回，在读者中的影响、流传仍然极为有限。大众通行读本仍然是以程甲本或程乙本的翻印本（加标点）为主流。

　　程伟元的名字第一次为读者所了解，是和《红楼梦）程甲本、程乙本的流传联系在一起的。从这个意义上说，没有《红楼梦》，确切点说没有一百二十回本《红楼梦》的摆印问世，就没有程伟元在红学史上的地位，或许他的名字将永远默默无闻。

《红楼梦》，给程伟元带来了"荣誉"。

但是，在我的记忆中程伟元首先是《红楼梦》的功臣，是曹雪芹的知音！

程伟元何时读到《红楼梦》，喜欢上这部涵古盖今的旷世小说，没有直接的文字记载作为依据。但从他在乾隆五十六年所写的序言中所透露出的信息看，约在乾隆四十年至五十年间他肯定已经读了《红楼梦》抄本，而且不久即开始了抄本的搜集工作。至乾隆五十六年，终成"全璧"，"复为镌板，以公同好"。程序中说"数年以来，仅积有廿余卷"，这个"数年"，以通常的时间观念，当绝不会超过乾隆五十年以前太多，否则就应该说"十年""十数年"或"十余年"乃至"二十年""数十年"了。显然，"数年"这个概念应在"五六年"或"七八年"之间为宜。

现在我们有理由认为乾隆五十六年和五十七年前后，程伟元是在北京，没有南下的迹象，因此所谓"萃文书屋"是在北京而非是南方的苏州（吴门）。也就是说，程甲本、程乙本的初版当在北京印刷，"吴门开雕"之说当是指甲本或乙本的翻刻本，或者是指人们所见的拼配的"程丙本"。因为我认为当时的程伟元也好，高鹗也罢，从财力或时间上考虑，都不大可能把整理好的一百二十回本《红楼梦》千里迢迢地运送到吴门去印刷。这一点不同于今天有了特快列车或者飞机的时代，那个时代交通就是一大障碍。况且从甲本印成不及90天又改出乙本的这一事实来分析，时间是相当紧迫的，如此往返于北京——吴门似乎也不大合乎出版者的"生意经"。虽然这一判断缺乏足够的"证据"，但我认为这一看法要比"吴门开雕"说更合情合理些。

从研究程伟元对《红楼梦》的贡献角度说，印刷的地点并不十分重要。重要的是程伟元经过历年的"铢积寸累"之苦，终于使神龙无尾的八十回《石头记》成了一百二十回《红楼梦》，使只有少数收藏家才能看到的《红楼梦》成了广大群众也可以读到的一部有头有尾的小说。诚如程伟元在序中所说："书成，因并志其缘起，以告海内君子。凡我同人，或亦先睹为快者欤？"人们都知道，手抄本速度慢，"昂其值得数十金"，不是一般读者所能购得起，摆印本恰好解决了这两个难题，对《红楼梦》的广泛流传，形成今天"红学"这门专学，有着不可估量的贡献和影响。而搜罗、首成全璧之功，自然也应归于程伟元而不应独属于高鹗。

说到程伟元是曹雪芹与《红楼梦》的知音，实在无须多说什么大道理。首先，如果程伟元没有一定的鉴赏力，对《红楼梦》的思想、艺术价值没有相当的认识，他就不会去"竭力搜罗"，甚至不惜"重价购之"。喜欢《红楼梦》，认识到其"潜在"的巨大价值，这是程伟元的眼光，也是他下决心进行搜集、整理并出版《红楼梦》的前提。程伟元在序中没有像后人那样直接评论《红楼梦》是"千古不磨、可与日月争辉"的不朽名著，但他在《引言》中还是表达了自己的基本看法："是书词意新雅"，"其中用笔吞吐，虚实掩映之妙，识者当自得之"。这说明程伟元的"眼光"是相当深邃的。可以说，在两百多年前的那个时代里，程伟元的"眼光"和魄力不要说同那些怕有"碍语"终不欲"一睹"的弘旿等人不可同日而语，就是比那些只能发几句空洞乏味慨叹的达人们，也不知要高明多少倍！古往今来，一个人发点议论，甚至是"高调"都很容易，难的是不畏艰辛、扎扎实实地做一两件实事。程伟元没有什么研红专著流传后世，更没有生在一个"红楼夺目红"的时代里，他的序文也只不过是用简略的文字述其经过事实而已。但他毕竟做了一件实事，有功于《红楼梦》的传播。就此一端，那些张口就骂、闭口就贬的某些人实在应该在睡不着觉时设身处地地想一想。

不要说在几千年的中国历史上，就是在两百余年的清代历史上，程伟元也算不上什么"大人物"。那时没有什么专门的"红楼梦大辞典"，也没有什么"中华著名编辑大全"，或北京市出版经营注册的相关档案。因此，至今连他的一篇传记材料都找不到，这一点恐怕连今天的"小人物"还不如。当然，我如此说，并不是要把程伟元抬到比曹雪芹的地位还高，甚至比曹雪芹还"伟大"的高度。因为曹雪芹的伟大贡献和地位与程伟元的贡献和地位不是在同一水平线上，不是一个"层次"，不能"混淆"。我们的评价只是限定在程伟元在《红楼梦》版本史上、流传史上的贡献与地位，在这个范围或高度上应该给予实事求是的评价和肯定。就其个人来说，程伟元的地位可能是"卑微"的，但他的"竭力搜罗"和整理镌板则是功垂后世。这种评价和肯定是不应含有某种纯属于个人的好恶和偏见，而是一种公正的、科学的肯定和评价。

历史是不该忘记的！

程伟元三十一代祖程颐

程氏迁吴之谱

序

红楼梦小说本名石头记，作者相传不一，究未知出自何人。惟书内记雪芹曹先生删改数过。好事者每传抄一部，置庙市中，昂其值得数十金，可谓不胫而走者矣。然原目一百廿卷，今所传秖八十卷，殊非全本，即间稱有全部者，及检阅仍秖八十卷，读者颇以为憾。不佞以是书既有百廿卷之目，岂无全璧？爰为竭力搜罗，自藏书家甚至

1791年刊印绣像的红楼梦卷首程伟元序

坟抵堆中，无不留心，数年以来，僅积有廿餘卷。一日偶於鼓担上得十餘卷，遂重價購之，欣然繙閲，见其前後起伏，尚属接筍，然漶漫殆不可收拾，乃同友人细加釐剔，截長补短，抄成全部，復为镌板，以公同好。红楼梦全书昭矣是告成矣。书成因并誌其缘起，以見海内君子，凡我同人，或亦先睹为快者欤。

小泉程偉元識

一语铸成百年辨

—— 程伟元"书商"说的来源与错误

在中国近现代学术史上，胡适是一位被誉为"大师"级的人物。有关他的著作已是尽数公之于世，而对他的评价文章、著作更是铺天盖地。以红学研究而论，他的贡献及开创之功也是无人可以企及。他的考证视角确有独到之处，为后世学界所称道，这是无可争辩的事实，也是他在红学史上不可磨灭的功绩。

但是，也有一个事实不可否认，新红学考证派不论是其开山泰斗还是其集大成者，在《红楼梦》后四十回的评价上和所谓程伟元"书商"说的论断，却是无法让人苟同和称善的。他们的错误论断和某些偏见被一些人无限放大，其影响之深之广，简直成了一种痼疾，达到一种难以"医治"的程度。这种"痼疾"不仅成了新红学考证派自身的悲哀，也是整个红学史上的悲哀。正因如此，今天的红学研究者应该以一种自省的态度，把以往的史料、论断加以重新审查。

胡适的程伟元"书商"说发端于他的《考证〈红楼梦〉的新材料》[1]一文，后来又在《〈红楼梦〉考证》（改定稿）[2]中加以强调。胡适"大胆"地

---

1 胡适：《考证〈红楼梦〉的新材料》，1928年2月12—16日，收入《胡适文存》三集卷五；又收入《胡适红楼梦研究论述全编》，上海古籍出版社1988年8月版，第158—191页。

2 胡适：《〈红楼梦〉考证》改定稿，1921年3月27日初稿；1921年11月12日改定稿；又收入《胡适红楼梦研究论述全编》，同上，第75—118页。

推测是"程伟元出钱用木活字排印"《红楼梦》[1]。后来，胡适在《找书有甘苦，真伪费推敲》一文中又说：

> ……《红楼梦》都是一百廿回本。这种一百廿回本并非真的《红楼梦》。曹雪芹四十多岁死去时，只写到八十回，后来程伟元、高鹗合作，一个出钱，一个出力，完成了后四十回[2]。

后世所谓的"真"本、"伪"本之说，恰是胡适定下的老调。文中所谓"出钱"者谁？当然是程伟元。胡适的"定论"被后世的学者全盘接受下来，"书商"说正式登场："程伟元固是普通书商"，"可能没有任何有关此人之史料流传下来。"[3]至此，"书商"说成为主流红学大师们抨击一百二十回本的一件独门兵器！

事实胜于雄辩。1976年7月，文雷根据历年搜集的有关程伟元的相关资料撰写了《程伟元与〈红楼梦〉》长文，发表在同年第10期《文物》月刊上。与此同时，文雷将所发现的全部资料略加注释，以《新发现的程伟元生平资料——〈红楼梦〉卷外编选刊之一》刊载在1977年12月辽宁第一师范学院中文系编辑出版的《红楼梦研究资料选集》第三集下第163—208页。

已公布的资料概括起来有以下几项：

（1）盛京将军晋昌给程伟元的唱和诗9题38首与《题阿那尊像册十二绝》，共10题50首。

（2）孙锡的一首七律《赠程小泉（伟元）》。

（3）刘大观题程伟元绘《柳荫垂钓图》古风一首。

（4）程伟元的学生金朝觐题程伟元画册的诗与序。

（5）晋昌、程伟元、李桼、刘大观、周可庭、叶畊畚等人为程伟元编选的晋昌《且住草堂诗稿》写的序跋，等等。

从这批新发现的程伟元生平资料中，我们不仅可以了解到程伟元的生卒、

1　胡适：《跋乾隆甲戌脂砚斋重评〈石头记〉影印本》，1961年5月8日，原载《作品》2卷6期；又收入《胡适红楼梦研究论述全编》，同上，第327页。

2　胡适：《找书有甘苦，真伪费推敲》，上海古籍出版社1988年8月版，第254—255页。

3　赵冈、陈钟毅：《红楼梦新探》，香港文艺书屋1970年7月初版，第263—264页。

籍贯、家世和他离开北京后在留都盛京（今沈阳）交游的基本情况，更重要的是透过这些资料让我们对程伟元的思想和才艺有了一个真实的了解——他是一个"工诗""擅书画"的"东山冷士"。

继文雷发现第一批珍贵的资料之后，近30年来又有一批新的有关程伟元生平的资料，举其要者如：

（1）张寿平先生在台北《联合报》1977年3月28日版上发表他收藏的程伟元绘《双松并茂图》，题为《程伟元的画——有关〈红楼梦〉的新发现》。[1]

（2）1977年夏，北京邱大阜向鉴定专家史树青先生出示了自己收藏的程伟元绘十二开指画《罗汉册》，署"古吴程伟元"，并于1978年第2期《文物》月刊上公开了《罗汉册》的全部照片。

（3）1979年11月《红楼梦研究集刊》第1辑刊出了清芬发现的朱珔撰《题柳荫垂钓图》绝句六首。

（4）1986年10月号《文物》月刊上发表了邹宝库的《清嘉庆元年王尔烈寿屏》的全部内容，其中第95幅《双松并茂图》即是程伟元所绘。[2]

（5）1987年初沧州尹氏兄弟携程伟元绘《柳荫垂钓图》长卷访问中国艺术研究院红楼梦研究所，胡文彬在《程伟元绘〈柳荫垂钓图〉亲验记》[3]中做了详细介绍。

（6）2007年4月10日天津师范大学林骅教授在天津《今晚报》上首次发表了朝鲜李朝文人李海应《蓟山纪程》卷二收入程伟元的一首完整七绝和李海应的和诗。[4]

……

正如文雷在《新发现的程伟元生平资料——〈红楼梦〉卷外编选刊之一》

1　此文收入胡文彬、周雷合编《台湾红学论文选》，（天津）百花文艺出版社1981年10月版，第772—775页。

2　此文内容又见马宪丽、邹宝库编著《王尔烈史料集注》，吉林文史出版社2009年5月版，第81—82页。

3　此文原题为《笔花生彩墨花香——程伟元绘〈柳荫垂钓图〉目见记》，载《梦香情痴读红楼》，山西教育出版社1998年4月版，第312—313页。

4　本书所收入朝鲜文人李海应《蓟山纪程》封面与卷二收入程李唱和诗系韩国高丽大学中文科崔溶澈教授亲自影印寄赠，在此深致谢意。

中所说：

> 这些铁一般的事实，从根本上否定了"程伟元是一书商"的错误
> 论断，也否定了"没有任何有关此人之史料流传下来的说法"。

由于众所周知的原因，辽宁第一师范学院中文系编印的《新发现的程伟元生平资料——〈红楼梦〉卷外编选刊之一》流行的范围是极其有限的，许多研究者难得一见。但是文雷发表在当时全国公开发行的《文物》月刊，学界人士则是有机会读到的。就我个人所知，资料发表不久，上海徐恭时等人就在公开的刊物上撰文讨论其中有关资料的辨析文章[1]。令我感动的是，在两岸尚存阻隔的台北学者潘重规先生即于1977年4月在《联合报》上以《红学史上一公案——程伟元伪书牟利的检讨》[2]为题，摘要转述文雷的文章。他在文章的开头写道：

> 传播《红楼梦》一书的功臣，最具劳绩而又最受冤屈的，要数程
> 伟元。百二十回《红楼梦》是他搜集成书的，编校刻印由他主持的。
> 然而长期以来，人们误认他不过是一个书商，所以校补《红楼梦》的
> 工作，都归功于高鹗，而程伟元只落得一个串通作伪、投机牟利的恶
> 名。天地间不平之事宁复如此。

他说：

> 近见文雷《程伟元与红楼梦》一文，更可断定程伟元决非牟利的
> 书商。……众口铄金，人言可畏，程伟元已成为伪造《红楼梦》的主
> 犯了！我看到有关程伟元的新资料以后，不能不呼吁爱好《红楼梦》
> 的人士，大力替传播《红楼梦》的程伟元，把作伪牟利的飞来恶名彻
> 底洗雪掉！

1　文雷编：《新发现的程伟元生平资料——〈红楼梦〉卷外编选刊之一》后，徐恭
　　时于1979年在《沈阳师院学报》第3期上发表了《孙锡〈赠程小泉（伟元）诗新
　　笺〉》；马国权于1981年在《红楼梦学刊》第3期上发表《程伟元与辽宁》；江慰庐
　　于1981年在《东岳论丛》第6期发表《〈秋风红豆图〉不是程伟元的作品》诸文。
2　潘重规：《红学史上一公案——程伟元伪书牟利的检讨》，载1977年4月17日台北
　　《联合报》。

时至1990年，潘先生在他的《研究红学之回顾与前瞻》一文的"第三：《红楼梦》后四十回是程高伪造的我见"[1]中还说道：

> 后来我看见文雷《程伟元与红楼梦》（《曹雪芹与红楼梦论文集》）一文。此文发现有关程伟元的资料，计有……根据这些新得的材料，我们可以获得程伟元的生卒年、籍贯、家世、科名等等事实，他出身书香门第，是一个多才多艺的文士，虽未显达，却有科名。他在京师应试时间，不但未醉心功名，还苦心搜集《红楼梦》佚稿，使《红楼梦》得流传后世。他和一班知己友朋，吟诗作画，倾吐怀抱，从现存的诗文翰墨，看得出来，他是一个襟怀恬淡、品格清高的才士。胡（适）先生诸人，种种影响猜测之谈，实是不忠实的诬蔑。

程伟元是"书商"说，不论从证据和逻辑上都无法成立。仔细观察可以看出胡适提出"书商"说堪称是一箭三雕：

（1）一百二十回本《红楼梦》前八十回是曹雪芹所作，后四十回是他人所"续"。

（2）后四十回的续书作者是高鹗。

（3）借此抬高脂砚斋评本的地位，他的"十六回"甲戌本自然成了"最古"的本子。

然而，胡适万万没有想到，他的追随者和集大成者却把他的"大胆假设"恶性放大，造成极其严重的"后遗症"——全面否定后四十回，将程伟元"定性"为同高鹗"串通"一气，与乾隆皇帝勾结一起"削弱"曹雪芹"反封建"的主题思想。看着他们对一百二十回本《红楼梦》那种"痛心疾首"的"革命"风采，人们真不知是哭好，还是笑好！

所谓程伟元"书商"说的背后，实际上还有一句"伪书牟利"的话，前者是让程伟元戴上一顶"书商"的高帽，后者则是要让程伟元担上"牟利"的野心家——用"伪书"来获得"不义之财"。但是指责者显然不太懂得"商人牟利"的一些基本的"生意经"，而以己意大胆"猜想"。试想，一位精明的商人刚刚"投资"印出的"程甲本"已在市场上获得了丰厚的回报（每部书高达

1　潘重规：1990年11月11日初稿，收入《红学论集》，台北三民书局1992年1月版，第68—70页。

二三两银子），为什么要在不足80天的时间内急匆匆地修订、改版呢？这样做岂不加大了投资成本？他们的目的既是"伪书牟利"，抽换磨坏的活字，只要往上加纸就来钱了，干吗还要自找麻烦去"改版"呢？这是略懂印刷程序的人都知道的办法，怎么能瞒过一个"书商"的眼睛呢？记得从前我曾在一篇文章中引用过林语堂先生的一段精妙之论，他说：

> 尤为重要的，程伟元既出甲本，又因"初印时不及细校，间有纰缪"再用极细功夫，从头全本校订一番，又肯于一年中出修正版。这在现在的纽约、伦敦及本国书局，都是不会做不肯做的。……若纯以牟利而言，甲版销路既好，便可听之，为甚么要把销路很好的版急急改正，于第二年（实际上三个月不到）又出修改版呢？待二三年后，或三五年后再出再修改不迟。所以程高二人在全书补正及二次补订的功夫上，绝对不是率尔操觚、潦草了事的人，是负责的、有责任心的，是爱好这部红楼的人，尽人力使尽美尽善。……我佩服程伟元留心文献搜集遗稿之功，更佩服程高二人这极繁难的校订工作，使我们今日能看到这全书的面目。[1]

几年前，敝人出版了一本小书，拿到样书后发现书中有不少错字，我多次要求出版社再重印时照改，但他们一印再印，却一字不肯改，这才叫"牟利"而不顾作者的权益。今之出版者如此，想一想程伟元的修订再版经过，我以为胡适等人的"书商"说、"伪书牟利"说，实在让人无法理解！

平心而论，胡适当年之所以对"书商"问题发表一些错误的意见，最重要的原因是：在胡适之前和当时，有关程伟元的生平资料发现甚少，几乎为空白。在这样的条件下要做出一个正确判断是不可能的。即使是最伟大的天才，在缺乏足够证据的情况下也必然是陷入"结论"无据的泥淖之中。我相信，倘若胡适活至今日，以他的治学态度，读到大量有关程伟元生平资料之后，他会修正自己的"书商"说的。可惜他走得太早了，失去修正错误的机会。

程伟元"冤案"拖至今天已有200余年了。特别是自新红学派诞生之后，程伟元被剥夺了在一百二十回本上的"署名"权，竟连"补"的名分也没有了，这种不平等的"待遇"实在不应该。现在有关程伟元的资料有了重大突

1　林语堂：《平心论高鹗》，台北传记文学出版社1969年12月初版，第110—111页。

破，学界应当根据这些新材料重新做出正确的、科学的结论。我认为现在重视和研究程高的《序》《引言》及相关的史料，澄清某些被歪曲了200余年的是是非非，不仅是为了给程高洗刷"冤屈"，更重要的是对《红楼梦》成书过程、曹雪芹的"著作权"，乃至全面认识前八十回与后四十回的关系，正确评价后四十回的历史地位和程高的历史地位，都有极为深远的意义。

现今我们有责任澄清扣在程伟元头上的不实之词，还历史一个公道，给程伟元一个清白！

1995年4月18日写于京华放眼堂

2011年4月20日修改于京华饮水堂

附录一：

皕年难忘《红楼梦》

—— 为程甲本《红楼梦》摆印210周年而作

今年是程甲本《红楼梦》摆印210周年，这是一个值得纪念的日子。

说"这是一个值得纪念的日子"，除了程伟元和高鹗在210年前那样的环境和条件下，能够认识到《红楼梦》的价值，经过"竭力搜罗"并终于刊印出一百二十回本《红楼梦》，供给后世的读者阅读，为普及《红楼梦》，扩大这部巨著在海内外的影响做出了不可磨灭的贡献之外，还因为这一年中有三件具有突破性的学术资料的发现与程甲本的整理者之一高鹗有密切关系。

第一件，高鹗"履历"的发现，不仅找到了他的祖籍是铁岭的根据，更重要的是找到了他的生年，纠正以往研究者认为他是一个老秀才、老举人，白发苍苍还想"挤进"进士行列，并由此抨击他是一个名利熏心的"科举迷"。

第二件，四川蓬溪县发现《遂宁张氏家谱》。这个"家谱"中明确记载了张问陶船山之二妹张筠所嫁的"汉军高氏"并非高鹗，而是汉军高瑛之子高扬曾。这一发现洗刷了近百年来一些权威学者的诬蔑之词，还了高鹗一个清白——张筠不是高鹗害死（被称"罗杀"）的。更重要的是，长期以来人们认为张船山《赠高兰墅同年》注是高鹗续《红楼梦》后四十回的"铁证"——因为张问陶与高鹗是"姻亲"，了解"高氏"甚深，所以注中的"补"就是"续"的意思。高鹗不是"汉军高氏"，不是张船山之妹夫，那么这个"补"字就是"续"字的解释就失去了所说的"不可动摇"的权威性。

第三件，中国艺术研究院红楼梦研究所硕士生李虹同学在她的毕业论文《周春及其〈红楼梦〉研究》中，终于查出了周春《阅红楼梦随笔》一文提到的杨畹耕和雁隅（徐嗣曾）两人之间的关系及与周春之间的关系。论文认为，"徐嗣曾（雁隅）购得百二十回《红楼梦》的时间至晚应在乾隆五十四年（1789）前。"那么，这就否定了一些人认为在程甲本、程乙本问世前只有八十回抄本《石头记》，而无一百二十回抄本流行的结论。既然在乾隆五十四年之前有一百二十回抄本流传，程伟元在"鼓担"上得到后四十回的抄本就不是作伪的"铁证"。恰恰相反，程高序文说的完全是实话的"铁证"。

程甲本《红楼梦》的摆印，结束了以抄本为主要流传形式的时代，不仅在《红楼梦》出版史上具有划时代的意义，而且也是红学史上的一件具有重大意义的事件。程伟元、高鹗的搜集摆印之功，必须给予公正的重新评价。

从清乾隆五十六年辛亥（1791）到今天，人们走过了210年的历程。当年萃文书屋印刷的一百二十回本《红楼梦》在沧桑巨变之中大多数已是风流云散，所幸存者则成了稀世珍本。从已见的诸家著录和所知的私家珍藏的程甲本《红楼梦》仅有十二三种。为了供同道者查阅方便，兹将笔者所知者列于文末。希望有更多的程甲本被发现或影印流通。

（1）北京大学图书馆藏本，一部。原为马幼渔藏，后赠胡适，内有胡适题记。注有"东观阁翻刻底本"字样。

（2）中国社会科学院文学研究所图书馆藏本，一部。1975年3月，中国艺术研究院红楼梦校订小组成立后借出此本作为校订本之一，并复印二部，今已有仿真影印本。此本第13回第6面天头钤有朱文圆印"万茂魁记"和"本厂扇料"朱文方印。

（3）原为齐如山所藏，后归中国戏曲研究院藏，一部。今藏于中国艺术研究院图书馆。经检视，第27回第7叶A面天头有阴文朱印"本厂扇料"，阳文圆印"万茂魁记"。《中国通俗小说总目提要》著录。此本曾归中国艺术研究院戏曲研究所藏。

（4）国家图书馆藏本，二部。一部原为郑振铎藏，《西谛书目》著录，现归国家图书馆藏。另一部亦为郑振铎原藏，附有潞村张汝执评。

（5）南开大学图书馆藏本，一部。《南开大学图书馆馆藏古籍善本书目》著录。

（6）山东省图书馆藏，一部。此本为"郭种德手批程甲本"，《山东文献书目》著录。

（7）人民日报社图书馆藏本，一部。《人民日报社图书馆善本特藏书目选编》（1990年8月）著录。

（8）"台湾大学"图书馆藏本，一部。此本已由台北广文书局影印，疑为"配本"。

（9）日本东北大学图书馆狩野文库藏本，一部。

（10）伊藤漱平藏本，一部。此本原为吉川幸次郎1923年从北京琉璃厂来熏阁购得。中缺19—23回，91—95回，存110回。

（11）俄罗斯民族研究所列宁格勒分所藏本，一部。《中国通俗小说书目提要》著录。

（12）杜春耕藏本，三部。据杜春耕面告此三部程甲本均为残本。

我深信，程甲本《红楼梦》传世者绝不止以上所列的十余种。民间的私人藏书肯定还会有程甲本《红楼梦》。但是，我也相信民间所藏的真正程甲本其数量也不会太多。因此，不论是从收藏角度还是从研究的需要，都应该珍惜这些本子的存在（哪怕是残本、配本）。因为这种具有210年历史的本子，毕竟是太少了，太难以寻找了！

2001年冬至日

附录二：

惟有"红楼"忘不了

—— 写在程乙本《红楼梦》摆印210周年之际

冬去春来，转眼之间又到了花朝日。

在新世纪的红学日历上，这是程乙本《红楼梦》摆印210周年的时刻，是一个让人们无法忘却的日子。

程乙本是在程甲本开印或发行不足80天之后，再度印行的一部"改订"本。这个版本的重要性，长期被红学研究者忽视，是一件令人非常惋惜的事情。

程乙本《红楼梦》之所以重要，首先是在它独有的《引言》。这篇《引言》是程伟元、高鹗两人联合署名的，时在乾隆五十七年壬子（1792）花朝后一日，距离程甲本开印或发行不足80天。《引言》的两位作者除了"交代"他们重印程乙本的理由（"因急欲公诸同好，故初印不及细校，间有纰缪。"）和"重加校阅"的原则之外，重要的是说明了当时他们所能见到的各种早期抄本的来源（即"坊间缮本及诸家所藏秘稿"）及这些抄本的真实面貌（"繁简歧出，前后错见，即如六十七回，此有彼无，题同文异，燕石莫辨"）。从20世纪20年代发现甲戌本之后，又陆续发现了己卯本、庚辰本、己酉本、甲辰本、戚序本、蒙府本、梦稿本、列藏本等。我们将这些新发现的早期抄本一一加以全面考察和辨析，恰如《引言》中所指出的情形："繁简歧出，前后错见，即如六十七回，此有彼无，题同文异，燕石莫辨。"

《引言》中反复强调甲本和乙本是来源于当时的"坊间缮本及诸家所藏秘稿"，而非来自武英殿聚珍版，说明木活字"摆印"的甲本和乙本来源于抄本，并非是抄本依照程甲本或程乙本抄的。所谓"程前脂后"的说法是极其不科学的，是违反历史事实的。

同程甲本相比，程乙本的文字添改了21506字（据汪原放先生统计，移动文字不计在内），这个数量是非常惊人的。因此，尽管程乙本在通俗化方面做了大量工作，某些文字更方便了阅读，但在保持《红楼梦》原来文字风格和艺术水平方面，却是损害了原著。可以认为"改订"后的程乙本反不如程甲本价值高。

程甲本、程乙本已经流传210年了，现在这两种版本都成了稀见的珍本。据诸家著录和私家所藏的程乙本（已知者），大约在20种之内，略多于甲本存世的数量。

（1）国家图书馆藏本，二部。其中一部为郑振铎原藏，钤有西谛藏书印章。这部程乙本第54回第5叶A面天头上钤有"祥泰字号"（阳文圆印）和"本厂扇料"（阳文方形印）字样，与中国社会科学院文学所藏程甲本用纸相同。由此可以推断程乙本的摆印地点仍然在北京。另一部函套破损严重，签上署"风月宝鉴"，内有破损处抄补。程序为补抄，内有朱墨笔批语和朱笔句读。其每册有"诗文"汉译册数标记。此一点十分重要，需要格外注意。

（2）北京大学图书馆藏本，二部。疑其中有胡适原藏本。另一本中有抄配。

（3）中国人民大学图书馆藏本，一部。

（4）杭州市图书馆藏本，一部。第9回第4页天头背面钤有朱文圆印"祥泰字号"、白文篆字方印"本厂扇料"。

（5）中国书店藏本，一部。此本内钤有丽川氏、钱有序、恕堂等印章。

（6）浙江绍兴市文物管理局藏本，一部。二函，24开。程伟元序、高鹗序，程高《引言》。

（7）杭州市图书馆藏本，一部。补配本。内有桐花凤阁陈其泰评注。

（8）北京师范大学图书馆藏本，一部。

（9）人民文学出版社资料室藏本，一部。

（10）台北胡天猎藏本，一部。有抄补，属补配本。台北青石山庄影印。原本今归美国康乃尔大学图书馆。

（11）莫斯科国立公众历史图书馆藏本，二部。一为鲁达科夫原藏书，另一本为瓦西里耶夫藏本（疑为程甲本）。

（12）奥德萨高尔基学术图书馆藏本，一部。

（13）日本北海道大学藏本，一部。

（14）日本仓石武四郎藏本，一部。此本五回一册，一共24册，每30回一函，属甲乙配本，1—20回、31—35回、51—60回、91—100回、106—120回属于程乙本，余属程甲本。此本约于1933年前后在北京隆福寺文奎阁购得。现藏日本"仓石文库"。

（15）杜春耕藏本，二部。均为残本。

（16）天津图书馆藏本，一部。原为王利器收藏本。

借此机会向同道者提供一些信息和线索，希望在新世纪里有更多的朋友关注程乙本和其他各种早期版本的流传。中国书店海王村拍卖公司和各地的拍卖行，经常有《红楼梦》早期印本和红学著作、红学人物书信、画册的拍卖。他们的拍卖目录也值得红学研究者格外留心。

留心即是学问。

2002年4月16日

第一章

程伟元的籍贯与家世

自1791年"程甲本"和1792年"程乙本"问世后，程伟元的名字已随这两种活字摆印本的不断翻刻、流传，早为海内外广大读者所熟知。但是一般读者只读《红楼梦》小说文本，对于谁整理、刻印并不关心。新红学诞生之后，以胡适为祖师的考证派不断讨论一百二十回本后四十回究竟为何人所作的问题，程伟元的大名方引起研究者的关注和讨论。从目前已见的材料中，我们知道胡适等人是把程伟元视为只是一个"出钱"的"书商"来看待的，反倒是他邀来"襄其役"的高鹗大红大紫起来——走上历史的前台。而程伟元却成了不屑一顾的真"冷士"，这恐怕就是人们常说的一个词——"历史的吊诡"了。

时至20世纪后半期，随着附有脂砚斋等人"评点"的抄本陆续发现与"脂本""脂评"研究的兴起及脂本陆续影印，部分研究者对"脂本""脂评"研究的真伪提出了质疑[1]。于是程甲本、程乙本与脂评抄本的优劣问题又一次被推到红学研究的风口浪尖，著述频出，争论之声一浪高过一浪。研究者在讨论中不断引用程伟元、高鹗二人的序文和《引言》的同时，对程高二人的生平、才艺及他们搜集整理过程也开始关注。恰在此时，以文雷署名的《新发现的程伟元生平资料——〈红楼梦〉卷外编选刊之一》《〈红楼梦〉卷外编选刊之二》（高鹗的生平资料）、《关于三六桥藏本〈石头记〉的若干资料——〈红楼梦〉卷外编选刊之三》，三种资料在辽宁第一师范学院中文系编《红楼梦研究资料选集》第三集[2]（下）发表同时，《程伟元与〈红楼梦〉》在《文物》1976年10月号上发表，第一次集中公布了一批有关程高等人的生平资料。本章即根据今已发现的关于程伟元诗文、交游资料，对他的籍贯与家世作一次初步探讨，与读者共同分享。

1　脂本、脂评的真伪问题，向有讨论，春风文艺出版社1992年4月出版宛情《脂砚斋言行质疑》、黑龙江教育出版社2003年10月出版欧阳健《还原脂砚斋》、四川文艺出版社1997年3月出版克非的《红楼雾瘴——玩味脂砚斋》，均为这一时期的代表性著作。

2　文雷：《新发现的程伟元生平资料——〈红楼梦〉卷外编选刊之一》，载辽宁第一师范学院中文系编《红楼梦研究资料选集》第三集下，1977年12月印，第163—276页。

"程本系河南籍，伊川先生三十一世孙"

在《程伟元与〈红楼梦〉》一文中，文雷曾尝试着对程伟元的籍地做出回答，因为所见交游的资料极为有限，所以只说一个"可能"而已。文章中写道：

> 关于程伟元的籍贯，根据他早年与李燊同学这个事实，可以作一
> 种推测：他可能是苏州人。李燊是江苏长洲人。

后来我在首都图书馆善本部主任阎中英学兄的帮助下，查到了该馆藏的李燊《惜分阴斋诗钞》和清人陆懋修编辑的《苏州长元吴三邑科第谱》，从中查到了李燊的登科和任官的记录，循此推测说"程伟元属苏州籍，是有可能的"。

俗话说"巧事成双儿"。翌年3月18日台北《联合报》上发布了署名张寿平的《程伟元的画——有关〈红楼梦〉的新发现》[1]。作者说，1974年10月"在台北今日公司的今日画廊发现了程伟元的画"，据张先生的介绍：

> 这一幅画，长一百二十九厘米，宽六十一厘米，可称大中堂。
> 画面是一棵松树和一棵柏树交缠而成的一个大寿字，依照世俗惯例，
> 这该是为祝贺某家夫妇双寿而画的。原来应有的上款，想必在原主人
> 出让时被裁掉了。下款是"古吴程伟元绘祝"七个字。下面钤两个印

1　张寿平：《程伟元的画——有关〈红楼梦〉的新发现》，又载胡文彬、周雷编：《台湾红学论文选》，百花文艺出版社1981年10月版，第772—775页。

章：一为"伟元"，圆形朱文；一为"小泉"，方形白文。制作都相当精雅。右下角钤一个押脚印章，文为"小泉书画"，方形白文，左下角还有收藏印一，文为"嫩江意畲氏藏书画印"[1]，方形朱文。

（朝）李海应《蓟山纪程》中记载程伟元祖籍

同年7月间，程伟元绘"指画《罗汉册》"在北京发现。经著名文物鉴定专家史树青先生鉴定后公诸杂志（《文物》月刊1978年第2期第73—81页）。该册第12开画左侧署款"古吴程伟元指画"，下钤"小泉"朱文篆书方印，"易观"白文鸟篆方印。北京、台北几乎同时发现的两幅不同题材的贺寿图均

1　"嫩江意畲氏藏书画印"中的"意畲氏"是谁，江慰庐考证后认为是善怡莼。意畲即怡莼的汉字"异写"。参见江慰庐《曹雪芹·红楼梦种种》，黄山出版社1998年5月版，第208—210页。

署"古吴程伟元绘"，以实物证明文雷在《程伟元与〈红楼梦〉》一文中"苏州籍"的推测是正确的。从此之后，程伟元"苏州籍"的说法被学界广泛接受，一些辞典注明采自文雷《程伟元与〈红楼梦〉》一文。

相距30年，2007年天津师范大学中文系林骅教授从朝鲜文人李海应的《蓟山纪程》卷二发现记有程伟元在沈阳居处接待李海应一行人的一则"日记"，其中说"程本系河南籍，伊川先生三十一世孙。见授沈阳书院掌院"[1]。这项新材料的发现使程伟元的家世谱系研究有了新的突破。

伊川先生，即北宋著名哲学家、理学家程颐的别号。他生于公元1033年，卒于1107年。字正叔，洛阳人，因居伊川，而为世人称为"伊川先生"。其与兄程颢代表作《二程全书》流传至今，成为中国理学研究的重要典籍。我想，李海应《蓟山纪程》中的这句话应是直接来自程伟元的"自述"，而非道听途说的"传闻"转述。在我读过《蓟山纪程》卷一、二部分影印件之后，曾在文津街国家图书馆查到严良训著《程氏迁吴支谱》序，其中有关"迁吴"的历史有如下一段文字：

> 程自伯符以后，代生伟人，皆有勋业文章名于世。隋末始分南北宗，以新安太守公第十七世孙辅烈侯讳富为南宗。历宋元明，簪缨相继，以续益繁。有明之季，君勉公讳国钊以孝行著。其祖若父，因隶傲而之淮之镇者也。公于我朝康熙初由镇来吴，殁即葬于吴。其后遂隶于吴焉。……勉公为迁吴第一世祖。……

尽管据此序尚无法判定程伟元为"勉公"之后人，但序文所述程氏确有"迁吴"的事实。我细查《程氏迁吴支谱》，终未查到程伟元的名字，极可能离吴乡时间太久，杳无音讯，故谱中失载。这种情况，在中国古代家谱中，绝非鲜见，实不足为奇。至于程伟元自说"伊川先生三十一世孙"，是否有"攀高"之嫌，我从晋昌等人的唱和诗中的内容推想，可能性极小，相信程伟元"自述"的根据可能更有说服力些。如果这一探究尚可成立的话，那么在程伟元的家世谱系上再加"祖籍洛阳"或是"伊川先生三十一世孙"应该不是多余之举！

---

1 林骅：《新发现程伟元一首诗》，载天津《今晚报》2007年4月10日"日知录"版。

程伟元家世的推测

　　程伟元的家世如何，到目前为止尚未发现有直接记载的文献。胡适先生从"程甲本"卷首的程伟元《序》中"悟出"程是一个只会"出钱"的"书商"。张寿平先生从赵冈先生提供的信息中得到启示，进一步推测道：程伟元"有功名，然久任某书屋经理"。[1]

　　依我的看法，不论是胡适、赵冈还是张寿平先生都拿不出真正的证据。如同胡适所说，是一种"猜测"而已，实不足训。

　　从文雷于1976年公布的《新发现的程伟元生平资料——〈红楼梦〉卷外编选刊之一》提供的信息和《程氏迁吴支谱》序文的记载，对程伟元的家世，似可得到如下印象：

　　（1）程伟元的远祖"自伯符以后，代生伟人，皆有勋业文章名于世""历宋元明，簪缨相继"。

　　（2）自程颐、程颢时代，程门已是读书世家，成为宋以后的理学大师。可以说作为"伊川先生三十一世孙"的程伟元祖上也当是一个读书家门，箕裘之业相继不坠。

　　（3）程伟元离家北上京都目的是为了参加科考，他落榜之后能够在北京住下来，并能够不惜重金购下"鼓担"上的抄本残卷，也可以看出他在经济上并不是很拮据。由此我们可以相信他的家境还是不错的。嘉庆初年，程伟元离

1　张寿平：《程伟元的画——有关〈红楼梦〉的新发现》，又载胡文彬、周雷编：《台湾红学论文选》，百花文艺出版社1981年10月版，第772—775页。

开京华远赴关东，入晋昌幕府佐案牍，并应邀入沈阳书院任教习，固然有他爱好上的原因，但我揣测其中也有生计上的需要而不得不为之。晋昌诗中期望他能"脱却东山隐士衫"，"云外应闻桂子芬"。换句话就是祝愿他能早日"蟾宫折桂"——考中进士，进入仕途。

结论：从晋昌将军、同学友李桼诸人的诗中我们读到"义路循循到礼门，先生德业最称尊。箕裘不坠前人志，自有诗书裕子孙"。又，说程伟元"况君本是诗书客，云外应闻桂子芬""文章妙手称君最，我早闻名信不虚""知君高士静门庭，镇日琴书意自宁"等诗句，是我们解开程伟元家世和个人经历之谜的重要根据。所谓"义路循循到礼门"，道出了程伟元出生在一个世代崇尚"礼义"的世家大族。"箕裘"二字，典出《礼记·学记》中的"良冶之子，必学为裘；良弓之子，必学为箕"。"箕裘不坠前人志"与《红楼梦》中的"箕裘颓堕"意思恰好相反：前者喻程氏家族世代子孙诗书相传，"不坠前人志"；后者则喻宁荣二府子孙不肖、丢掉祖先家业败亡。"先生德业最称尊""况君本是诗书客"，肯定了程伟元是承继祖业的典范。在这首长诗的后半部分里作者还写道："文章妙手称君最，我早闻名信不虚""知君高士静门庭，镇日琴书意自宁"[1]、"脱却东山隐士衫，泥金他日定开缄"[2]等句，应是全诗中的"点睛"之笔，十分重要。其"我早闻名信不虚"说明晋昌早在北京时就"闻"其"名"，只是缘吝一面，到了辽东之后有了"考察"机会，终于相信"名"不虚传：原来这位"隐士"是一个"隐于市"的"高士"，"镇日"以"琴书"相伴，逍遥自乐（意自宁）。"高士"才是程伟元的本相。

然而，这位"文章妙手称君最"的"高士"，却终生以"冷士"的身份客死辽东！

1　高士、琴书：高士指品行高尚之人或在野之隐君子。《战国策·赵箫》："辛垣衍曰：吾闻鲁连先生齐国之高士也。衍，人臣也。使事有职，吾不愿见鲁连先生也。"琴书指古琴和图书。《宋史·苏舜钦传》："静院明窗下，罗列图史琴樽，以自愉悦。"

2　东山、泥金：相传晋代谢安隐居于浙江上吴县西南的东山，后世以东山代指隐居山林之士。泥金：古代新进士及第泥金帖子附于家书中，用报登科之喜。后世用"泥金"表示祝贺人家"进士及第"之意。见唐王仁裕《开元天宝遗事·泥金帖子》条。

程伟元绘扇面上一方印章引出的批判

翻开今日存世的程甲本、程乙本《红楼梦》，细心的读者都会发现程甲本序文的第一页钤有一方阳文随形印，印文是"游戏三昧"，第二页文末钤有阳文方印"小泉"，下钤阴文方印"程伟元印"。程乙本无程伟元序，《引言》亦无钤印，所以要从钤印上探出程伟元的思想品格如何，当是徒费心劳。但天下事总是有一些"奇巧"出现，给一些人带来某种意想不到的"法宝"。

事情发生在程伟元绘的扇面上。据相关文章介绍说："程伟元绘折扇一面。虎皮宣纸本，保存整洁。画为'米家山'法墨笔山水。有题记，字尚挺朗、间架微近李北海"。文云：

> 此房山仿南宫，非仿元晖之作。米家父子虽已洗宋人法，就中微有辨：为于烟云缥缈中着楼台，政是元章绝处。
>
> 辛酉夏五，临董华亭写意。程伟元。
>
> 钤连珠二小方印，文曰"臣"（白文）"元"（朱文）。……[1]

作者由此得出"结论"：

> "臣元"的印记，更说明这不过是乾隆时期的一个"正统"派小官僚；（程伟元的合作者高鹗在给他们的百廿回本《红楼梦》作序

---

[1] 见《红楼梦新证》，华艺出版社1998年8月版，第655页"附程伟元画扇"一文，下引文同。

时，盖了一个印章，那印文恰恰是"臣鹗"二字。）比如曹雪芹，他是绝不会刻用"臣霑"的印记的。曹雪芹作画，也绝不肯照临董华亭。这点看似细微，实在重要。

"重要"在何处？论者给了交代："程、高一流人，其思想状况与精神世界，可说与曹雪芹是迥不相侔。"难道一方小小的印章真有如此无限功用——能区分出人品高下、才艺高低？如此渲染，是否有些故弄玄虚、夸大其词呢！

（1）从上述介绍中，我们知道程伟元"临董华亭写意"的时间是"辛酉夏五"。"辛酉"即清嘉庆六年，公元1801年。因嘉庆五年庚申（1800）三月，程伟元已随新任盛京将军晋昌远赴关东，在晋昌幕中"佐案牍"，兼沈阳书院教习书法绘画事。现已发现的资料表明：此时的程伟元仍是一介书生，难道"入幕"就成了"正统派小官僚"？论者如此解释又有何据？笔者陋闻寡识，遍查相关辞书，不见有臣即"小官僚"的记载，恐怕是论者的"望文生义"，或是先入为主的"抬高"之词。

（2）所谓"臣元"之印，其中的"臣"字并不是"入仕者对君之称"的唯一的解读。退一步说，就是画者有"对君之称"也无法凭此一"臣"字定程伟元"思想状况与精神世界"如何低下。清代大学者朱彝尊有一方"直南书房讲官"印，试问能以此论朱彝尊的"思想状况和精神世界"低下吗？翻开《中国藏书家印鉴》[1]一书，毛晋、宋荦、吴骞等人都有一方"臣×"的印，能由此认为毛晋、宋荦、吴骞都是"思想状况与精神世界"低下？曹雪芹的祖父曹寅在诗题中称"臣寅"，在奏折中自称"奴才"，是否也是思想状况与精神世界低下呢？至于说曹雪芹绝不会刻"臣霑"印，作画也不会"临董华亭"，试问世间发现了几幅曹雪芹的真画？世间又有几方曹雪芹的真印？如此放言，是否又是自己"悟"出来的？

（3）中国汉字有一字多义的特点，一个"臣"字并非只是"对君"之称。据辞书上说："臣"，男子之贱称、自己之谦称。《汉书·高帝纪上》有云"臣少好相人"，其注"张晏曰：'古人相与语，多自称臣，自卑下道也。'"程伟元一生被称为"东山冷士"，"自卑下道"，谦称"臣元"又有何不可？怎么事情一到了程伟元、高鹗那里都成了"罪"证？这究竟是程高自找"罪"受，还是今人的"欲加之罪，何患无辞"？

---

1 林申清编著：《中国藏书家印鉴》，上海书店出版社1997年11月版。

程伟元竭力搜罗《红楼梦》摆印出版，只是他个人的一种喜爱所致。在他生活的时代，无法推测20世纪还会有一个新红学出现，更想不到他死了之后会有这么多的红学家一遍又一遍地研究曹雪芹的十八代祖宗，寻找曹雪芹祖先的遗传因子。当年程伟元只是做了自己喜欢又能够做到的一件事而已。他自己从来没有去争什么红学大师、泰斗之类的头衔，至今还没有任何材料能证明他出了书之后到处发广告、开读者会宣传他的"功劳""贡献"，或是出一本"自传"述说自己的家世和爱《红楼梦》的痴情，当然也没有机会上电视台宣讲他的新索隐。他与高鹗只合作了不足两年时间，即使高鹗为人真有什么过错又岂能让程伟元来承担！一些人把对高鹗的怒气撒到程伟元的头上，搞"连坐法"似乎有点过头了。记得胡适先生曾经说过："凡作考证的人，必须建立两个驳问自己的标准：第一要问，我提出的证人证物本身可靠吗？这个证人有做证的资格吗？这件证物本身没有问题吗？第二要问，我提出这个证据的目的是要证明本题的哪一点？这个证据足够证明那一点吗？第二个驳问是要扣紧证据对本题的相干性。"如此"才能担负为千秋百世考订史实的是非真伪的大责任"。[1]我想作为胡大师的后继者们一定会记住的。学术是自由、平等的，但学术更要求讲事实、求真知。对于那些从事考据的人来说，重证据为第一要求，有几分证据说几分话，切忌先入为主。在我这样的"红边看客"看来，程高生平与程高本研究中所反映出来的问题是多方面的，那种一善俱善、一恶俱恶的极端思维给红学研究带来了极大的伤害。我们应该警惕、反思，唯有如此，红学方有进步的希望！

2007年8月7日初稿
2011年7月30日修改

---

1 胡适：《读书与治学》，上海三联书店1999年版，第257页。

红学研究的学术化与学理化

红学研究是红学史的基础，它以红楼梦版本流传
的建设和继续为方向。因此红学研究应该对版本
（这典、结构传奇、情节传奇）的诸多问题，加强推进
红学研究的学术化和学理化。这可体现在三个方面：

（1）红学研究应要拓展自己的研究视角，文以更宽
的胸怀容纳百家，开启健康的讨论与争鸣。

（2）红学研究是红学史的基础，一代又一代，动态、流动
发展，而新丰高。格言、如何远传后人，而史明以更高成，人物
事件……史实考实，追溯化，传的是，探新……

第二章

H.LB　程伟元的生卒年与生平事略

　　与程伟元的籍贯、家世相比，他的生卒年资料显得更少，目前只
能做一个大略推算，这一点读者当能够理解。我们期待本书出版之后
能够引起更多的读者和研究者对程伟元的关注，在不远的将来能有更
多的资料发现，将程伟元与《红楼梦》的研究提高到一个新的水平。

从"程君小泉，予之同学友"推测其生年

李桢于乾隆三十六年（1771）辛卯科长洲县举人，乾隆三十七年（1772）壬辰科进士，嘉庆四年己未（1799）从四川回京，嘉庆五年（1800）二月授奉天府丞，嘉庆六年（1801）冬调任回京。在沈这段时间里，李桢恰好与盛京将军晋昌、程伟元同居一个城市，诗酒往还甚为密切。李桢在《〈且住草堂诗稿〉跋》[1]中称：

> 予自通籍后，奉职禁廷，即耳先生之名，识面而未谋心也。阅二十馀年，饥渴之衷未由一达于左右。庚申春，先生奉命出镇盛京，予亦授奉天府丞，前后抵任，相见各道平生，欢若旧交。……予以和章相质，辄复许可，遂订唱酬。……每遇政事之暇，风日晴和、花木繁缛，邀予觞咏其间。莲幕中，如叶君畔畬，先生之友也；程君小泉，予之同学友，佐先生奏牍者也，俱工于诗。……

尽管李桢的传记材料不少，但他的生年却不见于朱彭寿的《古今人生日考》《清代人物大事记》，亦不见于张慧剑编著的《明清江苏文人年表》等权威工具书。《奉天通志》职官志列其小传，生年仍付之阙如。

当年在《程伟元与〈红楼梦〉》[2]一文中，文雷曾根据李桢"程君小泉，予

---

1 李桢：《且住草堂诗稿》跋，载晋昌著《戎旃遣兴草》重刊本，下册《题词》叶一上至二下。

2 文雷：《程伟元与〈红楼梦〉》，《文物》，1976年第10期。

之同学友"一句，推测程伟元约生于乾隆十年左右。文云：

> 李桫成进士是在乾隆三十七年（1772）壬辰，假定他当时是三十
> 岁左右，那么生于乾隆七年左右。程伟元既然是李桫的"同学友"，
> 年龄应该相仿佛，有可能比李桫小几岁。依此推测程伟元大约生于乾
> 隆十年左右，那就比高鹗小七岁左右。

这段文字中的"那就比高鹗小七岁左右"，纯系笔误，应改为"那就比
李桫小三岁左右"。因为根据目前所见的材料，高鹗的生年应在乾隆二十二、
二十三年左右[1]。如依高鹗朱卷履历所填的生年是乾隆二十三年（1758），程伟
元比高鹗长13岁左右。如果按某些论者所说高鹗生于乾隆二十八年（1763），
那程伟元长高鹗18岁左右了。我对这一说法抱有怀疑。

近年来，我查朱彭寿编著的《清代人物大事记》获知，李桫同科一甲二
名（会元）孙辰东生于乾隆元年丙辰（1736）[2]，长于李桫七岁左右。这个年
龄差，比较接近我们对李桫生年的推测。与此同时，我还查到早于李桫一年考
取进士的孔继涵生于乾隆四年（1739），小于孙辰东四岁，长于李桫六岁，说
明他们科考的时间、年龄确实相仿佛。程伟元虽然名落孙山，但他与李桫既为
"同学友"，年龄当不会相差过悬殊，所以在尚未得到新的材料之前，程伟元
约生于乾隆十年左右仍然可作为一个我们判断的"坐标"。

---

1 截至本书成稿之际，有关高鹗生年的主要说法：乾隆三年戊午（1738）或略早说
  （吴世昌说）、乾隆二十二年说、二十三年说、二十五年说、二十八年说。本文采
  用二十三年说。

2 朱彭寿编著：《清代人物大事记》，北京图书馆2005年2月版，第588页。

从《题程小泉先生画册》小序考其卒年

程伟元的卒年与他的生年相比要清晰一些。因为提供记录的人是程伟元的及门弟子金朝觐，这一点颇类似高鹗的及门弟子增龄在《月小山房遗稿》序文中记载高鹗的卒年如出一辙。特别是程高二人的卒年特别相近，更令人感到惊奇。如乡下人常说的一句话："脚跟脚"两个人同归道山。

金朝觐《题程小泉先生画册》诗与小序，原载金朝觐的《三槐书屋诗钞》清稿本卷三叶[1]。诗前小序云：

> 辛酉、壬戌，小泉程夫子居东都留守将军晋公幕府。余时肄业书院，以及门时亲笔墨。暨先生下世后，求其遗纸，如片鳞只爪，不可多得。景堂二兄以旧纸嘱题，余喜得见先生手泽，因志数语于巅。时嘉庆庚辰清和月之八日。

诗云：

> 昔我立程门，雪吹三尺积。
> 挥麈细论文，临池学作字。
> 亦或试涂鸦，笔墨聊游戏。
> 吁嗟二十年，风流成往事。
> 片纸寄精神，恍惚间謦欬。
> 展卷托长言，用以鸣相思。

1　此书又载《辽海丛书》，辽沈书社1985年3月影印本第二册，第1380页下栏。

从前面所录金朝觐《题程小泉先生画册》诗与小序全文的内容看，我们大致可以做出如下判断：

（1）金朝觐的诗序末的"时嘉庆庚辰清和月之八日"，即嘉庆二十五年，公元1820年农历四月八日。这个时间点非常明确，此时间之前"暨先生下世"，说明程伟元卒于1820年农历四月之前不久。金朝觐此时或在四川直隶州知府任上，千里迢迢，得闻讣告要有一段时间，故可推测程伟元极可能卒于1819年底或1820年初。

（2）金朝觐题诗中有"吁嗟二十年，风流成往事"句，从1820年上推20年，恰与程伟元赴东都的时间相吻合。程伟元在晋昌著《且住草堂诗稿》跋中有言："及至庚申岁出镇留都，延余入幕。"庚申岁即嘉庆五年，公元1800年，与金朝觐展卷题诗时间相距整整20年。因此我相信程伟元卒年应在嘉庆二十五年（1820）年初更为合理。

（3）程伟元的卒年，朝鲜文人朴来谦的《沈槎日记》[1]中也有一段记录，聊作旁证迻录于此：

> 曾闻沈阳多文士，谓当于留馆之时过从消遣矣。来闻程小泉伟元作故已久，潘果茹元钺、金朝觐俱游宦在外云，可怅也。

时为道光己丑，即道光九年，公元1829年。上距1819年或1820年，约有十年时间，说"作故已久"当不为过。

1　朴来谦：《沈槎日记》，汉文本，清道光己丑年（1829），农历九月初一。

京华东都一冷士

在几千年的中国封建社会里，世家大族的子弟自幼即开始苦读经书，以通儒学来实现他们修身齐家、治国平天下为人生的大目标。在这样一个大历史背景下，出身于经学世家的后人程伟元走科举之路来实现他的人生理想自在情理之中。综观近四十年来所发现的相关资料，程伟元的生平事迹大概可分为三个时期：

第一个时期是他的青少年时代。尽管目前没有发现任何直接资料说明程伟元青少年时在何处读书或中过秀才、举人的记载，但既出诗书之家，循礼到门，那么可以推想他在这段时间内是在家乡（古吴）读书习时文以备应考举人和进士。他的"同学友"李桑曾于乾隆三十六年辛卯（1771）为长洲县举人。我由此推测程伟元同李桑一样考过举人，只有这样才有资格进京参加进士的考试。换句话说，程伟元连举人都不是又何谈"蟾宫折桂"呢！在前文中，我认为程伟元来京的时间当在乾隆三十七年，即是为考进士而来。很显然，乾隆三十七年那一次他落榜了，他的"同学友"则金榜题名，进入了"官僚"队伍。在此之后，有乾隆四十年乙未科、四十三年戊戌科、四十五年庚子恩科、四十六年辛丑科、四十九年甲辰科、五十二年丁未科、五十四年己酉科、五十五年庚戌恩科，共八次[1]。难道程伟元一次也没有参加？例如，高鹗就曾参加了乾隆五十五年庚戌恩科的考试，落榜之后还写了一首《庚戌三月寓斋枕

1　朱保炯、谢沛霖编：《明清进士题名碑录索引》，上海古籍出版社1980年2月版下
　册，第2741、2742、2744、2745、2747、2748、2749、2750页。

上闻风雨声》[1]以记当时的苦闷心情。程伟元知道高鹗"闲且惫矣",邀他合作整理《红楼梦》是否说明他自己也参加了此次"大考"呢?我以为极有可能。然而让程伟元意想不到地遇到了一次又一次的挫折:"泥金"终未"开缄"。理想沉落,命运的不幸极可能使程伟元感到"百无一用是书生",从而转向觅求新的安身立命之所,以作自己最后的生命归栖。

程伟元在北京竭力搜罗《红楼梦》百廿回抄本到1792年摆印本的完成是为程伟元生平的第二时期,也是他生平中最忙碌和有成就感的时期。

从程甲本卷首的程伟元、高鹗二人序文中可以看出,程伟元早从乾隆三十七年以后即开始了抄本《红楼梦》的搜罗工作。他走访藏书家、庙市、鼓担,留心每一部抄本,乃至不惜"重金"购后十回的残抄本,铢积寸累,集腋成裘。至乾隆五十六年春天,程伟元携搜集的全部抄本《红楼梦》往访高鹗,邀请他共同整理,以公同好。高鹗读后认为"不谬名教""遂襄其役"。据程伟元《序》和1792年与高鹗合署的《引言》后内容可知这段时间里他们二人主要做了三项工作:

一是将"漶漫不可收拾"的一百二十回抄本"细加釐剔,截长补短"使全书前后"接榫"。

二是将"接榫"的一百二十回"抄成全部,复为镌板"。

三是甲本问世后,发现"不及细校,间有纰缪","复集各原本详加校阅,改订无讹"后,再次刷印,此即世称程乙本。前者"原为同好传玩",后者为"因坊间再四乞兑"。

两年后,高鹗为迎接再次"高考",显然已退出了这场合作,果然在乾隆六十年终于中了三甲头名,"历官给谏,誉满京华。"[2]那么,程伟元从乾隆五十七年起至嘉庆五年这七八年时间里又在干什么呢?根据嘉庆元年程伟元送《双松并茂图》[3]祝贺王尔烈七十大寿的事看,可断定他仍然做客北京。我

---

1 高鹗:《庚戌三月寓斋枕上闻风雨声》,载《月小山房遗稿》七截,叶二上下。又载胡文彬、周雷编注《高鹗诗文集》,百花文艺出版社1984年9月版,第36页。

2 增龄:《月小山房遗稿序》,载高鹗著《月小山房遗稿》卷首,又见《高鹗诗文集》,百花文艺出版社1984年9月版,第4页。

3 马宪丽、邹宝库编著:《王尔烈史料集注》,吉林文史出版社2009年5月版,第147页。

个人在思考这段历史过程中有一个不成熟的看法：程甲本、程乙本排印过程中有换字重排、印张多寡不同的情况出现，除了已装订成册的几百套或千余套以外，甲本、乙本都会有大量剩余的叶子保留了下来。程伟元极可能利用这种余叶重加配装成套以应市场的需求出售。这极可能就是我们看到的甲乙混装的所谓"程丙本"。同时，我想不能排除程伟元在此期间南下访亲探友，并与南方各书坊联络协商翻刻程甲本的事宜。从翻刻甲本中大量删去高鹗序言中似乎可以看出这一端倪。

嘉庆五年（1800），程伟元随晋昌出镇留都，从此居沈阳二十载，直到嘉庆二十五年（1820）初客死辽东，此为程伟元生平的第三个时期。在这段时间里，程伟元一边为晋昌将军起草奏章及一般公文外，一边在沈阳书院兼职教授诗词、书法、绘画，即如金朝觐所说"挥麈细论文，临池学作字。抑或试涂鸦（绘画），笔墨聊游戏（诗词唱和）"，这是他的爱好，也是他维持自己生计的另一途径。

至于程伟元在沈期间结识的刘大观、孙锡、周可庭、叶畊畲、朝鲜友人李海应以及老友王尔烈、李篆重逢等细节，请参看本书中程伟元"交游"一章，不复赘述。如果说乾隆六十年之前程伟元还有功名念头而留在北京等待"云外桂子芬"的话，那么在乾隆六十年之后（特别是远走关东之后），程伟元因年龄、环境等原因，当已是心力大灰（《红楼梦》中的贾政也曾有此种情景）。或许他已从《红楼梦》中看到了贾宝玉对功名利禄的鄙弃，终于以"东山冷士"的身份完成了对"好"与"了"的参悟！

2010年10月2日初稿

二月初三日：邻水杨素，释《情舲险雨诗》四用，同邑李翰文辅著。李君乾隆丙（午）辰进士，由中书舍至给事中，庚戌湘蜀中世讯。又吏观视学蜀中，不可谓不达。乾乙距今不远，何竟不就举其婚注，都无新史莘来。

——叶昌炽孙：《缘督庐日记》辛卯（1891）。

第三章

程伟元诗文书画才艺初论

　　三十五年前，文雷在《程伟元与〈红楼梦〉》[1]一文中曾根据当时所发现的程伟元生平资料，对"程伟元的思想和才艺"作了极为粗疏的考论。由于众所周知的时代原因，该文中显然批判性的文字多于学术上的深层分析。这种"时代"的烙印，读者当自有判断，亦会理解今日"重新"检讨的必要性及其重要意义。近年来，随着新资料的陆续发现，研究者已有了新的思考和认识。本章在重读新旧资料的基础上略做梳理，拟从四个方面对程伟元的诗文书画才艺及所表现出的创作思想做一些探究，借此向学界同好讨教。

1　文雷：《程伟元与〈红楼梦〉》，载《文物》1976年第10期，又载胡文彬、周雷著《红学丛谈》，山西人民出版社1983年4月版，第255—276页。

文章妙手称君最

—— 一序一跋，偶尔露真容

　　程伟元一生究竟写了多少文章，又有多少留存于世，至今仍然是一个不大不小的"谜"。他的及门弟子金朝觐在《题程小泉先生画册》[1]诗前"小序"中曾说："暨先生下世后，求其遗纸，如片鳞只爪，不可多得。"由是推想，程伟元生前所写的文章当不会很多，少量的"遗纸"亦极可能早已风流云散"不可多得"了。幸运的是，至今我们还可以读到他的一序一跋和一篇合署名的《红楼梦引言》，成了今天评论他文章的珍贵根据。他写的《新镌全部绣像红楼梦序》，置于清乾隆五十六年辛亥（1791）萃文书屋活字印刷本（即世称"程甲本"）的卷首，得以流传至今。在这篇序文中，他以言简意赅、通俗易懂的文字叙述了自己二十余年间所见抄本《红楼梦》的面貌（如书名、回数、庙市售价等情况）与自己竭力搜罗、铢积寸累的辛苦和"乃同友人细加釐剔，截长补短，抄成全部，复为镌板，公诸同好"的缘由。

　　在上述"序"文之外，程伟元曾于清嘉庆七年壬戌（1802）十二月初一，为晋昌的《且住草堂诗稿》写了一篇"跋"文[2]。在这篇"跋"文中，程伟元用寥寥数语交代了他"入幕"的时间和经过之外，重点是放在了他所以保留晋昌诗的理由。当然，在叙述过程中也表达了他自己为文作诗的艺术见解（在后

1　金朝觐：《题程小泉先生画册》，载《三槐书屋诗钞》，清稿本卷三叶，又载《辽海丛书》本卷三叶九上下。

2　程伟元：《且住草堂诗稿》跋，载晋昌著《戎旃遣兴草》，道光五年重刊本下册《题词》叶五下至叶六下。

面讨论）。此外，他还同高鹗联合署名写了一篇《新镌全部绣像红楼梦》（世称"程乙本"）的《引言》，共七则。程高《引言》意在强调他们为什么在甲本出版之后短短三个月时间内再次修订改版的原因和目的。例如，第一则中说："抄录固难，刊板亦需时日，姑集活字刷印。因急欲公诸同好，故初印时不及细校，间有纰缪，今复聚集各原本详加校阅，改订无讹，惟识者谅之。"又如，"是书词意新雅，久为名公钜卿赏鉴，但创始刷印，卷帙较多，工力浩繁，故未加评点。"均为向读者说明性的文字，或者说是技术性的交代，无须繁引论析。

同今日广大读者、研究者相比较，程伟元同时代的友人们读到他的文章机会一定不止以上一序一跋一"引言"。读者从本书披露的有关程伟元的生平资料中可以看出，他的幕主兼文友晋昌将军，则对他的文才倍加推崇：一是京城众多文士，他唯独选中了程伟元，难道说只因他读了程甲本上的那篇序文？我想以晋昌的地位、文才，不至于如此草率，他当有多方面的了解和考量之后方做出的抉择。既为"佐案牍"，除了能够陪主人吟咏唱和的本事之外，还应具有起草公文书札的文字能力。否则，花了银子雇（文雅点说是"邀"）一个酒囊饭袋者流何以胜任其事？二是晋昌在自己的诗中说："案牍权抛意暂舒，临风尤幸接新书。文章妙手称君最，我早闻名信不虚。"[1]最后一句是"我早闻名信不虚"，说明晋昌对程伟元的"妙手"著文章早已耳闻，只是缘吝一面而已。程伟元受"邀"入幕府"佐案牍"，是晋昌知人善任的选择，而在程伟元的生命途中得到了一次难得的展示个人才华的机遇。他们在名分上虽然有宾主之分，但在工作的余暇中却是"忘形莫辨谁宾主，把酒临风喜欲狂"（在《小泉、畊畬为予洗尘，即席赋诗》中又云"与君把酒谈今夕，席上谁还辨主宾"）。这些诗句或可被解读为官场的"客套"，但我则认为这其中仍然透露出晋昌将军对这位幕下高士的敬重之情！

令人深感遗憾的是，我们至今无法得到程伟元的文集，仅从这一序一跋一"引言"中很难对程伟元的妙手文章做出全面而完整的判断。但我相信那句"一叶知秋"的老话——程伟元不是某些人想象的只图"伪书牟利"的一介"书商"！

---

1 晋昌：《壬戌冬余还都小泉以上下平韵作诗赠行因次之》，载《戎旃遣兴草》重刊本，卷上叶22下至25叶下。

新诗清润见珠玑

—— 程伟元"工诗"，二百年来诗一首

　　如果说程伟元的文才只是"偶尔露真容"的话，那么有关他的诗才的记载则给我们提供了很多侧面的观察视角，印象也要深刻得多。我之所以这样说，并非要把程伟元抬到清代诗坛的大家行列之中。迄今为止，所有的清诗选本中我们找不到一首程伟元的诗，当然也不会在"诗话"中寻觅到有关对他的评论，但这并不意味着这位东山冷士不会写诗。恰恰相反，在程伟元同时代的诗友中记录了他所作的诗并不算少，而且我们还幸运地从朝鲜文人的《蓟山纪程》[1]中查到了他一首完整的七言绝句。这一发现说明，程伟元不仅能诗，而且写得还算不错，至少他没有"伪造"几首去滥竽充数。

　　首先推崇程伟元诗才的，当属晋昌将军，在《戎旃遣兴草》中，晋昌和程伟元诗有10题50首之多。如《围次和小泉原韵》《壬戌初度小泉以〈罗汉册〉为祝即和原韵》《壬戌冬余还都小泉以上下平韵作诗赠行因次之》，说明程伟元能诗，写过不少唱和诗。其次，李桑、刘大观等人的诗文中记载了程伟元"工诗"。李桑是程伟元的同乡又是"同学友"，他在《且住草堂诗稿跋》中说"小泉，予之同学友"，"工于诗"。刘大观在《题觉罗善观察怡荪〈柳荫垂钓图〉》诗中也说"我与小泉亦吟友"。这是晋昌之外的诗人的证词，说明程伟元"工诗"，否则何以称"吟友"！

　　那么，程伟元的诗究竟写得如何呢？因为到目前为止只见到程伟元留下一

1　李海应：《蓟山纪程》，见林骅《新发现程伟元一首诗》，载2007年4月10日《今晚报》。

首完整的诗，因此很难做出中肯的评判。这里仅依晋昌的"诗评"来窥见程伟元的诗才"一斑"。晋昌在《壬戌冬余还都小泉以上下平韵作诗赠行因次之》中有如下诗句：

（1）赠言卅韵写来真，字字珠玑句句春。
（2）况君本是诗书客，云外应闻桂子芬。
（3）箕裘不坠前人志，自有诗书裕子孙。
（4）新诗清润胜琅玕，读罢风霜客梦寒。
（5）春来芳草带宜男，牢把佳章贮玉函。
（6）约略归朝重订社，琳琅妙句一时探。

从以上所摘出的诗句中，我们可以肯定程伟元的诗才文采俱佳，否则难以得到将军诗人晋昌如此高的评价。在晋昌诗集中有不少与他人的唱和诗，我们很难发现有如此赞美的诗句。因此，我认为即使"扣除"其中的"溢美"成分，那么也可以看出程伟元的诗才文采不是一般平庸之辈可比。

"瑶章三复见清新"，这是晋昌与他的吟友们对程伟元诗才的评定！

满幅云烟满幅春

—— 程伟元"擅画""能书"的记载

程伟元擅画，似乎要比他"工诗"更为读者所了解，或者说"证据"更充分些。

一是辽阳市文管会1981年所发现的王尔烈寿屏上第七扇第一行第五幅由程伟元绘的《双松并茂图》，时为清嘉庆元年丙辰（1796），署"古吴程伟元"。这是我们见到的程伟元最早的一幅画作[1]。

二是1974年10月初，张寿平先生在台北今日公司的今日画廊发现了程伟元的一幅"寿"字松柏图。据张先生1977年3月28日在《联合报》上撰文介绍：

> 这幅画，长一百二十九厘米，宽六十一厘米，可称大中堂。画面是一棵松树和一棵柏树交缠而成的一个大寿字，依照世俗惯例，这该是为祝贺某家夫妇双寿而画的。原来应有的上款，想必在原主人出让时被截掉了。下款是"古吴程伟元绘祝"七个字。
>
> 下面钤两个印章：一为"伟元"，圆形朱文；一为"小泉"，方形白文。制作都相当精雅。右下角钤一个押脚印章，文为"小泉书画"，方形白文。左下角还有收藏印一，文为"嫩江意弇氏藏书画印"，方形朱文。

---

1 邹宝库：《新发现程伟元的〈双松并茂图〉》，载《红楼梦学刊》1981年第2期，第178页。

程伟元绘《双松并茂图》

三是北京邱大阜（第165中学教师）出示家藏程伟元《指画罗汉册》，系其父早年得自沈阳市上，纸本，共十二开，其中只有五开署款，第一开又剪贴程伟元图章二方。这是传世第三件画作（其实这是个册叶，共有十二幅画）。

四是程伟元曾于清嘉庆六年辛酉（1801）画过一幅扇面，上面还有题款。十余年前，周绍良先生赠我这幅扇面的照片一帧，其款云：

此房山仿南宫，非仿元晖之作。米家父子虽一洗宋人法，就中微
有辨：为于烟云缥缈中着楼台，政是元章绝处。

辛酉夏五，临董华亭写意。程伟元。

五是刘大观《题觉罗善观察怡葊〈柳荫垂钓图〉》诗中明确说"此图出自小泉手"。

六是金朝觐《题程小泉先生画册》，见于《三槐书屋诗钞》。

以上六件画品，其中除那幅"扇面"和《柳荫垂钓图》《题程小泉先生画册》之外，都是在1976年10月文雷的《程伟元与〈红楼梦〉》一文在《文物》月刊上发表之后披露的，它与晋昌《且住草堂诗稿》及序跋、刘大观《题觉罗善观察怡莼〈柳荫垂钓图〉》等材料发现的影响不无关系。李棻的《且住草堂诗稿》跋中说"程亦擅长字画"，而晋昌诗集中指名题《壬戌初度小泉以〈罗汉册〉为祝即和原韵》《题阿那尊像册十二绝》等诗，都说明程伟元擅画，似乎对指画、佛教画颇有兴趣。

程伟元绘《双松并茂图》（续）

晋昌对程伟元的擅画有评论，诗集中有如下诗句：

（1）满幅云烟满幅春，图来寿佛倍精神。

（2）古墨一螺生艳彩，瑶章三复见清新。

（3）论画谭文志不输，案头别后有诗无？

在几千年的封建社会里，中国文人能文工诗擅画，集三长于一身，代不乏人，有些人的诗、画流传至今，奉为至宝者，如宋代徽钦二帝、扬州八怪，都是人们所熟知的。在红学史上，曹雪芹也是一位集诗、文、画于一身的大作家。同以上提到的那些人相比，或许程伟元还不能和那些人相提并论，但通过以上事实，我们至少可以对下面两点做些"拨乱反正"：

（1）程伟元不是一个没有多少文化修养的普通"书商"。他是一位有相当高才艺的文士。

（2）在诗文画三方面，我们都有理由认为程伟元的学问、文采并不比高鹗差。

至于程伟元得到"能书"的嘉许，在晋昌的《且住草堂诗稿》和他的学生金朝觐《题程小泉先生画册》中已有明确的记载。例如，晋昌在《壬戌冬余还都小泉以上下平韵作诗赠行因次之》中写道："官舍中为安素堂，每逢佳节具壶觞。曾题兰桂清芳额，书法应知效二王。"又云："知君高士静门庭，镇日琴书意自宁。"都可视作对程伟元"能书"的肯定。大家都知道，书法乃是中国古代知识分子的一门必修课。特别是那些想要进入仕途的士子来说，写一手好字就是一个谋生的途径。清康熙年间，高士奇进京赶考，以写字赚钱出了名，后来成了康熙朝的权要。乾隆朝，因皇帝喜欢舞文弄墨（"每缘几暇，练习未忘，并翰抒毫，动成卷"）书法之道一时风靡，乃至以书法作为取仕和仕途进退的重要标准。在此风影响之下，能书者不论其德才，均可为官，甚至步步高升。书法成为个人荣辱的关键，入仕的敲门砖。《红楼梦》中的贾雨村，落魄潦倒，进京途中也是以卖字谋生。所以我对程伟元擅画能书毫不怀疑。但在此，我想谈论程伟元的"能书"时应该注意到以下三个情节：

（1）程伟元留下的书法作品，尽管不是很多，但我们仍可以从中找出一些值得认真研讨的线索，剥去某些不实之词，从而认识一个真实的程伟元。目前所见程伟元署名的"书法"：一是世传程甲本卷首的程伟元手书序文；二是晋昌《且住草堂诗稿》（稿本）中的程伟元跋文；三是在"临董华亭写意"折扇上的题字；四是王尔烈寿屏上《双松并茂图》、台北发现的《双松并茂图》及指画《罗汉册》上的落款，这些实物证据与晋昌、金朝觐的评论和记载结合起来，就会有了一个完整的印象。我想这应该是我们讨论程伟元"能书"时有实际意义的一个基础。

（2）晋昌官位盛京将军，官衙中的"安素堂"非同一般富商大贾的私家园庭，送往迎来皆非普通白丁。在如此非同一般场合题写联语，绝对不会是庸常的书法作品。晋昌能够舍得把这样耀眼的地方让给程伟元大显身手，固然有抬爱之意，但也必须是让人钦羡、不愧大手笔的作品方不失将军的颜面。"书法应知效二王"[1]，说出了程伟元的书法家数——习的是王羲之的草隶，刚健中正中透露出流美而静穆的风格。

（3）程伟元随晋昌将军到沈阳之后，除了"佐理案牍"之外，他还被王尔烈聘为沈阳书院掌院，兼教习书法。他的及门弟子金朝觐在《题程小泉先生画册》小序中说："挥麈细论文，临池学作字。"试想，程伟元的书法如是一般般，曾做过高官的王尔烈怎么可能聘他做掌院，教秀才们习大字呢？当然，坐馆授徒之中也不乏贾代儒一流人物。但我们要知道沈阳书院可不是荣宁二府的家塾，那是盛京地区培养人才的"高等"学府。时入书院的金朝觐已是辽西有名的秀才，后来成了进士。在他的序中尊崇他师尊的才艺，当不是一味的溢美之词。

---

1 二王：指晋代著名书法家王羲之和王献之。

余论，不是结论

　　诗文书画是中国古代文人表达自己思想情趣的一种载体，但能够娴熟地运用这四种载体并能达到高超的艺术境界、成为一代艺术巨匠的人则是凤毛麟角，名垂青史者更是屈指可数。不必讳言，就现已发现的资料看，程伟元一生的诗文书画才艺无论如何都达不到巨匠大师一级。我们关注他的这些才艺，甚至不惜笔墨来探讨他的成就，目的是要印证他是否如某些人所说的只知道"出钱"而不懂艺术或说读不懂《红楼梦》，没有能力参加整理这部小说的"书商"。就我个人而言，则希望通过上述的探讨能够追索到这位曾对《红楼梦》的搜集、整理、刊刻、流传做出巨大贡献的历史人物创作上的心路历程和艺术追求。

　　（1）透过程伟元留下的有限诗文，我感到程伟元是一个追求真性情的文人。在《且住草堂诗稿》跋文中，他写道："诗以道性情，性情得真，章句自在。苟独取其词，何妨如他稿之伐毛洗髓，任失其真。余所欲留者（指晋昌诗），不为词句之妙，而为性情之宜，留备闲窗翻阅，以证师乙所论。其于歌诗之宜何如也？"显然，程伟元论诗旨趣与清初顾炎武和康熙朝"十才子"之一的施闰章所主张的"诗主性情，不贵奇巧"（顾）、"诗为性情之物"（施）完全一致。近至乾嘉时期，国家出现承平之世，诗歌创作继续繁荣，流派纷呈，但抒写性情，反对模拟古人，反对拘泥"诗教"的风气仍是主流。沈德潜评吴嘉纪诗云："诗以性情胜，不需典实，而胸无渣滓，故语语真朴，而越见空灵。"程伟元的文风诗情继承了前贤的诗风，他的诗文均语言质朴无华，既无堆垒故典（很少见有冷僻之典），也无雕饰之态。

（2）程伟元身出诗书之家，又系理学大师程颐之后人，思想中难免有尚古之风。特别是他在仕途上遭受挫折，有一种无所依归的失落感。但从他的诗和晋昌的和诗中却难见不得意的忧愤，吐辞极少有哀怨之声，这是需要极深修养才可能达到的境界。晋昌在《题指菊赠小泉》中曾写道："以指染黄花，为爱寒香素。"又道："写此伴高贤，领略陶家趣。"可见晋昌、程伟元追求陶渊明、韦应物、白居易等人自然天成、平淡率真的审美取向。

（3）程伟元在绘画方面继承传统而又注重创新。苏州程氏家族中代有画

程伟元绘指画《罗汉册》之一　程伟元绘指画《罗汉册》之二

程伟元绘折扇图及跋文

家诞生，诸如程小白、程世萱、程致远、程庭松、程征等人，画史上都有传记可按。我以为程伟元早在青少年时期受到程氏画家的影响，《柳荫垂钓图》极可能是他的代表作。但他出关入辽之后以指画[1]《罗汉册》十二幅，贺晋昌生日，却是得之于著名指画家高其佩的影响。晋昌《题阿那尊像册十二绝》是对程伟元指画的高度肯定，说明他的指画已达到了相当不错的水平。

（4）治印和钤印之风源远流长，已有几千年的历史（据说可上溯到殷商时期）。清代文人，特别是擅画能书者继承先人的优良传统。明代以前文人喜用单印，或刻姓名，或刻字号。清代文人多喜用双印，一方刻姓名，一方刻字号，别具一格者用"连珠印"。程伟元传世的书画作品上除了钤有姓名字号的印章外，还钤有多枚闲章。这些闲章是艺术，也是刻者或使用者表现个人志趣、情性、风格乃至思想理念的一种载体。程伟元继承了中国古代文人的这种优良传统。在仔细辨认所钤的闲章印文之后，从中或可解悟出程伟元远走关东前后的某些思想脉络。例如，程甲本问世时，程伟元在卷首序文第一页下钤有一方随形印，其印文为"游戏三昧"，表达了他对《红楼梦》或是对刊印《红楼梦》这件事的一种主观认知：从传统相继的角度看，他用这方印章明显地把《红楼梦》与正统的经、史、子、集做出了区隔，同时他选取了随形印则似乎另一番寓意，即随人而见，随人而说之意，或换句话说，即每个读者心中都有自己的《红楼梦》！在指画《罗汉册》上，他钤有一方"不识天地心"印，其文出自佛典，但在程伟元的心目中恐怕不拘佛典的教诲，似乎还包括他个人对人生遭际的体悟。另一方"只一个耐烦心"印，全句应是"只一个耐烦心，天下何事不得了，天下何人不可过？"这是一个"过来人"的彻悟——他由热心仕途，却屡试不中，终成东山冷士。人生如梦，梦醒而悟。此即如他的另一方"易观"印所示之意："易地则同。"

一印一世界，一印一人生。印如其人，印即人生也！

程伟元从1791年初印活字版《红楼梦》到今天已是220年了，今日草成本文表达我对这位贡献者的一份缅怀之情！

2011年9月28日初稿

2011年10月18日修改稿

---

1 指画：即以手指蘸墨作画，又作指头画。清代指画创始者是辽阳人高其佩，字韦之，号且园，其指画"有如叱石成羊之妙"。

附录一:

此图出自小泉手

—— 程伟元绘《柳荫垂钓图》亲验记

在竭力搜罗程伟元生平资料过程中,我曾在刘大观(松岚)《玉磬山房诗集·怀州二集》(道光初年刻本)上发现《题觉罗善观察怡荸〈柳荫垂钓图〉》一诗,并将它收录在《新发现的程伟元生平资料——〈红楼梦〉卷外编选刊之一》。见辽宁第一师范学院中文系编《红楼梦研究资料选集》第三集下册,时在1977年12月。

刘大观的《题觉罗善观察怡荸〈柳荫垂钓图〉》,写于嘉庆十九年(1814)秋天。当时善怡荸正在湖北做官,刘大观应邀往访,两人对酒话旧,谈起了程伟元。席间,善怡荸拿出程伟元给他画的小像来,请刘大观为之题诗。刘大观即席题了一首古风,题目就是《题觉罗善观察怡荸〈柳荫垂钓图〉》。诗云:

> 蒲帆数折西风顺,君子之中得后进,[①]
> 约我共食武昌鱼,手顷千厄色不吝。
> 我谓主人生异姿,颊上春风四座吹,
> 君曰昔曾图小像,千厄请买琼琚词。
> 此图出自小泉手,我与小泉亦吟友。
> 当时盛京大将军[②],视君与松[③]意独厚。
> 将军持节万里遥,小泉今亦路迢迢:
> 聚散升沉足感慨,白首何堪还一搔!
> 今对此图心已醉,此日饮应加十倍。
> 请君垂钓黄鹤楼,画我与君酌楼内:
> 北睨伯牙台,南望鹦鹉洲,

鼓声琴韵两悠悠。

楼上清风吹散几名士，只馀崔颢李白居上头！

原注：

①仆与善公先后知宁远州事。

②宗室晋公昌。

③松岚也。

那么，这幅"出自小泉手"的《柳荫垂钓图》是否还存在人间呢？当时虽有寻访的念头，但终没能付诸行动，后来随着其他研究的增多，也就渐渐地忘怀了。

天下总有一些意想不到的事，令人终生难忘。1987年初，当我刚刚调到中国艺术研究院红楼梦研究所不久，竟在这里亲自看到了这幅流传了180年之久的《柳荫垂钓图》。当时，我真有些不敢相信这是真的，激动的心情使我有些忙乱。记得，那天早上有人叫我到《红楼梦学刊》办公室，见到两位陌生的青年人，衣着朴素，言谈不多。见面后，我询问了他们的来历、工作和想法。从交谈中知道他们两位家住河北沧州，都姓尹，一位在机械厂工作，一位在石油公司工作。他们此行的目的是想请红学界能为他们"祖上"传下来的这幅画做一个"鉴定"，并想出售或"捐赠"给红楼梦研究所，至于报酬让我们视"价值"而定。

于是，我们先看画。

画是横幅，经过再装裱。画心约四尺长，画面颜色陈旧失去光泽，纸为竹宣，发黄。画右下角有"程小泉"三字，钤印"伟元"（阳文）；画左下角署时间为"嘉庆己巳"（十四年，公元1809年）。画左面有刘大观（松岚）题诗，此外还有筠圃、张映汉的题词，最后是徐绩的跋文，署"庚午年"（十五年，公元1810年）。粗看一遍后，我立即回到所办公室找出一本刊有程伟元生平资料的《红楼梦研究资料选集》第三集下册，然后回到《学刊》编辑部核对刘大观的题诗，发现虽有个别文字不相同，但为刘大观之诗无疑。筠圃、张映汉、徐绩的诗文无以校对，只匆匆看了两遍。后来两位画主急急卷起画，要求提出意见，并出个"价"。由于此事来得突然，我一人无法做主，且对画中一些疑点没有解决，所以当时表示了如下两点意见：

（1）原画当是真品，但经重新裱装，题词部分有异文，且署名字迹似有改动之嫌，因此需要再做鉴定。

（2）关于价值问题最好由卖方先提出个最低价，如捐赠需要多少回报，都提出来再商量。但是，对方坚持不提具体报酬，让我们看画的价值给。这样僵持一会儿，两位起来告辞，说到故宫博物院问价去，今后再联络。此后，我为此事曾给二位尹同志写过信，他们也回过信，都没有再接触。几年之后就杳无音信了。

今天当我执笔写这篇"亲验记"的时候，对这幅具有学术研究价值的画竟从自己眼皮底下走去，心里总有一种负疚感。如果当时能够多做一些工作，或许能够留下来，或设法买下来。我想这对程伟元生平研究将是一件功德事。现在时间已经过去七八年了，不知这幅画是否还保存在两位尹先生之手？

但愿程伟元的《柳荫垂钓图》能够长存人世间！

1987年12月5日初稿
1993年7月18日据日记修改

【附记】

（1）《柳荫垂钓图》上有"筠圃"的题词，经查筠圃乃是玉栋之号。舒元炜序中有云："筠圃主人瞿然谓客曰：'客亦知升沉显晦之缘，离合悲欢之故，有如是书也夫？吾悟矣，二子其为我赞成之可矣。于是摇毫掷简，口诵手批。……'"说明玉栋是一位喜欢《红楼梦》的人。在拙著《红边脞语》第152—153页，我曾对玉栋生平事略做过"考补"。文云：

> 玉栋，字子隆，自号筠圃，满洲正白旗汉军。《济南府志》卷七十五职官四载"满洲正黄旗"人，与国梁同旗。生于乾隆十年乙丑（1745），乾隆三十五年庚寅举人，历任山东淄川、彰邱诸县知县。

玉栋与张船山、刘大观相友善，各诗文集中都有所反映。由此可以推断玉栋看到并题《柳荫垂钓图》是极有可能的。近年来，查到有关张映汉的生平材料，得知张氏号筠圃，著有《筠圃诗钞》一卷，故在《今对此图心已醉——张映汉生平述略》一文中做了订正。

（2）《柳荫垂钓图》署"嘉庆己巳"绘，当为嘉庆十四年，即公元1809

年。此时程伟元正在辽东晋昌幕府做案牍，而善怡荪于嘉庆九年（1805）赴锦州知府任，十年因嘉庆帝东巡盛京"道路泥泞"被革职留任，降为宁远州知州，直到嘉庆十八年（1813）方从辽东发往湖北"以道员用"。这幅《柳荫垂钓图》是善怡荪被革职留任期间，程伟元给他绘的。

（3）庚午，当为嘉庆十五年，公元1810年。张映汉、徐绩生平见本书第四章"附录"。

1987年12月20日初稿

附录二：

春风画图芥子园

—— 程伟元"画扇"之来历

二十几年前，红学前辈周绍良先生赠送我一帧"程伟元画扇"的照片，觉得很珍贵，想撰文加以介绍。后来看到一部专著中已作为"附录"介绍过了，并有一些文章加以引录，所以就放在信笺中，作为一份"情谊"珍藏起来。

尽管如此，我对那画的画面和题字还是有些印象的。十几年后，我在琉璃厂中国书店翻阅《芥子园画传》时，突然见到一幅图和我见过的"程伟元画扇"颇相似。于是我将画图和文字记录下来，回到家中找到那帧照片加以对照，发现"程伟元画扇"完全是仿《芥子园画传》画的，文字也基本相同。

（1）"程伟元画扇"，墨笔，山水，题记云：

> 此房山仿南宫，非仿元晖之作。米家父子虽一洗宋人法，就中微有辨：为于烟云缥缈中着楼台，政是元章绝处。辛酉夏五，临董华亭写意。程伟元。

下有白文"臣"与朱文"元"连珠小方印。所署"辛酉"，即为清嘉庆六年，公元1801年。

（2）前不久中国书店以原大原色套印了清·王璨辑《芥子园画传》（线装16开本），在其初集第五册第26—27页上印着一幅"扇面"，画的墨笔山水，与"程伟元画扇"画面全同。其上题记云：

> 此房山仿南宫，非仿元晖之作。米家父子虽一洗宋人法，就中微有辨：为于烟云缥缈中着楼台，政是元章绝处。临董华亭书。

以文字相对照，"程伟元画扇"仅添有"辛酉夏五"及"程伟元"署名、两方小印，另将"临董华亭书"中的"书"字改"写意"。由此可见，"程伟元画扇"系临《芥子园画传》中的扇面画，原题记保留，所添者皆为程伟元临画后添上的。

从已知的材料看，"辛酉夏五"时，程伟元已在盛京将军晋昌幕中，并在沈阳书院教书。次年他的"同学友"李桢由辽东调回北京。李桢在沈时曾游沈阳书院留有题联，他与程伟元必然见面。因此，我认为极可能是李桢离沈时，程伟元将所临的扇画赠送给李桢的。李桢返京将此扇也带回了京城，后来流落在古董摊上。

2000年3月15日

载胡文彬著《冷眼看红楼》，中国书店2001年7月版，第291—292页。

程伟元：东山淬士（署号说）

(一) 岁寒也。徐翻青的《瓶梅吧》：切勿花间冷，
(二) 藻祝、清芷、梁武帝·净世赋：
○"心清冷其若水，志皎洁其如雪。" ⑱

(三) 闲敬也：杜甫《陪广文游博士郑虔诗》：
○"诸公衮衮登台省，广文先生官独冷"。

东山：名山，为东山淬士隐处。

第四章

　　程伟元的交游

中国古代文人喜欢交游、结社的风气勘称传统。前人荀子在其《君道》篇中曾言"其交游也，缘义而有类。"继其后管子在《权修》篇中亦言："观其交游，则其贤不孝，可察也！"由此可知文人以交游相识相交、相互切磋琢达到"心清冷其若水，志皎洁共如雪"的人格境界！

程伟元自清乾隆三十七年（1771）走进帝都三十年间不仅有己任内阁中书的同学友李斅相伴，而且还结识了宗室晋昌将军、内阁大学士王尔烈等名流高官并时有往来！嘉庆六年（1801）应新任盛京将军晋昌之邀远赴辽海之滨！诗酒酬唱留存今日的文献之中！恰在这段时间内，程伟元有幸结识了朝鲜的贡使团及其随行文人团队成员并有文字相赠！程伟文留于人间唯一首全诗即载在朝鲜文人的笔录之中！

　　"诸公衮衮登台省，小泉先生独官冷"！然而，历史并没有忘记他！本章所列正文与附录虽非全貌，但可一窥"东山冷士"（晋昌评语）的诗画之才与人格魅力！

世事如烟梦难圆

—— 程伟元与高鹗的合作与分手

程伟元与高鹗相识于北京，这当不成问题。但他们相识于何时，又是怎样的机缘使他们相识，到现在还没有查到什么文字记载。

但是有一条间接的线索，似可给我们一些新的思考。此即高鹗曾于乾隆五十一年丙午（1786）秋天，在北京应考一次，结果名落孙山。当时他写了两首七律《看放榜归感书》，[1]诗云：

又看群仙上大罗，归来抱膝且吟哦。

无情白发骎骎长，有路青云望望过。

"君子不忧"乃所愿，"小人有母"谓之何？

休疑尘世浮名感，五载生徒废《蓼莪》。

激电流光逝水波，升沉容易坐消磨。

卞和玉璞谁重赏，管辂金钱事总讹。

茅屋佳人愁日暮，上清仙子爱高歌。

料应别有钧天曲，苏李归来费揣摩。

诗中虽然用了"君子不忧""小人有母"、《蓼莪》、"卞和玉璞""管辂金钱"之类的典故，但诗意并不难以理解。我的注意点是在"苏李归来费

1　高鹗：《看放榜归感书》，载《月小山房遗稿》叶四下。胡文彬、周雷编注：《高鹗诗文集》，百花文艺出版社1984年9月版，第31页。

揣摩"一句上。苏李，当指汉代的苏武和李陵，这两个人是好朋友，又都有文才，会作诗，后世以苏李并称。高鹗借用"苏李"之典，是否暗指他和程伟元同时参加了这次秋试呢？如果我的推想有几分道理的话，那么程高二人当在乾隆五十一年（1786）前就相识，至晚也在这次"秋试"中相识。

在此后不久，高鹗曾写过一首《行酒》[1]诗，其诗云：

> 青云淡荡敞重阍，三十荀郎尚荜门。
>
> 偶尔谈天惟老衲，近来行酒半荒村。
>
> 夕阳曲径牛羊下，秋水空陂鹅鸭喧。
>
> 着我此间殊不恶，薄田负郭竟谁论。

从这首诗的内容看，他当时还没有中举，居住在城外以薄田为生，故有"薄田负郭竟谁论"之语。那时间当在乾隆五十三年（1788）中顺天乡试举人之前，或五十一年或五十二年。第二句"三十荀郎尚荜门"，当是借指自己的年龄三十岁了。按此上推三十年，应是乾隆二十一年或乾隆二十二年，就是说高鹗的生年是1756年或1757年。乾隆五十五年（庚戌）（1790）三月高鹗又写了两首《庚戌三月寓斋枕上闻风雨声》[2]，诗云：

> 二分春过无风雨，今日浓阴扫不开。
>
> 刚是客边头一夜，潇潇又作打窗来。
>
> 作意多应为杏花，曲江年少属谁家。
>
> 懒人自笑关情甚，生怕泥沾择�车。

这两首诗写出高鹗当时的"闲且惫矣"的生活状况和心境。

我曾在《为惜分阴答旧知—程伟元与李煐的交谊》[3]等文中推测过，程伟元约于乾隆三十六七年前后来到北京，目的也是为了进入仕途，但可能在几经失败之后，他的理想彻底破灭了，转而走上不问世事的道路。他在经过几年的

1　高鹗：《看放榜归感书》，叶五上下；第34页。

2　高鹗：《看放榜归感书》，叶二上下；第36页。

3　胡文彬：《为惜分阴答旧知——程伟元与李煐的交谊》，载《梦香情痴读红楼》，山西教育出版社1998年4月版，第264—273页。

"竭力搜罗"之后于乾隆五十六年（1791）春间开始，邀正在"闲且惫矣"的高鹗共同合作整理《红楼梦》。

从1791年春天开始到1792年程乙本的正式出版，前后不足两年的时间，程伟元和高鹗二人将"漶漫不可收拾"的《红楼梦》经过"细加釐剔，截长补短"终于达到前后"接榫"，完成了第一次整理的任务。其后是二人分头抄录，合成全部，达到"镌板"的要求，终于实现了"公诸同好"的目的。世人对程高二人进行怎样评价，前人有前人的记载，今人有今人的评价，皆有文字可查，这里不作复述。

我个人在梳理程高二人这次千载一遇的合作过程的时候，有高兴也曾有过不少困惑。在此提出来共同讨论，希望得到同好的指教。

（1）1791年程甲本问世时，卷首附有程伟元和高鹗的两篇序文，位置是"程前高后"[1]。这样的安排凸显了程伟元在这项整理工程中的"主人"身份，同时从中国传统的道德标准来看，也符合"尊长敬贤"的基本要求。但是到了1792年程乙本出版时，卷首序文的位置却缺了程伟元序，只在《引言》前署了程伟元、高鹗的名字[2]。这个变化是程伟元的谦让，对高鹗的"遂襄其役"的回报，还是有其他什么原因？或是高鹗自己"争取"来的？

（2）从1792年程乙本问世后到乾隆六十年（1795）高鹗考中进士[3]，这三年之中程高二人之间没有任何往来的文字记录可寻。程高都是工诗之人，何以没有一次唱和？特别是高鹗在程乙本"工竣"之后写了《重订〈红楼梦〉小说既竣题》[4]，诗中却一字不提程伟元。而他的同年张问陶，竟然在《赠高兰墅

1　一粟编：《红楼梦书录》，上海古籍出版社1981年7月版，第17页。著录原文："乾隆五十六年辛亥（1791）萃文书屋活字本，一百二十回。……首程伟元序、高鹗序。"

2　同上，第24页。著录原文："乾隆五十七年壬子（1792）萃文书屋活字本，一百二十回。……首高鹗序，次程伟元、高鹗引言。"

3　朱保炯、谢沛霖编：《明清进士题名碑录索引》，上海古籍出版社1980年2月版下册，第2752页"乾隆六十年乙卯恩科（1795）第三甲第一名"。

4　朱保炯、谢沛霖编：《明清进士题名碑录索引》，上海古籍出版社1980年2月版下册，第2752页"乾隆六十年乙卯恩科（1795）第三甲第一名。"

（鹗）同年》[1]诗注中也写上"传奇《红楼梦》八十回以后俱兰墅所补"这样重要的话，不是张问陶个人的"猜测"之词，而是高鹗亲口告诉他的。倘是如此，人们不禁要问：高鹗如此在意自己的"所补"，而一句不提程伟元的邀请，其目的又该如何理解？

（3）从乾隆六十年四月二十日高鹗以三甲同进士出身"著以内阁中书用"至嘉庆二十年（1815）"赍志以终"[2]，在长达20年的时间里，两位当年的合作者为什么没有书信往来，连一首唱和诗也没有留下来？高鹗的同年薛玉堂、张问陶、徐润第、善连及学生增龄、华龄等人的诗文集中都一字不提《红楼梦》梓行事？而程伟元的朋友昌晋、李桂、刘大观、善连（怡荨）、学生金朝觐等人为什么也三缄其口，在诗文集中也不露一字呢？

（4）一粟《红楼梦书录》中著录的程甲本翻刻本最多，其中除了早期东观阁本、本衙本、藤花榭本、善因楼本、抱青阁本等保留了高鹗序外，从宝兴堂本、宝文堂本到藤花榭重刊本、会锦堂本、聚和堂本、三让堂本、同文堂本、伟元堂本等20余种翻刻本皆一律删去了高鹗的序文，直到1927年2月上海亚东版刊印程乙本时才出现了高鹗序和《引言》[3]，如果一粟《红楼梦书录》

1 　张问陶：《赠高兰墅（鹗）同年》"传奇《红楼梦》八十回以后俱兰墅所补"。载《船山诗草》卷16，《辛癸集》。又载中华书局1986年1月版，2000年3月版第二次印刷下册，第457—458页。此诗写于辛酉年，即嘉庆六年（1801）。据四川蓬溪胡传淮著《张问陶年谱》（巴蜀书社2005年版）记载：张问陶生于乾隆二十九年甲申（1764），小于高鹗六七岁。从21岁始三次赴京师应试，直至乾隆五十五年庚戌（1790）考中第三甲第五十五名进士。是科高鹗极可能也参加了会试，再次落榜。故在《庚戌三月寓斋枕上闻风雨声》诗中有"今日浓阴扫不开"之句。张高相识至晚应在此时，故有"同年"之称。次年二月，张问陶离京西返。而此时恰是程伟元邀高鹗共同整理《红楼梦》之际，十三年后张高再次相见（张诗有"弹指十三年已去，朱衣帘外亦回头"句），畅谈别后方知高参加整理《红楼梦》之事（张诗中有"艳情人自说红楼"句可证）。

2 　增龄：《月小山房遗稿序》，载《月小山房遗稿》卷首。上海古籍出版社1980年2月版下册，第4页。序云："兰墅夫子，铁岭汉军人也，由乙卯进士历官给谏，誉满京华。而家贫官冷，两袖清风，故著作林，未遑问世，竟赍志以终。"时在嘉庆丙子（1816）春三月。

3 　参见一粟编著《红楼梦书录》"版本"部分，见第36—75页。

的著录准确无误的话，那么这种独删高序的做法与程伟元是否有关呢？难道各地翻刻者是不约而同的自动行为？

叙

予闻《红楼梦》脍炙人口者几廿余年，然无全璧无定本。向曾从友人借观窃以染指尝鼎为憾。今年春友人程子小泉过予，以其所购全书见示，且曰：此仆数年铢积寸累之苦心将付剞劂，公同好，子闲且惫矣，盍不任之？予以是书虽稗官野史之流，然尚不谬于名教，欣然拨冗，审正讹谬。

（印章）

收见宝为幸，遂襄其役。工既竣，并识端末以告阅者。

时

乾隆辛亥冬至后五日铁岭高鹗叙并书

1791年刊印绣像《红楼梦》卷首高鹗序

对上述四个疑惑问题，尽管我反复思考了很久，但说起来很惭愧——因为直到动笔写这篇文章之时，我仍然无法说自己的答案是无可挑剔的。现在我只想把自己思考的粗浅意见略做陈述，希望得到讨论。

首先，就我所接触到的程高二人的家世生平资料看，因程伟元来自文化之乡的"古吴"，地域文化的熏陶，使他的性格具有深沉、内向的特点，尽管他是此次整理《红楼梦》抄本的主人，但在如何完成"接榫"的过程中可能较倾向谨慎从事。但生性狂放的北方人高鹗，则可能认为程过于"保守"，常有自作主张地删改或大量增加北方语言，不同的主张造成二人之间的分歧。到了程乙本时候，分歧会更大，程伟元对程乙本的整理结果表示了极大的"不满"，因而根本不想署名。

其次，高鹗是一个看重功名的人，他在程乙本问世后即写出《重订〈红楼梦〉小说既竣题》一诗又不提程伟元一个字，把"重订"的功劳据为己有，是否他们在工作过程中产生了某种分歧而引起程伟元的反感呢？我想不能排除这种可能性。因此，二人之间的"裂痕"愈来愈大的结果，最终导致了程高二人"分道扬镳"的悲剧结局。揆之200余年后今日诸多合作者最后不欢而散乃至视若仇人的种种显例，可否认为程高之间也是如此呢！特别是高鹗后来特意刻了一方"红楼外史"[1]的印章和将合作整理《红楼梦》事特意告诉了张问陶，引出张诗的小注"八十回以后俱兰墅所补"，这两件事是否可作为他自我"张扬"的一个旁证！？

这只是我个人的解读，希望有朝一日能发现新材料否定我的这个看法，那时我会感到高兴，并为我的"妄解"做出检讨。

2007年10月9日初稿
2011年3月18日修改

1　高鹗是否有署"红楼外史"之号，仅见恽珠《国朝闺秀正始集》，道光十一年刊本，卷二十文云："按鹗字兰墅，别号红楼外史。"恩华《八旗艺文编目》（1941年印本，史部，政治），文云："兰墅有小印'红楼外史'。"李葆恂《旧学庵笔记》（1916年刊本）亦记高鹗"尝自号红楼外史"。

将军本色是诗人

—— 程伟元与晋昌的交谊

　　晋昌，字晋斋、戟斋，号红梨主人。宗室，隶正蓝旗。他是清太宗文皇帝皇太极之后，恭亲王常颖五世孙，固山贝子明韶第一子，袭封"奉恩镇国公"。生于乾隆二十四年己卯（1759），卒于道光八年戊子（1828），终年70岁。

　　晋昌的官路亨通。根据《清代职官年表》中有关都统、将军任职记录及《大清搢绅全书》等有关资料，我们知道晋昌在乾隆四十年（1775）刚刚16岁就被授为三等侍卫，封辅国将军，供奉禁廷。乾隆五十三年（1788），降袭奉恩镇国公，授散秩大臣。乾隆末年至嘉庆初年，历任正红旗蒙古副都统、镶白旗护军统领、镶蓝旗满洲副都统、镶白旗满洲副都统、镶红旗满洲副都统。嘉庆三年（1798）授宗人府右宗正，四年（1799）授内大臣，旋授宗人府左宗正，主管健锐营，五年（1800）初转宗人府右宗正。五年三月，出任盛京将军，"前后三持节"。第一次任盛京将军是嘉庆五年（1800）春三月至嘉庆八年癸亥（1803）八月，后被革职。嘉庆十年乙丑（1805）任乌什办事大臣，十一年丙寅（1806）九月任乌里雅苏台将军，十二年丁卯（1807）任喀什噶尔参赞大臣，十三年戊辰（1808）任伊犁将军，至十八年癸酉（1813）六月革职，九月又任乌鲁木齐都统。第二次任盛京将军是嘉庆十九年甲戌（1814）二月，至二十二年丁丑（1817）二月调任伊犁将军。二十五年庚辰（1820）四月授领侍卫内大臣。道光二年壬午（1822）正月，第三次任盛京将军，至八年戊子（1828）正月调为绥远将军，八月召回，旋卒于京。

从现有的材料看，晋昌是在嘉庆五年（1800）春三月赴盛京将军任时延聘程伟元入幕的。这时程伟元究竟是在北京还是已在盛京以及他们之间是否早已在京相识，还没有得到更多的佐证材料来判定。有一点是可以肯定的，晋昌在盛京将军第一次任上，程伟元是一直陪侍左右的。据李桼跋《且住草堂诗稿》序文中说，程伟元在幕府中管"左案牍"的工作，负责公文往来，相当于今日的高级文秘。但李桼说得很清楚，程伟元是"佐"，即协助的意思，而不是"专职"。晋昌是个文人将军，喜欢罗致能诗善赋的"诗才"人物，所以程伟元在幕府中又非一般的文秘，他还有陪主人聊天、吟诗唱和之事。

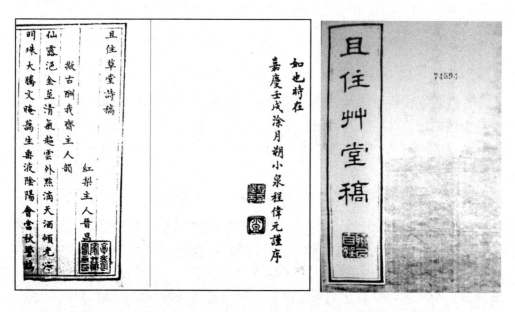

晋昌著《且住草堂稿》稿本封面　程伟元著《且住草堂诗稿》序末落款

嘉庆七年（1802）晋昌在《且住草堂诗稿》原序（见本书《为惜分阴答旧知》一文）中描述他与程伟元等人相识和公余生活，说明《且住草堂诗稿》均为"小泉记而录之，荟萃而成帙"的。

程伟元"工诗"又善书和指头画，深得晋昌的赞赏与信任。晋昌在《题指菊赠小泉》诗中写道：

以指染黄花，为爱寒香素。

点点墨汁浓，似解含烟雾。

秀色飑严霜，傲骨凌凉露。

惟于风月亲，不愿藩篱固。

我来自辽东，秋光已三度。

写此伴高贤，领略陶家趣。

这首论画诗中的"寒香""秀色""傲骨""高贤""陶家趣"，以菊喻人。写出了程伟元"惟于风月亲，不愿藩篱固"的"高贤"风采与志趣情性的人格魅力。他们在名分上本是宾主，但在文字交往中又是朋友。"与君把酒谈今夕，席上谁还辨主宾"（《小泉、畊畬为予洗尘，即席赋诗》），"忘形莫辨谁宾主，把酒临风喜欲狂"（《八月二十五日招小泉、畊畬赏桂，次小泉韵》）。他们之间的唱和之作很多，今存于《且住草堂诗稿》中的诗，有记相聚的，有相互唱和的，共有10题50首。从这些诗中，我们不仅了解到程伟元工诗擅画能书，而且还了解到程伟元在辽东的交游，使我们对他的人品、才艺等诸方面有一个轮廓性的认识。过去的两百年间，红学研究者一是对"程高本"倍加贬抑，不注重对刻本系统的研究；二是根据一些"传闻"材料对程高二人做出的贡献作了不公正的评判；三是由于对程伟元的身世情况不甚了了，所以只能以一句"一介书商"而排斥在研究之外。由晋昌的《且住草堂诗稿》的发现，打破了200年来对程伟元评论的偏见，给程伟元生平研究乃至《红楼梦》后四十回的研究带来希望之光。

作为将军诗人，晋昌的诗似应多写戎马生活，但收在《戎旃遣兴草》内的诗却都是政事余闲与僚属及友人们的唱和。他的诗，"沧云许以俊逸自然"，"小泉深谓性情所致"，"醰醰有味，固非寻章摘句者所同日语"。刘大观在《且住草堂诗稿》跋中对晋昌的诗也有所评论。他说晋昌的诗"虽偶然酬唱，不甚经意，而胸次之磊落、性情之敦厚、旨趣之幽闲，皆有过乎人者"。这些评论中有对"将军"的溢美词是不可否认的，但也并非全是"拍马屁"，阿谀奉迎。晋昌的诗集在八旗诗人中虽然称不上大家，但仍不愧为"诗人"之称。他的诗散发出一股浓郁的文人气，少有杀伐之声。打开诗集，开卷即是《拟古酬我斋主人韵》《题松鹤图》《松棚和韵》《虹》《听涛书屋纳凉晚话和韵》《白莲花》《莲蕊》《题红豆思春图》《寄风冈即用来韵》《示三儿四儿用来韵》《围次威远堡遇雪迴文》《题自制鱼雁笺》《和松岚刘刺史悼女原韵即以寄慰》等一类诗。

壬戌冬余還都小泉以上下平韻作詩贈行因
次之

車塵馬迹任西東別後離懷兩地同屈計歸期應不

遠相逢二十四番風

却記芸窗酌後容流光駒過忽三冬草堂小座多佳

趣酒與偏教詩興濃

名山勝水我心降傾暑三年返

帝邦可是有情關塞月夜深曾記上疎慰

爲惜分陰答舊知指尖寫出傲霜枝惟儂難入高人

眼紙不光明墨不滋

晋昌和程伟元诗之一

晋昌写给程伟元的诗，也是题跋、唱和诗。如《途中寄小泉畊畲》《八月二十五日招小泉畊畲赏桂次小泉韵》《围次和小泉韵》《壬戌初度小泉以〈罗汉册〉为祝即和原韵》《小泉畊畲为予洗尘即席赋诗》《题指菊赠小泉》《壬戌冬余还都小泉以上下平韵作诗赠行因次之》《立秋日招小泉、畊畲、可庭同饮》《叠前韵答小泉、畊畲、可庭》诸诗，均反映诗人将军公余生活的闲情雅致和对友人、家人的想念与关怀之真实情谊。诗中流露的情绪多是离愁，对人生世事的感慨，有些诗明显表现出深受佛老的影响。反之，他对国家政事、军事乃至更多的民情，却很少有所表现和议论。

诗人的思想和情感之所以如此，我想是由以下几个原因造成的：

（1）清代自开国后，宫廷内部的残酷斗争及黑暗的官场斗争，给这些天潢贵胄出身的文人们心灵上留下了不可磨灭的阴影，使他们始终处于一种"恐惧"的氛围之中，对国家政事表现一种"漠不关心"，以免惹祸上身。但在他们心灵深处又有一种忧患情绪，所以其诗中流露出的是一种人生世事捉摸不定和虚无渺茫之感叹。

（2）晋昌所处的时代，正是所谓海晏河清，一派歌舞升平景象，全国无"战事"，所以连将军们也无须去多为国防大事花心思。因此他的诗中见不到刀光剑影的厮杀，也嗅不到战争的火药味。

（3）晋昌文武全才，但他虽身为将军，但似乎并不得志，诗中流露出他怀才不遇的情绪，甚至有佛老思想的印迹。

（4）晋昌日日伴随的幕僚虽都是一些才华横溢的才人，但这些人命运多舛，落魄潦倒，在仕途上又多遭际不幸。这些人的生活现实及思想情绪对他不无影响，因此他的诗中时常流露出世事不平的情绪，很同情他的朋友。所有这些原因，都注入他的诗中，表达他对世情人生的一种看法。

俗话说，"物以类聚，人以群分"。程伟元、叶畊畬、周可庭、范秋塘等人之所以投奔到晋昌幕中，这与晋昌的为人品格、个人才华、历官的正派，以至他的思想情趣有着密切关系。这一点我们从他的诗篇中可以得到足够的认识，这也是晋昌与程伟元之间友谊的基础。

真正的友情是心灵的共鸣！

1993年4月12日

附　录：

晋昌小传

《戎旃遣兴草》，收《西域虫鸣草》

镇国公晋昌著。公字晋斋，自称红梨主人。历官盛京、伊犁将军，理藩院尚书。恭亲王常颖裔孙。

——蒙古巴噜特恩华辑：《八旗艺文编目》

晋昌，字戬斋，满洲人。《墨香居画识》云：能点染花卉。

——李放：《八旗画录》

晋昌，恭亲王常颖裔。初授三等侍卫、辅国将军，袭镇国将军，累官盛京将军。嘉庆八年夺爵，十年赏三等侍卫，为乌什办事大臣，累官伊犁将军。二十三年仍袭公爵，历官兵部尚书，绥远将军。道光八年卒。

——《八旗文经》卷三，"作者考"

为惜分阴答旧知

—— 程伟元与李棨的交谊

程伟元和李棨的关系，最早是从晋昌的《且住草堂诗稿》中知道的。他在《诗稿》跋文中说：

> （晋昌）先生筑室三楹，颜曰“且住草堂”。盖取“且住为佳”之意，而恋阙之情默默寄于言外。每遇政事之暇，风日晴和，花木繁缛，邀予觞咏其间。莲幕中，如叶君畊畬，先生之友也；程君小泉，予之同学友，佐先生奏牍者也；俱工于诗。叶又精于铁笔，程亦擅长字画。凡席中联句，邮筒报答，必与二公偕，而更浼之绘图镌笔，以纪其事。

“跋”署“嘉庆癸亥正月下浣，长洲李棨拜序”。癸亥即清嘉庆八年，时为1803年。这时李棨已从辽东回京任职，晋昌返京述职再见李棨，出示《诗稿》并请为“跋”。

此后，我在法式善撰《清秘述闻三种》《清秘述闻补》《梧门诗话》，叶昌炽《缘督庐日记》《奉天通志》，徐世昌所编《晚晴簃诗汇》诸书上查到李棨的一些传记资料。摘其要者如下：

（1）李棨，字文辀，江苏长洲人。乾隆壬辰进士，嘉庆五年任奉天府丞兼学政。（《述闻补》卷五）

（2）沧云（李棨号）为四川学使，（李）纫兰随其祖母在蜀，与赵凌霄女士（凤芝）唱和，女士有《巢云阁集》，诗格力遒。（《梧门诗话》卷四）……

（3）辛卯（1891）六月三日，昨小杨来，得《惜分阴斋诗钞》四册，同邑李桼文輈著。李君乾隆丙（壬）辰进士，由中书官给事中，屡典湘蜀中州试，又尝视学蜀中，不可谓不达。乾嘉距今不远，而竟不能举其姓氏，郡志亦未著录。（叶昌炽著：《缘督庐日记》）

（4）李桼字沧云，长洲人，乾隆壬辰进士，历官奉天府丞。有《惜分阴斋诗钞》。

又云：

> 王兰泉曰：三百篇，皆以所能鸣，顾未尝自称其诗。惟吉甫作颂，乃以为穆如清风。而谢公论诗，亦言是语最工。李君沧云生吴下，吴之风古未尝列于十五国也。而读其诗，穆然以和，浏然以清风而进于雅，非有得于吉甫之旨不能。（《诗汇》卷95"小传"）

据以上线索，在首都图书馆查到李桼的《惜分阴斋诗钞》嘉庆四年刊本和一部钞本，想获得李桼和程伟元在京内外往来的材料。《诗钞》抄本16卷，每卷分集都标出写作时间。《惜分阴斋诗钞》起自乾隆十九年（1754），止于嘉庆三年（1798）五月，诗题中没有与程伟元唱和的诗词。于是我又查《苏州长元吴三邑科第谱》和《长元吴三邑诸生谱》两书，没有有关程伟元的记载。但从两书中获取了一些有关李桼的身世材料：

（1）清乾隆三十六年辛卯（1771）科长洲县举人，三十七年壬辰（1772）科进士。

（2）乾隆四十二年丁酉（1777）乡试，湖南副考官、内阁中书。

（3）乾隆五十九年甲寅（1794）乡试，河南正考官、吏科给事中。

（4）乾隆六十年乙卯（1795）乡会试，四川学政，约于是年离开北京。

（5）嘉庆四年己未（1799）由四川返回北京。

（6）嘉庆五年二月授奉天府丞，夏赴任辽东，与晋昌、程伟元相会于沈水之畔。

（7）嘉庆六年（1801）冬奉调还都，离沈之前晋昌写《送沧云学使移秩旋都即用留别原韵环次并缀四律》，李原诗不可见。

（8）嘉庆八年癸亥（1803）正月与晋昌相见于北京，并应晋昌之要求为《且住草堂诗稿》作"跋"及"长歌"一篇。而晋昌"和沧云学使"诗及"送别诗"有八题十九首，均载《戎旃遣兴草》中。

其他有关李桂的材料，我在《总念辽东作客人》和《子孙自有书香气》两篇短文中都做了详细介绍，这里不再复述了。从以上有关李桂的文字材料中，我们似可以做出如下的推断：

（1）李桂籍贯为苏州府长洲县，程伟元自署"古吴"，他们是"同学友"，那么程伟元原籍很可能也是长洲县，并在那里读书上学。

（2）从李桂称"程君小泉"的口气看，他们的年龄当仿佛，很可能李桂的年龄居长些。因此如能确知李桂的生卒年，即可推测出程伟元的生活时间。

（3）从晋昌《壬戌冬余还都小泉以上下平韵作诗赠行因次之》第四首中有"为惜分阴答旧知，指尖写出傲霜枝"句看，李桂和程伟元在北京期间是相往来的，程曾为指画一幅作为酬答。

（4）我在《总念辽东作客人》一文中曾推测，程伟元赴关东为晋昌作幕可能是李桂推荐的。但从李桂"跋"文中知道，嘉庆五年夏之前李桂与晋昌尽管同奉职禁庭，也曾认识，却无私交，直到赴沈之后才与晋昌有了私下的往还。"跋"中说：

> 予自通籍后，奉职禁庭，即耳先生之名，识面而未谋心也。阅二十余年，饥渴之衷未由一达于左右。庚申春，先生奉命出镇盛京，予亦授奉天府丞，前后抵任，相见各道平生，欢若旧交。

程伟元赴辽东已不可能是李桂介绍的。李桂是否由于程伟元与晋昌相识，并介绍相见如旧呢？这倒是十分可能的。

（5）李桂与程伟元既是同乡与"同学友"，又相逢于沈水之阳，二人之间当有诗酒往来。不论是程伟元的诗集，还是李桂的诗集中都应该有所反映。

（6）李桂是一位很有才华的文人兼官僚，在沈阳期间他与晋昌等人唱和，应留下不少诗。离沈时他有诗留别，晋昌和以"原韵"，其他朋友呢？他不送人人也会送他。在为晋昌《且住草堂诗稿》跋中还说"将行矣，遂以长歌，复援笔而为之跋"，说明还有一篇"长歌"。这些诗歌哪里去了呢？他的孙女李纫兰也是一位诗人，有专集刊于世，难道他的诗除了《惜分阴斋诗钞》之外就无人为之整理刊行了？

奇哉！怪哉！

1983年3月31日

附录一：

为伊书林备辛勤

—— 李桱交游及诗艺

李桱是程伟元的"同学友"，嘉庆年间又曾在东北做过官，与程伟元的关系当非一般。因此，在搜集有关程伟元生平事迹时，李桱的事迹就格外受到关注。这些年来，每有得必杂记之。近复检往日所记卡片，已有三则，皆为评说李桱诗艺，草此小文略为介绍，以资谈助耳。

李桱与王昶相善，可见王昶之《湖海诗传·蒲褐山房诗话》，其有云：

> 蠡涛与弟少甫同以画省望郎称诗京雒，又与马玉甫培、李沧云桱诗场酒座无不同之。而蠡涛取径幽深，精心独造，非但不拾人间余唾，亦不必尽合古人矩矱也。从军以后，崎岖烽火，所见盖奇。笔足以发难显之情，即少甫亦多不逮。

从这条材料中可知李桱与王昶之弟少甫有"诗场酒座"之谊，为李桱行踪多一线索。此中评蠡涛诗风"取径幽深，精心独造，非但不拾人间余唾，亦不必尽合古人矩矱也"。未及李桱诗格。徐世昌编《晚晴簃诗汇》则说得明确。其云：

> 王兰泉曰：三百篇，皆以所能鸣，顾未尝自称其诗。惟行甫作颂，乃以为"穆如清风"。而谢公论诗，亦言是语最工。李君沧云生吴下，吴之风古未尝列于十五国也，而读其诗，穆然以和，浏然以清风而进于雅，非有得于吉甫之旨不能。

综观李桱诗集，评以"穆如清风"似乎并不完全是其诗艺之风格。如李桱诗中多官场气，名缰利锁时有吐露，这与程伟元大相径庭。这可能与他的经历相关。如他《题徐芸圃星驰赴召图》二首，即为证明。诗云：

绝塞劳戎事，西招驻将星。
千小盈鬼蜮，一身怒雷霆。
报国勤瞻礼，还军重勒铭。
胸中韬略富，定远姓名馨。

万里归来日，君恩宣召深。
飘缨崇异数，体恤见天心。
马足秋风疾，鞭梢夜月侵。
颂芬有令子，盛绩纪儒林。

徐芸圃，即徐经。他在《雅歌堂诗话》中记李檠题诗事云："廓尔喀寇后藏，严君时守札什伦布，以八十七人破定之。特旨驰驿召见，亲询事宜。余绘《星驰赴召图》，同时寅好多所题咏，督学李檠沧云京兆有诗云云。"上引二首即此事。

李檠为清乾隆三十七年壬辰（1772）进士，如程伟元与李同年入京赶考，那么正好是二十年间，清人笔记中有言，程积二十余年，始整理出一百二十回《红楼梦》，证明他一直在北京。我推测他三十七年（1772）落第后，愧于回南，于是在京一面准备再考，一面逛书肆购书、看书，后终得《红楼梦》钞本，决定付之梨枣。倘不错，程伟元从三十七年（1772）来京至嘉庆初出关，前后当有25年时间矣。

2000年4月13日

附录二：

书院题联辽海情

—— 李焃题沈阳书院联的发现

世间有许多奇事、巧事，让你不得不分出点心思去查考它的来龙去脉。因李焃是那位搜集、整理、摆印《红楼梦》百廿回本的功臣程伟元同乡、同学友，所以我们在探讨程伟元的生平交游时，不得不把他的一些行事也一并搜罗来。为此，我曾写过三篇短文收在《梦香情痴读红楼》一书中。此后我没有特别去追查有关李焃的生平资料。

最近，我赴津门旧书店，恰巧购到一部缪东霖著《陪京杂述》（清抄本），竟在"联语"部分读到李焃题沈阳书院后文昌阁的对联。我们知道，程伟元浪迹辽东，在晋昌幕下"佐胥"文案时，曾在沈阳书院任教，这从他的学生金朝觐《题程小泉先生画册》的诗前小序（载《三槐书屋诗钞》，收入《辽海丛书》卷三）可以得到证明。如此一来，李焃的题联就成了写这篇短文的一个理由了。

缪东霖《陪京杂述》中原文是：

> 又，讲堂后文昌阁联云："圣治肇祥休祥取士应崇首善地；文衡司教化明伦正赖读书人。"末署李焃敬题。上联切沈阳书院，下联切文昌，句法庄雅流利。又阁上多著试士文艺，故有"取士"云云。

初读文中所抄联语，发现下联似乎少了一个字，怎么念都对不上上联。心存疑惑，故时时想请教名家高人指点指点。

真是机缘凑泊。重阳节那天，《北京日报》对外部邀请史树青、张中行、著名制印专家张幼丞和我，一道在纪晓岚故居地晋阳饭庄聚会。事前相约，每人带一件自己喜欢的"古董"到饭庄共赏。我不懂收藏之道，亦无鉴别文物的法眼，自然也就拿不出什么"古董"了。为不扫众人的雅兴，又加存心要借此机会请教高人，所以赶忙找出了这部《陪京杂述》来凑数。

记得那天史、张二老看了这个抄本之后，还讲了几句"得来不易"的赞语，听了心下也算有几分安慰。于是趁饭前的休息时间，就联语漏字的疑惑向张中老请教。张中老读了之后，也觉得原抄是漏了一个字。但这字是什么，在哪一句上，一下子还不能肯定。稍作沉吟，张中老说道："漏掉的这个字该是一个'教'字，在下联的'化'字之下。'化明伦'应是'化教明伦'。这样方可同上联的'休祥取士'对上。因为上联'圣治肇祥'之下重出一个'祥'字，那么下联的'文衡司教'之下也应该重出一个'教'字才对。"真不愧专家高人，一语中的。果然上下联相合了。大家听了张中老的话，高兴万分，为今日之盛会，又添了一段佳话也。

史载，李桌曾做过奉天府丞，那么这副联语当是他做府丞时留下的墨宝了。其时，程伟元在此执教，李桌题联会不会也有程伟元在场呢？想来是极有可能的。

1998年11月10日

附录三：

晋昌给李桼诗

(1) 《上巳集兰亭代柬邀沧云学使作草堂修褉事》

> 天朗风和娱乐生，一觞一咏畅幽情。
> 寄怀褉事群贤集，相与临文兴亦清。

—— 《戎旃遣兴草》嘉庆刊本，卷上第十九叶上

(2) 《谢沧云学使贻盆竹》

> 承君雅惠碧琅玕，似写倪迂三两竿。
> 不向秦川夸陆海，却从沈水报平安。
> 漫藏直节方盈寸，自守虚心半倚栏。
> 移植青瓷知有意，清幽未许俗人看。

——同上

(3) 《送沧云学使移秩旋都，即用留别原韵，环次并缀四律》

> 拥节抡才玉尺悬，海天情话又经年。
> 才听腊鼓春生野，恰送吟鞯雪满川。
> 两载寅恭三事好，千秋文化一时宣。
> 陪京多少名山水，收入瑶函第几编？
>
> 今生缘结再生缘，笔墨情投属锦笺。
> 欢会两年如此少，行期百日为谁延。

才从红杏当时美，名是青莲到处传。
去去不消回首望，恩光多在五云边。

纪胜归程谢制牵，霜毫补写海东天。
长亭短堠留佳话，冷月寒烟碍晓眠。
不禁梦飞千百里，休辞诗寄两三篇。
人生聚散寻常事，鸰鹡同班冀再联。

沅芷湘兰眼力坚，珊瑚网里掣金鞭。
量移近秩常依阙，博得名庄即赐田。
晓起扶头茆店酒，宵征裹足杜陵毡。
寒图消半停骖候，涤篆春庭紫绶缠。

原注：

珊瑚网里掣金鞭句，典试楚闱。

萦萦离绪茧丝缠，密阁寒兜罨地毡。
留得余情多半月，暂成小别及三田。
人辞远塞难分袂，马恋归途还待鞭。
一笑据鞍挥手去，棱棱诗骨雪中坚。

原注：

暂成小别及三田句，岁腊兼旬，旋值候代。

簿领余闲句尽联，草堂追禊纪长篇。
红灯绿酒邀春宴，翠管香花破午眠。
乡话偏多同调客，诗情最好夕阳天。
而今回想都如梦，此后离愁触绪牵。

词臣合傍凤池边，天外鸿飞爪迹传。
名士此行原暂住，诗人相见定俄延。
香留兰草金丝座，珠满梅花玉版笺。
不是逢迎劳驿使，从来文字有因缘。

原注：

诗人相见定俄延句，谓松岚刺史。

为惜分阴手一编，曛麓雅奏静中宣。
花生筠管栽花县，锦贮奚囊濯锦川。
正可论心偏此日，那堪分手近除年。
临歧我更增离思，丹陛慈帏两意悬。

原注：

惜分阴，斋名。曛麓雅奏静中宣句，谓鳌客可亭。锦贮奚囊濯锦川句，督学中州西蜀。

唱罢骊歌酒满卮，停鞭无语意迟迟。
也知前路多良晤，其奈欢场易别离。
小院秋风丹桂月，闲庭春雨碧藤诗。
环墙香墨凝眸看，都是伊人去后思。

抚今思昔意何如，诗酒从君识面初。
小饯尽挥双袖泪，轻装空剩五车书。
金台有客思欢聚，海国何人慰索居。
云树迢迢心一片，春鳞秋翮莫教疏。

摇摇双旆去关西，雪幛天光一色齐。
千里河山嘶倦马，三更灯火唱寒鸡。
经多世路心无碍，看尽文章眼不低。
今日医巫闾畔过，重寻佳景入新题。

风度端凝学业醇，每从絮话见天真。
即今临别思平日，如此相与得几人。
赠我有词皆蕴藉，羡君无事不精神。
他时同听长安雨，剪烛西窗续夙因。

——同上，第二十叶上至二十二叶上

展卷讬言鸣相思

—— 程伟元与金朝觐的师生之谊

程伟元与金朝觐的师生之谊，是从《辽海丛书》所收《三槐书屋诗钞》卷三上发现的。说来也很偶然，因我虽祖籍山东黄县，但生于辽东，所以对辽东历史名籍十分留心。一次在图书馆闲翻《辽海丛书》时发现了金朝觐所写的《题程小泉先生画册》一诗。这是一个意外的收获，喜悦之情不能自已。

《题程小泉先生画册》，是一首五言诗。诗前有小序云：

> 辛酉、壬戌，小泉程夫子居东都，留守将军晋公幕府。余时肄业书院，以及门时亲笔墨。暨先生下世后，求其遗纸，如片鳞只爪，不可多得。景堂二兄以旧纸嘱题，余喜得见先生手泽，因志数言于巅。时嘉庆庚辰清和月之八日。

> 昔我立程门，雪吹三尺积。
> 挥麈细论文，临池学作字。
> 亦或试涂鸦，笔墨聊游戏。
> 吁嗟二十年，风流成往事。
> 片纸寄精神，恍惚闻謦欬。
> 展卷讬长言，用以鸣相思。

从这段小序中知道《题程小泉先生画册》诗和序写于嘉庆二十五庚辰四月八日，即1820年。时程伟元已"下世"，金朝觐搜求先师遗墨，题诗作序，以志悼念。

庚申（1800）春，程伟元被出镇盛京的晋昌将军延入幕府。金朝觐小序中说"辛酉、壬戌，小泉程夫子居东都"，可能是他于"辛酉"——1801年才见到程伟元，并拜为门下的。这个时间里，程伟元在晋昌幕府"佐奏牍"之职，可能那时也有"第二职业"，所以也兼着沈阳书院教师之职，收了一批"门生"。

从诗的内容看，金朝觐拜程伟元为师，一是"论文"，二是"临池学作字"，三是学"涂鸦"（即作画），四是师生之间以唱和为乐。由此可以看出程伟元在文才、书道、画艺三方面，都可以为人之师。作为见证人，金朝觐记下了这段"风流往事"。诗中"吁嗟二十年"一句十分重要，由此可推断程伟元大约逝世于嘉庆二十四年（1819）底或嘉庆二十五年（1820）四月之前，而且从序和诗的内容看，程伟元可能客死辽东。这说明程伟元自嘉庆五年离开北京一直浪迹辽东，至嘉庆二十五年正好是二十年。这期间他有可能短暂回到老家苏州府长洲县或吴县去。

金朝觐生于清乾隆五十年（1785），卒于道光二十年（1840）。觐字午亭，一字西侯，号銮坡，锦州义县人，隶汉军镶黄旗，有作镶红旗人。他于嘉庆四年己未（1799）到沈阳应童子试，后肄业于沈阳书院。嘉庆十三年（1808）戊辰恩科举人，十六年（1811）辛未科进士，与林则徐同榜。中进士后，曾宦游四川，初任荣经县知县，后历任忠州、邛州和崇庆直隶州知州。他的经历，《八旗文经》等书中有记载，但均不如《三槐书屋诗钞》后所附吾师金景芳先生"跋"和金毓黻先生的"按语"详细。

至于金序中提到的"景堂二兄"，《辽海丛书》中没有收录其作品，经历亦不详。从兄金科豫（笠庵）曾同在沈阳书院学习过，并有《解脱纪行》诗集收录在《辽海丛书》中。但细查各诗，均未能提及程伟元其人其事。

金朝觐为吾师吉林大学历史系金景芳教授之高祖。发现《题程小泉先生画册》一诗后，我曾致函吾师请教。吾师复函云："《三槐书屋诗钞》清稿本现归辽宁图书馆，金朝觐会试中试同年录和信稿一束，在战乱中失散，已不复存。"另柯愈春著《清人诗文集总目提要》记录，中国社会科学院文学研究所藏《三槐书屋诗钞》四卷，稿本。民国间刻本载其在京中、入川、回旗之作。

1993年3月31日

附录一：

千载传闻每异辞

—— 晋昌与金朝觐

我在几篇小文中都谈到晋昌，原因是他与程伟元的关系最为密切，他的《且住草堂稿》是研究程伟元身世才艺的重要资料。而金朝觐是程伟元的及门弟子，他的《题程小泉先生画册》诗与小序，更为程伟元研究者所重视。因此，几年前我在搜集有关程伟元生平交游的资料时，对与程氏往来的人之间的唱和诗文也颇留心，小有收获则随手笔录，聊备查考。

说也真巧，就在我查《辽海丛书》中的《三槐书屋诗钞》（金朝觐著）时，发现了金朝觐《和镇国公宗室晋戠斋姜女祠》诗，其后附有晋昌的原诗。这两首诗格调平平，怀古抒情，比之历代咏姜女祠的名作佳什，恐怕未必入流。但因是晋昌和金朝觐的唱和之作，所以在我还是有点舍之不得的。这里不妨将二诗录之于后。

晋昌原诗：

> 茫茫碧海接天齐，奉使朝来谒女祠。
> 劲节已成千古义，清姿犹带万年慈。
> 振衣亭畔存遗迹，垩粉墙边识旧辞。
> 红日渐高人唤去，登临不尽意迟迟。

原注：

诗中"碧海"原作"瀚海"，"清姿"原作"娇姿"，旁改。

金朝觐"和"诗：

> 洪涛万顷隔燕齐，尚见神州旧女祠。

青冢与谁分怨恨，普陀何地不悲慈。
至尊临幸犹凭吊，千载传闻每异辞。
应是望夫身化石，莫将环佩感来迟。

金朝觐，字午亭，又字銮坡，汉军镶黄旗人，生于今辽宁省锦州。清嘉庆四年赴沈阳应童子试，十三年中举，十六年得进士，官至四川忠州知州。金氏在沈阳书院学习期间，正值程伟元随盛京将军晋昌赴沈，并亲授朝觐书法。以金朝觐之年龄、家世、经历看，他与晋昌相识当是程伟元的引见，而后同在官场，往来较多，间有诗词唱酬。上录二诗就是明证。

晋昌与金朝觐的这一层层关系，过去很少注意，如今读了两首怀古诗，也难以从中寻出什么与程伟元的直接关系。但细读诗中"千载传闻每异辞"句，我倒疑心诗人非实指千百年来人们对孟姜女哭倒万里长城的传说。前句"至尊临幸犹凭吊"，当指晋昌，如是，则下句"千载传闻每异辞"应有另指。这一猜测若要有几分道理，恐怕与晋昌的居官行止遭到某种"物议"有点关系。这一点可以留给考证家去做文章，而在我则是相信"千载传闻每异辞"的。

1982年8月12日

附录二：

金朝觐生平资料

金氏，清初从征有功，为内务府镶黄旗人。一世名有成例，赠文林郎。五传至成华，乾隆庚午科举人，历任湖南安化、芷江等县知县，升任乾州厅同知。六传朝觐，嘉庆辛未科进士，官至四川崇庆州知州。科正、科临俱庠生，科豫乾隆癸卯科举人，官至四川杂谷厅理番同知。七传玉麟，道光戊戌科进士，历任陕西澄城、渭南等县知县。同治年遭回匪之变，殉难从祀陕西昭忠祠。八传锡蕃，同治乙丑科进士，历任福建晋江县知县。子宝书文庠生。

——《辽海丛书》《锦县志·人物》第1册，1394页

金氏，隶内务府汉军镶黄旗，居义州西南丫八石，现居城南项家台。朝觐，嘉庆戊辰恩科举人王旭龄同年，辛未进士赵廷熙同年，官至四川崇庆州知州。

科豫，乾隆癸卯举人，官至四川杂谷厅理番同知。

——《辽海丛书》《义县志·人物》第1册，1394页

廿年前，连城太翁馆余于府上，时午亭公年未及望，以就外传，遂疏款洽。迨今年己卯（1819），其封翁复处余以西席，而午亭公适家居待铨，因得闻议论，识风采焉。暇以诗册示余，读之，喜其清新刻露，绝无饾饤陈因之气，回思数年前，耳公之文名者久矣！孰知公之风雅宜人如是乎？

公作秀才时，乙丑（1805），在留都，迎銮献赋，与朝鲜奉使诸臣往复最久，酬和亦多。如朴慈庵、南济卿、李学山、金清山者，莫不恨相见之晚。至若宏文馆学士洪樗菴、尚书司郎高竹轩，临别赠言，有"观君之才及君之貌，绝非久留林泉下者，勉之！勉之！"之语。然则人言岂欺我哉？年来，东人之

朝于京师者，凡遇锦人，尚思问公之起居。而公亦以远不及见，言之常怏怏焉！夫气类之感，不限方隅。而知遇之恩，多缘文字。人生患无知己耳！而公之为东人所器重如此，此岂乡曲之誉所可同日而语耶？余谓公之事业文章，他日当更有进此，特其嚆矢云尔。

嘉庆二十四年，岁次己卯（1819），榴月下浣，芸亭刘鼎铭书。

——刘鼎铭撰：《三槐书屋诗钞》序

銮坡，字西侯，锦州镶黄旗汉军人，偶傥士也。肄业沈阳书院，天资颖迈，雄视文坛。与余订交四年矣！丙寅（1806）春，余补官官学助教，学舍与院相望也。于是，时相往来，更复唱和，因出所作诗相资（质），阅其珣章琢句，自具性灵。而诗人温厚和平之意，盎然流露于楮墨间。异日者，飞黄腾达，鼓吹休明，为吾乡振兴风雅，而启迪来兹，殆其人乎？殆其人乎？归其诗，并志数语于首简。

嘉庆十一年，岁次丙寅，九月二十有三日，沈阳缪公恩楳瀚氏题于梦鹤轩之南窗下。

——缪公恩撰：《三槐书屋诗钞》题跋

金朝觐：义州，汉军内务府镶黄旗人。戊辰举人，辛未进士，官四川崇庆州知州。

——《奉天通志》卷198，"人物"

先高祖午亭公手写《三槐书屋诗钞》四卷，早岁为亲串萧某所假，虽先君子不知也。嗣以诸父过其家，获觏是书，归以语芳，芳惊喜，急请索回，幸未污损。

岁辛未（1931），游沈阳，藏之行箧，适缪太史东麟公自山左来。太史者，诗钞中缪公楳瀚之曾孙也。于芳有通家之谊，因请为序，以付手民，诗卷甫投，而有九月十八日之变。芳仓猝西奔，太史亦去沈阳。非但剞劂无日，即此卷之有无，亦不可知矣！逾年归，询知太史所在，具函存问，得悉此卷无恙。惟太史则以年老力衰，寄回原诗，辞不为序。

沈阳有刊行《辽海丛书》之议，芳以为言，承允刊入，属芳校其字，芳以先高祖不朽之盛事，自此乃不朽也！因忘其庸愚，欣然从事校勘，既毕，并识其始末如此，俾知撰述者固匪易保存者，亦不可忽云。

癸酉（1933）冬，义州金景芳谨记。

——《辽海丛书》《三槐书屋诗钞》跋，第1册，1394页

按朝鲜柳得恭《滦阳录》《沈阳书院》诗注云："戊戌秋，余在沈阳书院与奉天府治中孙西京镐、教授裴振、监生沈映宸映枫兄弟、金科豫、王瑷、王志骐辈游，临别赠诗者，凡十七人属余和之。今又到沈阳，径造书院，旧游无一人在。闻孙西京、裴教授已作古人，金沈诸人或作知县去矣。"此乾隆五十五年所记也。

又柳氏《燕台再游录》云："沈阳书院旧所游也，旋车历造，见诸生森集。有金尚纲者字美含，旧交金科豫笠庵从子，年二十美貌，恭执后生之礼。问其伯父安信，答知射洪县，系川省，距此八千里。"此嘉庆六年所记也。笠庵先生为沈阳书院高才生，以举人外任四川射洪知县。然锦义二志纪其官至四川杂谷厅理番同知，指其最后所历之官而言也。又常理斋《爱吟草》题跋有笠庵先生诗二首，署曰凌川后学金科豫笠庵、贵州仁怀知县，此又先生仕履之可考者。午亭先生与笠庵为从兄弟。柳氏称名尚纲字美含者，为笠庵之从子而不见载于锦县志。志称七传玉麟，道光戊戌进士，历知陕西澄城、渭南等县，其为尚纲之易名欤？曾向金氏子孙询之，亦不能定也。午亭先生之玄孙名景芳，字筱邨，以绩学世其家。顷以两先生之作示余，始得据以付刊。金氏原籍锦县，后移居义州，今仍题曰锦州金氏者，从其朔也。辽阳金毓黻识。

——《辽海丛书》《三槐书屋诗钞》卷末"按语"，第1册，1394页

和洪樗菴渡浑河望见沈阳元韵[1]

迢迢深树隐城隅，秋色人家俨画图。

---

[1] 樗菴为朝鲜国宏文馆学士，以使命来盛京。

一路檀车徵旧典，几将名胜入清盱。

赠朝鲜使臣高二首[1]

惆怅三春别，殷勤此日逢。
作宾偕旅雁，利见卜飞龙。
官纪存遗制，藩篱守旧封。
皇华端不愧，谁解此情钟？

佳气普寰中，人文蔚海东。
休和群沐泽，小大尽从公。
玉帛通王会，衣冠寓古风。
贤劳千里外，珍重此葵衷。

原注：

惆怅三春别句，今春，晤竹轩于沈阳，至是复来；谁解此情钟句，同来迎銮者，有樗菴、李学山、金清山、朴慈庵诸公相唱和。

送李学山一首[2]

秋色欐槮动客情，一窗晴日数归程。
相知千里何寥落，从事天涯弟与兄。

原注：

从事天涯弟与兄句，是役也，与其弟蓉江偕来。末用铁冶亭句。

赠金清山一首[3]

海邦络绎幸来宾，应识新罗旧有人。
故国不堪回首处，岭南遗绪亦藩臣。

---

1 名景斌，尚书司郎，从樗菴为记室。

2 名鲁荣，朝鲜进士，在部学习。

3 名善臣，科名与学山同，其先为岭南人，流寓朝鲜。

原注：

　　中土金姓，自朝鲜内附者，多出新罗之裔。按《日知录》：新罗，东夷国名，其地入于辰韩，即在三韩之间，后并入高丽。

送朴慈庵二首

　　　　神仙何必尽虚无，海外奇方亦不诬。
　　　　遂有薪传兼尔雅，多缘仁术重吾儒。
　　　　宏开寿宇肱三折，静养慈庵杏五株。
　　　　自是为医犹作相，谁从市上觅悬壶。

　　　　偏因知遇易暌违，鞭影斜阳马上挥。
　　　　西土好音成别绪，东医宝鉴嗣前徽。
　　　　如君肝胆风尘少，异地关山雨雪霏。
　　　　最是离愁医不得，拟将远志寄当归。

原注：

　　题下注，名烇，在朝鲜为太医院太医；诗尾注，慈庵精神器宇，回出常格，竟日笔谈，娓娓不倦。

送洪樗菴回朝鲜

　　　　轻云薄雾净长空，邸舍惊心八月中。
　　　　客梦醒归黄叶路，秋声吹入绿江风。
　　　　行旌指点三湘雁，旅馆清寒四壁虫。
　　　　明月不殊乡国异，几回翘首大瀛东。

原注：

　　秋声吹入绿江水句，鸭绿江，为中国与朝鲜往来必由之路。

恼人最是迹难寻

—— 程伟元与周可庭的交谊

程伟元在辽东晋昌幕中结识的朋友，还有一位周可庭。周可庭，名篯龄，字可庭，苏州吴县人。到目前为止，我们对他的生平事迹了解还不多。从周可庭为晋昌《且住草堂诗稿》跋中，仅知他于嘉庆五年夏天随李桨来到盛京，与晋昌、程伟元等人有过往还。六年冬，他又随李桨还京。七年春天应刘大观之约，复游关东。周《跋》写于是年十二月下旬，时在宁远州知州刘大观处做客，得见晋昌诗集。其云：

> 太岁庚申，公出守陪都，篯亦于是复从李丈沧云来游沈水。李丈以有韵之言与公结禊，昕夕过从。篯于李丈校士堂中得见公丰采，并得见公酒筵花圃所作诸佳什。……公方以诗物色人才，篯戋戋琐琐亦受重于公。公之量何其大，篯之遇何其奇也。
>
> 篯于去岁从李丈还京师，今春践松岚刺史之约，从游关外，虽未得朝夕左右于公，而诗笺往来不绝于道。

从这篇跋文可知，周可庭与李桨、晋昌、刘大观都相识，且非泛泛之交。他称李桨为"李丈"，一是有亲戚关系，是李桨的晚辈；二是李周两家有通家之谊，周可庭的父辈与李桨交厚，故有"李丈"之称。

周《跋》中四次提到程伟元、叶畊畬为晋昌收集诗文成册之事，盛赞"小泉、畊畬贮于筠笼，藏于襟襜，其为天下风流才子万口传诵无疑也。""小泉、畊畬之好事，得毋数百年如文人学士之滥觞乎？"晋昌"以诗物色人才"，所以对周可庭也另眼相看，诗酒往还不绝。《且住草堂诗稿》中有诗相赠。如《立秋日招小泉、畊畲、可庭同饮》，诗云：

> 金橘初开兰蕙香，敢邀履迹过西堂。
> 不须博带峨冠盛，好趁芒鞋竹杖狂。
> 一叶轻飘新籁爽，万家争看彩云黄。
> 野蔬薄酒留君醉，莫负秋光又一场。

紧接着又写了一首《叠前韵答小泉、畊畲、可庭》，诗云：

> 隔院先闻翰墨香，新诗和到读书堂。
> 席无佳馔情还厚，曲不成腔老更狂。
> 适性最宜秋澹荡，恼人偏是月昏黄。
> 俚言代束难为韵，三律于今各擅场。

这两首诗写得清新可诵，充满真挚的感情。我们从诗题到诗的内容中可以认定：

（1）程伟元与周可庭相识，他们都是晋昌招饮的席上客。

（2）他们都能诗，与晋昌有唱和之作，否则晋昌不会有"答"和"新诗和到读书堂"之说。

在晋昌《且住草堂诗稿》卷下，还有两首只写给周可庭的诗。我从时间上推测，这两首诗可能写于嘉庆七年晋昌"述职还朝，路过集宁"，"筷偕松岚谒公行馆"之后，回到京城写下的。第一首，《春日依韵寄答周可庭友人二首》，诗云：

> 三年离别久，万里过花朝。
> 岁月闲中老，关山望处遥。
> 雨余寒食夜，人度可怜宵。
> 剩有诗书在，相看伴寂寥。
>
> 别后全无恙，唯添白发飘。
> 倘能知我健，尚可慰君恼。
> 饭量年来壮，诗情客里消。

深惭难报命，代束亦无聊。

又，《春日寄周可庭》诗云：

不识天涯客，今年归未归。
他乡人易老，家事梦全违。
原以心交久，翻成会面稀。
万山千里月，与尔共清晖。

这两首诗都是咏怀之作，表达诗人对友人的怀念和对世事瞬息、人生易老的一种感叹。这和他写给程伟元的几首诗相比较，就显得很空泛了。

程伟元与李桼、周可庭应说是同属苏州府籍，是道地的同乡兼诗文之友。他们机缘凑泊，相会相识于晋昌将军衙门之中，又有那么多唱和的机会，难道他们三人之间就没有吟唱之作？连只字片纸也没有留下？我对此始终不太理解，心存一种希望——有朝一日在辽东、北京、苏州三地能有所发现。

希望总是存在的。

1993年4月14日

同是辽东作客人

—— 程伟元与叶畊畬的交谊

在盛京将军晋昌幕内，程伟元与叶畊畬恐怕相聚时间最多，互相了解也应是最深，而晋昌待叶、程二人恐怕也是最厚的。从晋昌《且住草堂诗稿序》和李棨、程伟元等人的"跋"文中知道，叶畊畬是晋昌的老朋友。晋昌的"原序"说：

> 余于庚申岁出镇陪都，官舍东偏有欹屋三楹，空庭植柳，荒砌栽花，颇有城市山林之趣。每值公暇，与友人程小泉、叶畊畬相与话雨其间。

李棨"跋"中说叶畊畬不仅"工于诗"，而且"又精于铁笔"。"凡席中联句，邮筒报，必与二公偕"，则说明叶、程与晋昌之间的亲密关系。这一点也可以从《戎旃遣兴草》中收入的诗题多以"小泉畊畬"并称中看出。如《途中寄小泉畊畬》《八月二十五日招小泉畊畬赏桂次小泉韵》《小泉畊畬为予洗尘即席赋诗》《立秋日招小泉、畊畬、可庭同饮》《叠前韵答小泉、畊畬、可庭》诸诗即是例证。

由于这一特殊的时间、特殊的环境，形成了程伟元与叶畊畬之间特殊的关系。但是，至今我们既没有找到程伟元的诗集，也没有找到叶畊畬的有关集子，所以我们对叶程二人之间的唱和情况所知甚少。特别是叶畊畬的生平事迹，更是不甚了了。从晋昌的《戎旃遣兴草》收入的诗看不出他是如何入幕的。除上提到的诗题之外，晋昌单独写给叶畊畬的诗有三首：

第一首，诗题《答叶畊畬谢赠莲花韵》，说明晋昌曾向叶赠送过"莲花"，叶以诗答谢主人的盛情。诗云：

> 铜钲高挂正当天，折得谁家出水莲。
> 千里离思愁入梦，两枝分赠喜成颠。
>
> 有香堪助骚人咏，不染匹同君子贤。
> 他日九湾归去后，芙蓉饱看胜游仙。

原注：

> 两枝分赠喜成颠句，原唱有"忽抱清芬喜欲颠"句。

可惜叶诗只有一句"忽抱清芬喜欲颠"保留下来，余者不可知。仅从诗题和这一句中我们可以不怀疑叶"工于诗"的说法了。其中"九湾"一句，我颇疑为"地名"，似在江南一带。但查《中国古今地名大辞典》无载，不敢妄断。第二首，诗题是《和畊畬谢贻茶韵》，诗云：

> 寄来几种绿云芽，风味清新意味加。
> 到手先分西馆客，蕉窗试品雨前茶。
>
> 活泉汲到略先尝，嫩有新尖淡有香。
> 领取吴江风味好，却疑辽沈是家乡。

自庚申春晋昌赴盛京，程伟元和叶畊畬都一直陪伴左右，从唱和诗中可知。嘉庆八年癸亥（1803）八月，晋昌被革职回京，越一年，于嘉庆十年乙丑（1805）又被起用，任乌什办事大臣，十一年丙寅（1806）九月转任乌里雅苏台将军，十二年丁卯（1807）正月任喀什噶尔参赞大臣，十三年戊辰（1808）三月任伊犁将军，直到十八年癸酉（1813）六月革职，九月任乌鲁木齐都统。这是晋昌第一次和第二次任盛京将军之间的去向。从晋昌写的有关叶畊畬第三首诗的小序和诗中注文知道，他在晋昌第一次离开盛京将军任后，于嘉庆八年一道回了北京，九年在京应仍在晋昌府中。嘉庆十年乙丑（1805），晋昌西出阳关赴乌什办事大臣任时，叶畊畬随从西征。晋昌的《赠友人叶畊畬南归四律并序》中透露了叶畊畬的行踪。其诗序云：

> 友人畊畬自乙丑仲夏从我西征，越万里之艰辛，历三年之寒暑，

冰山雪海百苦备尝。乃于戊辰七月遽接家信，巳丁外艰，椎心泣血。
言旋言归，缘万里关山，固不能速克日之行。而父子恩深，又不敢作
投辖之举。因挽留数日，草办归装，诗以送之。

"戊辰"为嘉庆十三年（1808）。从嘉庆十年到戊辰正好是三年，其间叶
一直随晋昌在西北任所，此际正在伊犁。从序和诗中可知叶畇畲家住南方，父
亲新逝，高堂母在，故急欲南归守制。他答应三年"服阙"，于庚午（嘉庆
十五年，1810）再回晋昌幕中。但晋昌于嘉庆十九年甲戌（1814）再回盛京任
上，诗中再无消息。我猜想，叶畇畲此次回南方老家之后，因老母在堂等诸
多原因而没有重新回到北方来。从诗中"又泛长江万顷波"，"觅便早寻南下
艇"，"便知江南第几桥"诸句看，叶畇畲很可能是江浙人。如是江苏，当是
苏州、无锡一带人；如是浙江，可能是杭州附近人。从现有的材料分析，只能
到此了。

至此，与程伟元交厚并有诗酒唱和者，有孙锡（杭州）、叶畇畲，寄希望
在江浙一带能够搜寻到有关叶畇畲生平史料的新线索。

1993年4月5日

附　录：

晋昌赠叶畊畲诗录

赠友人叶畊畲南归四律并序

友人畊畲自乙丑仲夏从我西征，越万里之艰辛，历三年之寒暑，冰山雪海百苦备尝。乃于戊辰七月遽接家信，已丁外艰，椎心泣血。言旋言归，缘万里关山，固不能速克日之行。而父子恩深，又不敢作投辖之举。因挽留数日，草办归装，诗以送之。

天涯地角远从征，雪海冰山不易行。
塞外风光经已偏，客中裘葛见频更。
三年有泪尝辛苦，万里无心问利名。
一纸讣音催早去，别离不禁故人情。

无计留君奈若何，西风倏尔唱骊歌。
终离绝塞千重岭，又泛长江万顷波。
书剑相随愁路远，俸钱解赠愧无多。
从兹两地分南北，惆怅晴空旅雁过。

一闻君去倍伤神，奈是天涯作客身。
草草归装应我赠，茕茕孤立念君贫。
好将后会期庚午，暂作分离在戊辰。
觅便早寻南下艇，庭前望断倚同人。

又向长亭折柳条，天涯送客感飘萧。
三年宾主情何重，万里关山路正遥。
小榻待悬余几日，寒灯坐对剩残宵。
它时纵身有邮筒，便知江南第几桥。

原注：

好将后会期庚午句，畊畬于庚午秋服阕，仍拟北上。庭前望断倚
闾人句，畊畬尚有老母在堂。

——《戎旃遣兴草》嘉庆刊本卷下，叶六至叶七下

题指菊赠畊畬

指尖聊写数枝斜，同题凌霜傲雪花。
色相当前皆属幻，陶家三经漫相夸。

点染生机指墨濡，棱棱瘦骨倩谁扶。
草堂也有东篱趣，好伴羁人客梦孤。

——同上，卷上，叶三十上

题指菊又赠畊畬

料峭西风落帽时，重阳三度感离思。
座中不可无秋色，暂向东篱借一枝。

原注：

重阳三度感离思句，余于庚申出镇留都，倏忽三载。

——同上，卷上，叶三十上

题指画《睡鸭图》赠畊畬

指尖蘸墨原无意，写出秋江睡鸭图。
赠与畊畬聊疥壁，莫嫌腕底欠功夫。

——同上，卷上，叶三十上

我与小泉亦吟友

—— 程伟元与刘大观的交谊

程伟元和刘大观的关系，是从刘大观为晋昌《且住草堂诗稿跋》和《题觉罗善观察怡莑〈柳荫垂钓图〉》一文一诗中得到的信息。当我查到刘大观的"跋"文后，即搜寻他的著作和有关履历材料。记得在首都图书馆查到《玉磬山房文集》和《玉磬山房诗集》。这两部集子是按他的行踪和年份编排的。如卷八《怀州集》注明"辛未至甲戌"，《怀州二集》注明"甲戌至己卯"，《留都集》是"甲寅至嘉庆癸亥"，《邗上集》是"甲子至乙丑"，此外还有《行脚集》《岭外集》等。当时我注意力在《文集》和《留都集》上，一是想从《文集》查到"跋"文，看看与《且住草堂诗稿》上的"跋"是否有文字上的"改动"；二是想看一下除了这篇"跋"文之外是否还有其他关于程伟元的记载材料；三是既有《留都集》，那么他在留都与晋昌、程伟元等人的唱和诗应收录在这一集中。但是，我把《文集》和《留都集》从头至尾翻了两三遍，竟是一字无获。心里既感到奇怪又深觉失望，下面就有些"漫不经心"地翻看，并没有期望会有什么收获。

世间许多事就是这么奇妙，你执意想得到的可能永远得不到，而你愈是以为永远得不到的，却可能意外地、毫不费气力就可以得到，冥冥之中似乎有一种力量在主宰着你的命运——是你的就是你的，一切顺其自然，不可强求。正当我要放弃查找的时候，竟翻到了《怀州二集》上，读到了《题觉罗善观察怡莑〈柳荫垂钓图〉》，那个"觉罗"二字甚有点"刺目"，于是一种好奇心驱使我读下去。吓！"程伟元！""程伟元！"原来"藏"在这里了！如今想起这段趣事，心里还不觉地发出一阵笑声来。

在乾隆末年到嘉庆年间，刘大观是一位颇有"名气"的人物。他交游的范围颇广泛，与《红楼梦》有点瓜葛的人物中吴云（玉松）、张船山、敦诚都有诗文往来。吴云苏州人，嘉庆二十四年（1819）曾为花韵庵主人石韫玉的《红楼梦传奇》写过序；张船山，四川人，曾被误认为高鹗的"大舅子"，但他确曾与高鹗相识，并写过一首诗，提到《红楼梦》八十回后"俱"兰墅所"补"的话，由此也与《红楼梦》"沾了边儿"；敦诚是曹雪芹的挚友，他的《四松堂集》中有多首诗中写到了曹雪芹的生活经历。天下真小，这些人都走到了一起，成了朋友，又有文字记录下来，自然也就成为今天红学研究的重要的材料了！

刘大观《题觉罗善观察怡莼〈柳荫垂钓图〉》书影

清代的出版业虽然已是很发达了，但要和二十世纪八九十年代的今天相比，则是怎么也不能相比。那时木字摆印，既没有铅字排印，更没有照相制版、激光排印、电脑打字，所以曹雪芹的书要手抄流传，待到程高时也只能摆字排印。由于这一层原因，那时没有什么《现代中国作家辞典》《中国诗人大辞典》之类的权威工具书，要查刘大观的简历只能从县志一类的记载中零碎的片断集拢在一起。从这些材料中我们知道刘大观字松岚，山东丘县人。乾隆时拔贡。曾于乾隆五十五年（1790）任过广西天保县知县，五十九年（1794）赴辽海任开原县令，于嘉庆元年（1796）三月升宁远州知州，直到八年（1803）升观察，离开关东，回到帝都。嘉庆十一年（1806）署山西蕃司，放河东道。十五年（1810）刘大观"劾奏山西巡抚彭龄任性乖张，不学无术"，"一并斥废"。"遂客居怀庆（河南省怀庆府），以读书游山消遣岁月"。他一生为官刚直清正，不畏当权，终于"以上书抗论罢官去"。

从乾隆五十九年至嘉庆八年期间，刘大观在开原县令任上，嘉庆五年程伟元随晋昌宦游辽海，他们当是在嘉庆五年后相识，并有诗酒相酬之会。所以刘大观在《题觉罗善观察怡莽〈柳荫垂钓图〉》中说"我与小泉亦吟友"。但是为什么他和这位"吟友"之间的唱和诗一首也没有收录在《留都集》内呢？这颇令人百思而不得其解！他于嘉庆七年（1802）十二月所写的《且住草堂诗稿跋》中有两处提到程小泉，这是晋昌赴京述职途经宁远州出示"诗稿"，他读后说的话："壬戌嘉平十日，公述职赴阙，道出宁远，咨问地方公事外，出所和门下士程君小泉赠行诗三十首，俾观读之。"另一句是："今所存者，小泉、畔畚取纸篓拈团，私为收录者也。"仅此而已，很难说明他与程之间的"吟友"关系。后来他在为善怡莽题《柳荫垂钓图》中说"当时盛京大将，视泉与松意独厚"，又说"此图出自小泉手"，"今对此图心已醉"，说明他与小泉的关系并非泛泛之交。所以我始终怀疑程伟元身世当中有一些令人生疑之谜，故他的朋友们或缄口不提或语焉不详。是因为程小泉整理、摆印了《红楼梦》百廿回本吗？这有待进一步研究。

刘大观与善怡莽为前后任。嘉庆八年刘大观离开宁远州知州任，九年善怡莽补授锦州府知府。他们是在辽东相识？还是在京时已相识？从目前所见的材料中难以推测。但是，以晋昌为中心的这个交游圈子非常值得注意：晋昌连着宗室敦诚、裕瑞、明义、永忠、焕明而又及李棻、程伟元、孙锡、善怡莽、刘大观诸人。善怡莽与高鹗相熟，有诗相赠，刘大观又与敦诚、张船山友好，一圈套着一圈，难道这中间不是有着一条看不见的"线"在贯穿着吗？倘若如此，总应该是有"线"可继续寻下去的，从而会有新的发现！

但愿希望能变成现实。

1993年4月4日

附录:

昔贾长江自注其《送无可上人》诗云:"二句三年得,一吟双泪流。知音如不赏,归卧故山秋。"可见古今攒眉摇僵之人,得一真赏识,固非易事也。观初阅四松堂诗,以为不过偶然遣兴而已,非如《谈龙录》所云"诗中有人,言外有事"也。及读其文,如《笔麈》,如《记梦》,如《南村记》,如往来笔札二十余帖:忽为漆园之达,忽为柱下之元,忽为释迦维摩之通透;忽为正言庄论如陆贽,忽为旁引曲喻如淮南,忽为悲歌慷慨如易水之荆卿,忽为弄月吟风如濂溪之茂叔。相由心造,情随境生。一切欢喜烦恼之因,升沉聚散之感,悉于三寸管城子宣泄而无遗。夫然后乃知居士胸中固无物不有,其诗亦无义不该,晌之所谓然然遣兴者,非徒遣兴已也。自古金枝玉叶耽志风雅,如昭明太子而外,则唯唐之李才江、宋之赵松雪耳。才江爱贾岛为诗,铸其像,事之如神。吾今欲奉居士如岛,而窃僭拟于江,未知无本禅师塔下尘,容我敝帚一扫否?

乾隆壬子闰四月中浣,山左后学刘大观。

——刘大观撰:《四松堂集》跋,载《四松堂集》底稿本

主人甘澹泊,性复秉冲虚。
为避尘嚣近,因移水竹居。
堂悬新话雨,床满旧钞书。
欲助吟哦兴,窗前莫草锄。

原注:

堂悬新话雨句,主人有话雨书室,嘱余书额。

——晋昌撰:《多余山宗伯移居,刘松岚赠之以诗,即和原韵》,
载《戎旆遣兴草》嘉庆刊本,卷上叶二十八。

刘大观，字松岚，山东临清人，今宁远知州。曾见其所著《玉磬山房集》。松岚亦因东使闻余姓名，赴燕时，遣人探之。因公务往锦州未还，其弟大均来，亦佳士也，援川楚例，充廪生云。还到宁远城外，松岚来访寓所，一见如旧，甚欢也。问其官迹，则以开原知县升本州云。其翌日，约会于城东之龙神祠，即松岚捐金创建，为祷雨之所。栋宇角巘，辉映林木之表，下车盘桓少顷，松岚至。两骑佩弓前导，从者亦众。至，则先诣龙神像前，叩头。道士鸣钟，仓官姓曹者随至，叩头于阶上，遂于西庑布桌吃茶，略谈而别。松岚以其所作《朱素人画百合花二绝》书赠，笔意古雅。又以《悔存斋诗钞二卷》示之，武进黄景仁所著，翁覃溪方纲作序。景仁为文节裔孙，而洪编修亮吉密友云。临别，又以礼部侍郎英和所书一幅示之，云与英公契好，未知其意也。

——朝鲜汉山州柳得恭《燕台再游录》记刘大观事

长春河西，有石牌门，其制仿北镇外门而小。刻其面曰："清故姚法珠未婚之女贾贞女坊"。两柱刻一联曰："未出闺门明大义，可为巾帼作芳型。"又刻柱石记之曰："贞女□（年）十五，字法珠。越二□（岁或年或载），法珠病卒。贾之父母，欲再嫁它门。贞女曰：'吾字姚氏，即姚氏也。'遂子夫弟之子广居，以居矣。距三十三□（年或载）而卒。宁远守尉刘大观，启闻其贞烈，嘉庆辛酉（1801），命立牌门旌之。"盖自栅立碑于路，旌人节行者往往有之。诵诗曾艳柏舟章，今日燕山贾女坊。未出闺门明大义，芳型俱是两髦娘。

——朝鲜纯祖年间文人李海应《蓟山纪程》卷二"渡湾癸亥（1803）十二月十四日乙亥，晴。连山驿三十里午餐。宁远卫三十里宿。""贾贞女坊"条。

聚散升沉足慷慨

—— 程伟元与善怡荪的交谊

程伟元与善怡荪是京华旧雨还是辽东新朋，目前还没读到确切的相关材料。依着目前看到的相关资料推测，程伟元同高鹗相处一年多时间，而高鹗似乎与善怡荪还不相识。证据是在高鹗《月小山房遗稿》中收入两首诗是写给善怡荪的，一首题为《善怡庵招同桂香岩诸公小集，赠怡庵》，另一首题为《答善怡庵侍读》。但仔细查阅善怡荪的生平家世知道，善怡荪生于乾隆二十九年（1764），乾隆四十七年壬寅（1782）考取中书，进入内阁，嘉庆四年补为内阁侍读。从前面所列高鹗的两首赠诗看，乾隆五十六、五十七年前高鹗与善怡荪并无往来，故推测高鹗与善怡荪相交似在乾隆六十年高鹗考中进士，嘉庆六年授内阁侍读，他们有机会以同僚往来更为接近事实。嘉庆五年庚申（1800）春，程伟元远走辽东入晋昌幕，这就给我们一个信息：程伟元因高鹗的关系于嘉庆五年之前就认识善怡荪及其"诸子"的可能性极小。因此刘大观于嘉庆十九年甲戌（1814）秋天在武昌写的《题觉罗善观察怡荪〈柳荫垂钓图〉》中所说的"君曰昔曾图小像"，"此图出自小泉手"句，不大可能是程伟元在北京期间为善怡荪画的，而在辽东时所画的可能性极大。

果然如此！1987年初我到中国艺术研究院红楼梦所不久，即亲自目验了程伟元绘制的《柳荫垂钓图》原件，画的左下方题的时间为"嘉庆己巳"，应为嘉庆十四年，公元1809年。画中有徐绩跋文，署"嘉庆庚午"，应为嘉庆十五年，公元1810年。我们知道善怡荪于嘉庆九年赴锦州府知府任，后又任宁远州知州，这段时间内程伟元仍然浪迹辽东。直到嘉庆十八年，善连才被发往湖北

"以道员用"，署理荆南道。按着一般的情况来说，程伟元与善怡葊应在这段时间内有许多见面的机会，也应该留下一些诗酒唱和之作。这一点可以从刘大观《题觉罗善观察怡葊〈柳荫垂钓图〉》中看出来。但是自发现程伟元两幅赠送善怡葊的绘画以来，我一直在搜寻善怡葊的诗文集子，终不见著录。

程伟元与善怡葊之间交谊的证据之二，是他曾绘一幅《双松并茂图》赠送善怡葊夫妇。据台北张寿平先生公布照片和文字材料看，这幅祝寿图上除落款"古吴程伟元绘祝"、钤"伟元""小泉""小泉书画"印之外，还钤有"嫩江意弇氏藏书画印"。这是继嘉庆元年祝王尔烈七十大寿的《双松并茂图》和嘉庆七年贺晋昌四十三岁生日所绘指画《罗汉册》之外的又一幅祝寿图。由于原画有剪裁上款之痕，寿主姓名及可能有的寿令难以判断。特别是画中无时间落款，因此也难以判断程伟元绘此图的具体时间。但从画上有程伟元的署名和钤印可以肯定此画为程伟元绘无疑。而画中钤有"嫩江意弇氏藏书画印"亦可证明此画是送给善怡葊的。至于"意弇"与"怡葊"二字之别，这在满族人姓名书写中并不罕见。前面提到刘大观《题觉罗善观察怡葊〈柳荫垂钓图〉》中即将"庵"字写作"葊"字。"意"字也当是"怡"字的同音异写。

现在只能通过现有的材料做以上的推测：善怡葊—高鹗—程伟元，三人之间的关系当不会是单线相连的。这个问题有待于善连的诗文的发现，或者是惊人的奇迹出现：程伟元的诗文集在辽东出世！

1993年4月6日

附录一:

柳荫画卷存遗墨

—— 徐绩生平追踪

在《笔花生彩墨花香》短文中,我对程伟元绘《柳荫垂钓图》"目见"的经过做了描述。文末写道:"画中筠圃我疑为玉栋,张映汉、徐绩二人生平经查无收获,有待继续发现。"(见《梦香情痴读红楼》第313页)不久前,我在读书时发现张映汉的简单生平材料,后又在《清史稿》列传卷332页中查到徐绩生平,可谓老天不负有心人了。

据徐绩传记,他是汉军正蓝旗,乾隆十二年举人,曾任工部左侍郎,乾隆四十七年任宗人府府丞,官至巡抚、正红旗汉军都统。嘉庆十年退休,十六年卒,享年80岁。他一生为官勤勉,曾被赐二品衔。

徐绩跋《柳荫垂钓图》文署年为嘉庆十五年(1810),全文太长,惜不能摘录。但从题画者的生平看,都是一些在官场行走的人。他们或与小泉相友善,或与觉罗善怡莘相熟,故有幸拜观这幅画图。由此亦可推知程绘之珍贵,否则这些达官贵人是不会轻易作跋的。

《柳荫垂钓图》今天仍然藏在河北沧州,希望收藏者尹氏兄弟能保存好,早日与世人见面。这不仅可以推动程伟元生平的研究,亦为国家保存了一件珍贵文物。

从最初发现的程伟元绘画扇,到两幅《双松祝寿图》的出现,还有十二幅指画《罗汉册》和这幅《柳荫垂钓图》,程伟元的画作应该说传世的不少了,但为什么他的诗文却是非常少见。倘若能找到程伟元的"友声集",我想或许可以一见"庐山真面目"。这个希望,随着全国图书馆的联网和拍卖业的兴隆,极可能早日实现。

我希望着这一天的到来!

1998年11月6日

附录二：

今对此图心已醉

—— 张映汉生平述略

程伟元工诗擅画，已由新发现的许多资料可资证明（参见拙著《梦香情痴读红楼》）。其中程绘《柳荫垂钓图》，数年前曾经目验，发现该图绘于嘉庆十四年（1809），其后有刘大观（松岚）、筠圃张映汉、徐绩的题跋。刘大观的跋文，早在1975年我从《玉磬山房诗集·怀州二集》上发现了，筠圃其人生平较易找到，并在其他文章做过介绍，故未再撰文。但张映汉、徐绩的生平一直没有深入追索。

最近偶读史书，发现张映汉的生平简历，原来也是不大不小的官儿。据记载，张映汉（？—1830），浙江海盐人，字星槎，号筠圃，著有《筠圃诗钞》一卷。乾隆四十九年三甲第45名进士，授补户部主事，升员外郎、郎中，出为湖督。嘉庆二十四年召京仓场，道光三年降职，道光十年（1830）卒。他的经历，嘉庆十一年（1806）任山西按察使，由湖北粮道升迁的。嘉庆十三年又转任湖北布政使，至十五年，十六年又升为湖北巡抚。到了嘉庆二十五年（1820）又从湖北巡抚升为湖广总督。道光元年（1821）任刑部右侍郎，二年改授仓场侍郎，三年改为兵部右侍郎。道光十年庚寅卒（见朱彭寿《清代人物大事纪年》第873、1242页）。奇怪的是，这位官至巡抚、总督的张映汉在《清史稿·列传》中却查不到事迹。或许当今的《清史稿》列传部分还有遗漏，待从"补遗"中查考，再行补充。

张映汉在山西、湖北任官时间最长，极有可能在湖北任官期间与当时贬为荆南道道员的觉罗善怡莙相识。这个时候恰好刘大观也在湖北的武昌，很可能一次诗酒雅会之时，善怡莙出示了程绘《柳荫垂钓图》，于是刘大观、张映汉等人观后挥毫，记下了自己的"观感"。谁能想到，二百年后，这幅画图保存完好，竟把他的跋文也保存了下来。

说来，这些人物与《红楼梦》的文本解读关系不大，但却与程伟元的生平有些关系，这就是我追踪他们生平事迹的主要原因。不管怎样，我们又知道一个与程伟元《柳荫垂钓图》相关的人物生平线索。我想，这位官至巡抚、总督的张映汉事迹，在湖北、山西乃至他的家乡海盐地方志上总可以查到一些更详尽的记载。那样，就不枉我写这篇小文的初愿了。

1997年8月10日

红豆香多入瘦吟

—— 程伟元与孙锡的交谊

在辽东，程伟元身居将军幕府，又兼职"沈阳书院"，所以他不仅有一批像金朝觐、金景堂那样的及门弟子，而且还有机会结识一批如刘大观、善怡莘、李桦等地方官。虽然这些官儿除晋昌为"将军"外，多数只有"四五品"上下，但这些人却多是"诗书客"，为人也多是铁骨铮铮。他们之间诗酒唱和，不时载入诗集词册之中，为我们搜集、研究程伟元的生平交游提供了一份宝贵的资料。孙锡是程伟元在辽东结识的又一位"县太爷"，二人感情颇深厚，这在孙锡写下的《赠程小泉（伟元）》诗中有所证明：

赠程小泉（伟元）

青杨小巷拓城阴，折简来投碧海簪。

冷士到门无暑意，虚堂得雨有秋心。

绿醅盏浅怜轻病，红豆香多入瘦唫。

寄语直沽东下客，好将佳话续题襟。

原注：

绿醅盏浅怜轻病句，时余病目，节饮。红豆香多入瘦唫句，展红梨主人《秋风红豆图》。

这首诗见载于吴振棫《国朝杭郡诗续辑》（光绪二年丙子，1876）闰五月重校刻本卷二十八叶三下。《红楼梦卷外编》选刊之一收入时，末句"寄话"

应为"寄语"，系校对中错误。

这首诗的诗题明白写着"赠程小泉伟元"的，所以肯定孙程二人相识，并且关系亦相当不错，不然就不会有这首赠诗保存下来。那么孙程该是从什么时候相识，这首诗又写于何时呢？我的看法是：

（1）程伟元于嘉庆五年出京赴沈延入盛京将军幕府，孙锡则是嘉庆七年壬戌（1802）出任奉天府开原县知县（嘉庆九年《大清搢绅全书》记云："开原县知县加一级孙锡，浙江仁和人，进士，七年六月授。"），至嘉庆九年卸任离开辽东。他们的相识当在嘉庆七年至九年之间。在这段时间里，他结识了晋昌将军和流寓沈阳的裕瑞，还有一位焕明，都有往来。

（2）孙程二人也有可能在北京时就相识了，在辽东是异乡重逢。从孙锡的经历中知道，他是乾隆五十八年（1793）癸丑科进士，在京有一段"散馆"生活，后来才外放湖北光化县任知县。这段时间正好程伟元刚完成程乙本《红楼梦》的整理和摆印工作，直到嘉庆五年方离开帝都，所以不排除他们是"旧雨"而非"新朋"。但是从《赠程小泉》诗中看不出他们在京相识的信息。

（3）晋昌第二次赴辽东任是在嘉庆十九年（1814），二十二年（1817）三月调任伊犁将军，离开辽东。孙锡再次赴辽东宁远知州任恰是晋昌离开时。晋昌第三次出镇盛京是在道光二年（1822）正月间，至八年正月调为绥远将军。而道光二年季春，孙锡"被议落职"，返回京都。其后，孙锡于道光三年（1823）赴云南临安府宁州知州，后"以老乞休"又"居里未久，贫病以殁"（小传语）。因此我认为晋昌送孙锡《秋风红豆图》当是在嘉庆八年八月离开盛京将军任时，恰是"秋风"季节。《且住草堂诗稿》卷上有晋昌《题红豆思春图》诗二首，倘是嘉庆二十二年春或是道光二年春，送孙锡的应是《春风红豆图》而不会是"秋风图"了。

（4）孙锡写《赠程小泉》诗的时间，自是在嘉庆八年八月以后。一是九年孙锡离开原县令任之后；二是嘉庆二十四年底或二十五年初程伟元已驾鹤西归了；三是孙锡从宁州知州任上回到杭城之后。但从孙锡经历的时间表上看和诗的内容及程伟元的年龄上全面考察，似乎二三两种可能太小。原因有二：首先，程伟元已故，无法去看望孙锡；其次，宁州知州任"以老乞休"，而程伟元此时亦当"老"矣，即使不死千里迢迢南下杭城的可能性也不大。综上所述，我认为程伟元与孙锡如不是在宁远的"青杨小巷"中相见的话，而是到了杭城的"青杨小巷"，时间该在嘉庆九年以后。再确切点说，我认为可能是嘉庆十年秋季左右，这可以从"冷士到门无暑意，虚堂得雨有秋心"两句诗中看出来。

这首《赠程小泉》诗，不像是孙程二人相见，当面写给程伟元的。一是"折简来投碧海簪"句，似乎程伟元在去杭州之前曾给孙锡写过信，谈过自己弃职他去的念头，要么是劝孙锡丢掉乌纱帽，同过"闲云野鹤"的生活。因程伟元不过是一介"幕僚"，谈不上用"投簪"之典来形容，这在程伟元来说是应该懂得的。所以我认为"来投碧海簪"是在信中劝慰孙锡不要以"官"为念。二是"寄语直沽东下客，好将佳话续题襟"二句，似乎是孙程二人相见之后，甚至是程伟元离开杭州之后写的。"寄语""好将"二词，显然都有"远"和"未来"之意，似不是"当面"题诗的用词。这里的"直沽东下客"，是不是经直沽"闯"关东之意呢？

还有一说程伟元"寄籍"天津。从目前所见的各种材料看，丝毫没有什么确切的信息可资考证。因而我仍然认为是经过"直沽"之意。

孙锡是一位擅诗工词的小官僚，他著有《韵竹词》四卷，黄燮清编《国朝词综续编》卷三曾收录他的词作。十数年前，我在《孤艳不争团扇宠——孙锡交游诗录》（收入拙著《红边脞语》，辽宁人民出版社1986年6月版，第178—181页）时曾引录过他的一首《玉烛新·白凤花》词，其中将"词"误为"曲"，词的标点也大错，今番转录于此，并加订正。词云：

> 玉蛾窥素牖，正窄样桐花，褪翎时候。翠瓷细捣，宵帏静，一招酥融纤手。铅华谢久，讶小字，儿女呼就。心事傍，白鹤台边，西风互怜清瘦。 几回欲挂钗梁，染叶底新霜，冷光飞溜。秦楼聚首，人为也，浣断红尘能否？珍珠论斗，唤不起，寂寥宫袖。旋学取，碎洒金膏，寒生臂藕。

词末有小注云："《花史》，宋宫中避光宗后小字，呼凤仙为好女儿花。《北碉诗》，'飞花只合秦楼去'。《群芳谱》名旱珍珠。又，谢长裾侍儿以金膏洒凤仙，明年花开，金色不去。"但是，这样一位很有才华的"七品"芝麻官，一生遭际坎坷。正如俗话说的，"好人不得志，坏蛋活千年"。孙锡正是针对这一黑暗现实，写了一首《题〈狗咬洞宾图〉》诗，痛骂那些当道的"卷毛巴儿狗"。他的愤世嫉俗，深为裕瑞、焕明诸人所认同，和诗相应。焕明在《和壬午季春送别孙雪惟二十韵》诗中说他"政治诗才相振作"，但"鹏翼之受茧丝缚"，终因当道者构陷而"孤山放野鹤"去了。在这一点上，孙锡与程伟元有共通之处，这恐怕也是他们相交至深的一层原因罢。

从晋昌——程伟元——刘大观——李桼——金朝觐——善怡荟——孙锡，又与裕瑞——焕明等，连成了一个"辽海"交游圈，如果追索下去，我想或许还会有新的发现。想起当初我发现这首《赠程小泉》诗也是有一点"戏剧性"的。记得周绍良先生曾在一次谈话中说过可能在《两浙輶轩录》中有有关程伟元的材料，于是我去科学院图书馆借出是书，查了两天毫无收获，正在失望之中，忽然想起查一下《国朝杭郡诗辑》，看看是否有什么材料。世间的事有时是"踏破铁鞋无觅处，得来全不费工夫"。在《国朝杭郡诗辑》中居然查到了这首诗。如果没有周先生的指点，我不会去查《两浙輶轩录》，也不会由此联想到去查《国朝杭郡诗辑》，当然也就不会有此一诗的发现。所以我始终记着这件事，虽然时过近二十年，我写此文之时仍然对周先生怀着一种感激之情。晋昌一幅《秋风红豆图》引出了这么一大堆的介绍、考证，对程伟元的辽东之行乃至其生平研究提供了多么宝贵的材料！真真应了那句诗——

"红豆香多入瘦吟"。

1993年4月1日

附 录：

孤艳不争团扇宠

—— 孙锡交游诗录

程伟元随红梨主人晋昌将军出镇留都沈阳的史实，文雷《程伟元与〈红楼梦〉》（载《文物》1976年10月号）一文已做了详细介绍。在这篇文章中，作者提及一位与程伟元有诗酒往还的好友——孙锡。

孙锡，字备衷，号雪帷，浙江仁和人（见《历代两浙词人小传》卷八）。清乾隆五十八年进士，历官今辽宁开原县知县、锦州知府，云南光化县知县、宁州知州，以老乞休。据《开原县志》卷三《名宦》载其政绩云：

> 孙锡号雪帷，举人出身。清嘉庆七年莅任。甫下车即观风取士，奖励斯文。在官勤政爱民，而尤以培养人才为务。所助士子宾兴银两，殆不一而足也。

孙锡为官廉正，诗文亦为世人称道。据传载，工倚声，柔和绵密，极尽能事。黄燮清《国朝词综续编》（清同治癸酉夏月刊）卷三，收录孙锡《金缕曲》，前有小序数语：

> 暑意稍倦，践湖舫之约，荷意已狼藉矣。断波圆盖间残蕊一茎，亭亭掩映，爰赋是阕。

词云：

> 一阵跳珠雨。作轻凉点摇平碧，嫣红无数。卷地萍飔翻露盖，舞到香鬟似雾。剩倩影几翻回顾。孤艳不争团扇宠，恨游人全忘花心苦。欹翠袖，且相护。　　寻花较晚花无主。袅凌波丝风太弱，款花不住。密柳疏蝉渔艇外，我拟将家赁去。理旧怨为花低诉。千里美人江

水暮，望兰皋谁肯褰裳渡。蘅佩远，在空渚。

孙锡的另一首名词是《玉烛新·白凤花》，也见载于黄氏《续编》卷三。词末有小注："《花史》，宋宫中避光宗后小字，呼凤仙为好女儿花。《北砚诗》，'飞花只合秦楼去'。《群芳谱》名旱珍珠。又，谢长裙侍儿以金膏洒凤仙，明年花开，金色不去。"

孙锡能诗擅词，著有《韵竹词》四卷，余杭姚文域有《题仁和孙锡雪帷韵竹词》（载《国朝杭郡诗辑》三辑卷三，光绪十四年刊本）及其兄孙钟（字玉岩）《题雪帷弟韵竹词》（同上书）数首。姚诗云：

> 映雪堂深下讲帷，青筠千筒助弦诗。
> 裁成薝凤超麟格，想见捎云拂日姿。
> 飘洒古烟笼素魄，微吹清杨袅晴丝。
> 赏心何处柯亭路，红杏风繁二月时。

其兄诗云：

> 倜傥襟期寄墨池，谱将妙语付乌丝。
> 小红唱罢潮生厬，我亦当筵醉一卮。
>
> 采薇曾游旧讲堂，知蓬圆月载吟箱。
> 无聊拌过茱萸节，只雁横江寄报章。

原注：

> 壬辰秋，予有《藏山游草》，弟为予作跋，并得九日见怀一解。

> 夜雨联床记廿年，共将壮士话灯前。
> 果然看过扬州月，从此词人笔欲仙。
>
> 春莺秋蟀趁嬉游，兰茞闲情赋不休。
> 残照一鞭随梦去，莫教风雪谱离愁。

孙锡宦游辽海之际，不仅与冷士程伟元相交，而且与晋昌将军、宗室文人裕瑞唱和。裕瑞《沈居集咏》有《雪帷刺使属题其晚霁吟情尽照》和《孙雪帷刺使留别以诗赠之》二诗。第一首五言长诗云：

下士重形迹，雪泥别司踪。

达人我相空，写照不拘容。

行看随宜作，斯人超阿农。

诗画禅深处，莫我今相逢。

独坐山绝顶，远眺谿高胸。

据石不用茵，济胜先遗筇。

西望红一抹，余霞分淡浓。

斜阳衔万峰，万朵金芙蓉。

唫情快欲飞，奇句如神龙。

抚景览云物，倾耳听涧淙。

漫愁孤谱寂，题客拟追从。

第二首为七言诗，全诗较长，除说孙锡"东省三迁绕宦缘"外，其中八句颇有互通心息之意，摘录如下：

人生穷通有定命，放怀肯学蚕自缚。

功名得失本浮云，操权在我惟天爵。

吉人应荷昊苍相，晚年佳际可预度。

吾生落拓远藉情，奚啻嗷嗷空仓雀。

裕瑞虽为天潢贵胄，但终因为当今所恶，竟困禁留都，故有一番常人难以理解的感慨。孙锡为人秉直，虽然身着官服，吃着皇家的俸禄，也因"孤艳不争团扇宠"而郁郁以终。由此观之，在封建社会里越有才干，越有几分锋芒，办事越认真的人，掉进身家俱毁的陷阱的可能就越大。孙锡的遭际恐怕也不失为旧制度下知识分子命运的一个写照！

1983年4月11日

谁解高人真面目

—— 程伟元与范秋塘的交谊

戏曲界对《再生缘》和它的作者陈端生（云贞）及其丈夫范秋塘并不陌生，但红学研究者要说范秋塘与程伟元有某种关系，与《红楼梦》也沾了边儿，恐怕就会有人摇头了。这件事说来也巧，是我们在搜集有关程伟元生平史料过程中偶然发现的。晋昌《戎旃遣兴草》收录了与范秋塘的唱和诗，共有四题。第一首题为《即席与范秋塘叙旧》，诗云：

> 三年前识秋塘面，一别匆匆几度秋。
> 应惜繁华如幻梦，也知身事等浮沤。
> 题兰自昔留佳话，酌酒于今豁旧愁。
> 何意关山千里外，与君同泛越窑瓯。

在"题兰自昔留佳话"句下有注云："己未初晤，分咏画兰。"由注文可知晋昌与范秋塘于嘉庆四年己未（1799）相识于北京。这是范秋塘于乾隆四十五年庚子（1780）因科场案（代倩枪手）充军伊犁，嘉庆元年丙辰（1796）正月遇大赦回京后之事了。因范妻陈端生逝后，范秋塘曾回杭州老家料理丧事，他可能于嘉庆四年再度回京。

我们知道，晋昌是庚申春离京，赴沈水任所。正是与范秋塘相识一年后。诗中有"三年前识秋塘面"，说明晋昌的诗是写于嘉庆七年（1802），从四年相识到七年正好是"三年"时间。此时晋昌在盛京将军衙门，那么此次见面地点应是在辽东无疑。诗题《即席与范秋塘叙旧》，"叙"的就是自嘉庆四年至嘉庆七年三年间的"旧"情。

范秋塘刚度过大难又遭家变，几近潦倒，故由京又投奔远在关东的晋昌将军，生活当是十分艰辛，所以晋昌有赠衣给范秋塘之举。在穷困潦倒之中得友人之赠，范秋塘非常感激，写诗谢晋昌赠衣。晋昌写了一首《次秋塘谢余赠衣原韵》，诗云：

> 数月停车幸尚安，年当老去重加餐。
> 江湖君已经漂泊，旅邸谁还问暖寒？
> 杯酒相亲原未易，绨袍解赠又何难。
> 高山流水情多少，不遇钟期不再弹！

范秋塘是一位怀才不遇的才子，以搜罗诗才著称的晋昌很看重这位落难才人。他在《为儿辈和秋塘上丁分脉原韵》诗中对范秋塘推崇备至。诗云：

> 锦心绣口莫如公，咳唾随风珠玉同。
> 昨遇上丁亲展谒，诗成四韵谈笑中。
>
> 有幸相逢总角初，得亲风韵倍情疏。
> 才华毕竟推前辈，童子何知敢献书。
>
> 经多世味学痴呆，千里迢迢作客来。
> 谁解高人真面目，风云月露负仙才。
>
> 清白传家教子孙，更从经籍溯渊源。
> 宫墙万仞如天峻，景仰何因得入门？

这是晋昌代儿子瑞林、祥林等的和诗。诗中既高度评价范秋塘为"高人""仙才"，又劝慰他以"清白传家教子孙，更从经籍溯渊源"，告诫他不要再想走进仕途之事，因为"宫墙万仞如天峻，景仰何因得入门？"晋昌对范秋塘为人品格十分敬重，以"菊竹"相喻。他在《题指画菊竹赠秋塘》诗中云：

> 以指代霜毫，满把淋漓墨。
> 翠竹与黄英，写出秋颜色。

笑他桃李花，春光原顷刻。

何如恬淡姿，矫矫石岩仄。

傲骨自凌风，直节独超特。

所以此君称，一日无不得。

晋昌善画见载于李放《八旗画录》《墨香居画识》云："能点染花卉。"从此诗中可见他以指画赠范，并题诗希望范秋塘能傲骨凌风，直节超特，不要羡慕桃李花争顷刻春光。

在了解范秋塘与晋昌的关系之后，我们再看一下他与程伟元的关系。嘉庆五年之前，程伟元也在北京，对这位轰动京城的科场案的范秋塘，不能不有所闻。如果这时他已与晋昌相识的话，那么他与范秋塘也可能在京就相识了。在盛京相见亦属重逢。但是没有直接证据说明这一推测。那退一步看，范秋塘、程伟元二人在晋昌幕中无论如何都会见面的。我们从晋昌的《且住草堂诗稿原序》中知道：

（1）晋昌每有活动必与叶畊畲、程伟元"二公偕"，故范秋塘与晋昌多次往来唱和，程伟元当在场，相识已无疑问。

（2）晋昌作诗是"随时适兴，意到即书，无草稿"，"乃小泉记而录之，萃而成帙"。那么，晋昌所赠范秋塘诸诗又怎能越过程伟元呢？即使当时不在场，其事后也当知之，不然就不会收录在《戎旃遣兴草》之内。因此，我认为程伟元与范秋塘应该相识，两人皆工于诗，又系江南人，关外相逢，自当有一番唱和之事。如范秋塘有诗文留至今天，抑或有所记载。

（3）还有一点值得注意，孙锡是浙江仁和人，可以说是范秋塘的小老乡。他于嘉庆七年任奉天开原县知县，他正是在此时间内认识程伟元，能不认识范秋塘？这一点我们似还可以从孙锡的诗词集中获取一些线索。

在晋昌的眼中，程伟元、范秋塘都属于"高人""仙才"一流人物，优渥有加。但在当道眼中却未必如此，故晋昌有"谁解高人真面目"之叹！

古今一理，天地一道，千古以来知识分子的命运恐怕是大都如此！

1993年4月6日

傲骨凌霜伴高贤

—— 程伟元与王尔烈的交谊

我们从已发现的资料中知道，程伟元于嘉庆五年（1800）应出镇盛京（今沈阳）的晋昌（红梨主人）将军的延邀，由北京来到辽东作幕[1]。但是，从乾隆五十七年（1792）程乙本《红楼梦》刊行后到嘉庆五年入晋昌将军幕府之间的八年时间，程伟元是否还在北京呢？有什么材料可资证明程伟元在此期间的活动、交游情况呢？我们始终留心这方面的信息，但收获不大。

最近，辽宁省辽阳市文管会在所藏的文物中，发现了一件清内阁侍读王尔烈于嘉庆元年丙辰（1796）正月二十三日庆祝七十大寿的寿屏[2]。这件寿屏的第七扇第一行第五幅（顺次第九十五幅）是程伟元绘的《双松并茂图》。从这幅寿图绘制的时间，我们可知道如下两个事实：

（1）程伟元于嘉庆五年前极可能仍然在北京。

（2）程伟元与当时在京师官场中的一位朋友王尔烈相往来，其关系较为

1　文雷：《程伟元与〈红楼梦〉》，载《文物》月刊1976年10月号；文雷编注《新发现的程伟元生平资料——〈红楼梦〉卷外编选刊之一》，载辽宁第一师范学院中文系《红楼梦研究资料选集》第三集下册，1977年12月印，第163—208页。

2　近年辽阳文管会发现有关王尔烈的家世生平文物，除嘉庆元年王尔烈七十寿屏外，还有乾隆五十三年王尔烈母刘氏九十寿屏、王尔烈科考朱卷及履历等。参见马宪丽、邹宝库编著《王尔烈史料集注》，吉林文史出版社2009年5月版。

密切。

关于王尔烈的家世生平，我曾在《辽阳发现程伟元〈双松并茂图〉》[1]短文中做过一些介绍，后来又查得一些材料，这里略加补充。据《奉天通志·人物志》《辽阳县志》卷九《乡宦志》、卷十《选举志》、卷十四《文学志》和卷三十四《碑记志》的记载[2]，王尔烈的家世生平事略，可以作如下概括：

王尔烈（1727—1801），字君武，一字仲方，号瑶峰。祖籍河南南阳，明末迁居辽阳风水沟[3]。少承家训，性行纯静，工诗文善画，书法宗羲献。清乾隆乙酉（1765）举人，三十六年辛卯（1771）进士，殿试二甲一名，授编修，历官御史、内阁侍读，充四库全书处及三通馆纂修。因为辽东掇巍科，以词翰书法著名当世，故誉为"压倒三江王尔烈"，是清代辽东第一人。嘉庆元年，参加千叟宴，蒙赐御制诗、并集古三星图、如意鸠杖等。嘉庆四年（1799），以大理寺少卿致仕，掌沈阳书院，六年（1801）卒。

另据《大清中枢备览》（第一册，丙辰冬季奎文阁梓）"乾隆四十七年（1782）任掌陕西道事，监察御史加四级。"这可能就是他"历官御史"的根据。他一生所著诗文多散佚，志中所载艺文，或得之碑志，或搜诸遗稿，度不过十之一耳。《辽阳县志》卷三十二《序记志》收序、碑记六篇，卷三十七《诗赋志》收诗十九首。今存《瑶峰集》收入金毓黻主编的《辽海丛书》第三册。

如果我们将嘉庆元年作为一个时间点的话，可以得到如下印象：

（1）程伟元与王尔烈相识于北京的上限，当在乾隆三十六年或乾隆三十七年之后。因为王尔烈于乾隆三十六年在京考取进士（二甲第一名），次年李棨（程伟元同学友）考取进士（二甲）。我推测程伟元或许就在这两年的科考中落榜而流寓京华等待再试。

---

1 余力（胡文彬）：《辽阳发现程伟元〈双松并茂图〉》，载《红楼梦研究集刊》第七辑，上海古籍出版社1981年10月版，第366页。

2 王尔烈传记材料除本文所列者外，还有《世系宗谱》《钦定四库全书》经部、总目职名，《皇清书史·家言随笔》《清秘述闻》等，参见《王尔烈史料集注》第15—22页。

3 王尔烈先祖曾于明初迁移扬州府江都县，至高祖王行焉开始发迹，被分发辽阳，从此定居于此。

（2）王尔烈于嘉庆元年举办七十大寿之际，"布衣"身份的程伟元亲绘《双松并茂图》送到王府致贺，说明王、程二人非泛泛之交。四年后，王尔烈以大理寺少卿身份致仕，掌沈阳书院，其后程伟元应晋昌之邀远走关外，并曾就职沈阳书院教学书法[1]，当与程、王在京的交谊有极大关系。

（3）《奉天通志》记载，王尔烈"少承家学，书法二王"[2]。盛京将军晋昌在诗中赞誉程伟元"曾题兰桂清芬阁，书法应知效二王"。[3]这是否可以推测程伟元曾以"书法效二王"而见知于王尔烈呢？或许程伟元在书法方面曾得到过王尔烈的指点，在互相切磋之中结下了深厚的友谊。由此我想程伟元应晋昌之邀赴盛京将军幕佐案牍只是他的一个理由，说不定他内心深处是投奔沈阳书院去的。这个猜想，或许可以给我们一个新的思考空间。

在辽东，王尔烈被尊为"高贤"，而程伟元又被晋昌誉为"东山冷士"，二人之交谊可谓"傲骨凌霜伴高贤"了！

1983年7月30日初稿

2010年5月18日修改稿

1　金朝觐：《题小泉先生画册》，载《三槐书屋诗钞》，见《辽海丛书》第2册。

2　见《奉天通志》人物志。又见《王尔烈史料集注》第15页。

3　晋昌：《壬戌冬余还都小泉以上下平韵作诗赠行因次之》，载晋昌《戎旃遣兴草》重刊本卷上二十二下至二十五下。

附录一：

双松并茂祝瑶峰

—— 程伟元绘《双松并茂图》

近年来，在北京和台湾地区相继发现程伟元的指画《罗汉册》及祝寿图。最近，辽宁省辽阳市文物管理所的文物考古工作者又在所藏文物中新发现了程伟元画的一幅《双松并茂图》。

新发现的《双松并茂图》，是裱在一个七折的雕花立屏上的。画面由两株挺拔枝茂的苍松组成，下方钤有两颗程伟元的名章。从画面的内容、风格、名章等方面考察，《双松并茂图》同台湾地区发现的那幅祝寿图的内容和风格颇一致。又，根据立屏上的有关题款，可知此画是为祝贺王尔烈七十寿辰而作，时间是清嘉庆元年。

王尔烈，字君武，号瑶峰，奉天府辽阳州人。清乾隆三十年（1765）举人，三十六年（1771）进士，授翰林院编修，历官掌陕西道事、监察御史、内阁侍读，充四库全书处及三通馆纂修；嘉庆四年以大理寺少卿致仕，掌教沈阳书院。嘉庆六年卒。据《辽阳县志》记载，王尔烈少承家学，工诗文，善书，宗法羲献。今天仍然可以看到他的诗文墨迹。这次新发现的立屏，是王尔烈的后人献出来的，除了程伟元的《双松并茂图》外，还有当时驰名文坛的纪昀（晓岚）、翁方纲（覃溪）等人的祝寿诗画。由此可以看出，寿主王尔烈在乾嘉政界、文坛上是有地位和声望的。而程伟元能够跻身于这个行列，足见其非一介平庸的书商。

从现有的材料看，王尔烈是在嘉庆四年离京返乡（元年在京参加千叟宴），程伟元是在嘉庆五年三月后方随盛京将军晋昌作幕。以此推断，王尔烈和程伟元应是在北京相识，《双松并茂图》也应作于北京。

清乾隆五十六、五十七年，程伟元和高鹗曾合作，两次整理并印刷了一百二十回本《红楼梦》，开创了《红楼梦》版本史上的新时期。因此，程伟元是红学史上一位值得注意和认真研究的重要人物。毫无疑问，《双松并茂图》的发现，为程伟元的生平、文才、交游的研究工作，提供了一件可贵材料。

1981年6月25日

原载胡文彬著《读遍红楼》，书海出版社2006年11月版，第252—253页。

附录二：

惭愧天涯作客人

—— 程伟元在沈阳的传说

程伟元因为搜集、整理和主持刊印一百二十回本《红楼梦》一书，而名垂红学史册，深为红学史研究者所重视。近几年来，随着程伟元生平交游资料的陆续发现，有关他的民间传说也引起了民俗学研究者的注意。1982年创刊的《满族文学研究》第一期上所发表的一篇研究子弟书的文章中，记述的几则民间传说，就很值得重视和研究。

（1）"嘉庆十八年（1813）沈阳名士缪公恩等组成'芝兰诗社'。这个诗社是当时盛京将军晋昌所赞许的，并得到当时住在沈阳的裕瑞、程伟元的支持。"

（2）"1813年后，他（指裕瑞）与晋昌、程伟元同住沈阳，因而缪东麟说他曾参加'芝兰诗社'活动，是可信的。他是否写有子弟书作品存世，不可考；即使写过，根据他当时的身份与处境也是无法具名的。"

（3）程伟元"作为晋昌的幕僚，曾两次随其来沈，是'芝兰诗社'的支持者与参加者。1817年左右在沈阳兴办了'程记书坊'，刻印了许多子弟书。据说他曾有后人留在沈阳。他不只能文而且能诗善画，以指画著称"。

（4）"嘉庆末年，在晋昌支持下，由程伟元等出面，在小南门里办起了'程记书坊'，稍后，缪公恩与友人合资办了会文山房（沈阳鼓楼南大街路西），曾出版过少量子弟书段，但不久即遭禁止。"

关于以上所引四则民间传说，作者在文章中做了如下说明：

关于晋昌、裕瑞、程伟元以及程与"程记书坊"之关系，笔者最早是听文俊阁老先生以及沈阳名士、原育人书屋老板袁希纯讲的。当时缺少旁证材料，未肯定，后查有关史料，方知程伟元确于1800年至

1803年、1814年至1817年以及1822年以后随晋昌作为幕僚住沈阳，其次裕瑞1813年革辅国公后亦一直移居沈阳，可见他们提供的材料是可信的。

在该文注文④中，作者又说：

> 这里所说的《悲秋》是另一个，也可能就是得硕亭所著的《草珠一串》中提到的《悲秋》。关于它的作者，其说不一。文俊阁听缪东麟讲为缪公恩所作（缪公恩为缪东麟之曾祖），袁希纯、马二琴则听说是程伟元所著。暂从缪东麟说。但子弟书之创作，同一题材，各写一篇、几人同写一篇或后人改前人之作，都屡见不鲜，因而也不能排除《悲秋》与程伟元有关的情况。存疑，待考。

在谈到"芝兰诗社"的注⑤中，作者又说：

> 有关"芝兰诗社"之史料颇少，仅据文俊阁（缪东麟之甥，生于1875年，他本人曾见过韩小窗等）、袁希纯（其祖母裕瑞之幼孙女）、老刻工关永绥（其父为会文山房之名刻工）、马二琴（名中医，伪满时曾为《盛京时报》撰稿人，参加过《东三省古迹遗闻》编辑工作）以及名国画家周铁衡介绍的有关材料综合而成的。

我怀着喜悦的心情读完了这些有关程伟元生平研究的重要传说。但掩卷思之，也有几点小小的疑问，愿在此提出来，供研究。

首先，晋昌、程伟元与"芝兰诗社"的关系问题。据《清史稿》《清实录》《清代各地将军都统大臣等年表》诸书的记载，晋昌首任盛京将军职的时间是在嘉庆五年（1800）三月至八年八月。嘉庆十八年（1813）为和宁任盛京将军，至十九年（1814）二月。同年（1814）二月后，晋昌接任盛京将军，是为第二次。道光二年（1822）正月，晋昌第三次任盛京将军，此时程伟元已经谢世。按这个时间表推算，晋昌于嘉庆十八年（1813）十二月并不在盛京将军任所，自然也就不在沈阳。因此，传说"芝兰诗社"于嘉庆十八年（1813）成立时曾得到"当时盛京将军晋昌所赞许"云云，就有失根据了。

其次，晋昌、程伟元与"程记书坊"的关系问题。程伟元的学生金朝觐于嘉庆二十五年写过一首小诗，纪念他的老师。诗前有小序说：

辛酉、壬戌小泉程夫子居东都留守将军晋公幕府。余时肄业书院，以及门时亲笔墨。暨先生下世后，求其遗纸，如片鳞只爪，不可多得。景堂二兄以旧纸嘱题，余喜得见先生手泽，因志数言于巅。时嘉庆庚辰清和月之八日。

金序告诉我们，程伟元逝世于庚辰年之前，而晋昌于嘉庆二十二年（1817）二月已调任伊犁将军。因此，传说嘉庆末年在晋昌支持下，由程伟元等出面，在小南门里办起了"程记书坊"，似乎不大可能。另据程伟元友人孙锡诗云，程为江苏长洲人，他从辽东南下，后来是否又北上办起"程记书坊"也是令人怀疑的。

最后，据晋昌、裕瑞等人的诗文集所载，也找不到一条材料可以作为程伟元参与"芝兰诗社"活动和创办"程记书坊"的旁证。到了嘉庆年间，《红楼梦》一百二十回本已广为流传，前有程伟元序，如世间所传"程记书坊"真的是程伟元所创办的，完全不必"真事隐去"，故用"假语存焉"。因此，"传说"的真实性就有点动摇了，需要再核对一下时间表。

1983年2月2日

原载胡文彬著《读遍红楼》，书海出版社2006年11月版，第256—258页。

沈水苍茫梦与真

—— 程伟元与裕瑞相识的推想

清嘉庆十八年癸酉（1813）十月，裕瑞获遣后，被"逐出"北京，圈禁在盛京（今沈阳）。翌年二月，时任乌鲁木齐都统的晋昌二度调任盛京将军。他乡遇故知，诗酒往还格外有一番慷慨。20余年前，我在首都图书馆善本室意外读到裕瑞的手稿本《沈居集咏》[1]，集中收录《题晋斋公刻戎旃集二绝》和《晋斋自书牡丹再荣诗见赠属和》诗。其二绝云：

> 主恩前后三持节，屡睹文星指大东。
> 且住草堂参妙悟，浮生境遇邮非同。
>
> 性情旷达本天全，发到诗歌尽自然。
> 快读虫鸣西域草，羡公韵事寄"戎旃"。

原注：

　　主恩前后三持节句，公任沈三次，故引杜句起词。且住草堂参妙悟句，且住草堂，堂名。快读虫鸣西域草句，虫鸣西域草，亦集名。

诗题中的"晋斋"，即晋昌字，号红梨主人。清嘉庆五年（1800）至八年，第一次任盛京将军；第二次是从十九年至二十二年；第三次是道光二年

1　裕瑞：《沈居集咏》，手稿本，一册，不分卷。首都图书馆藏。本文所引诗均见此本。

（1822）至八年八月返京，旋卒。"前后三持节"句，说明此诗是在道光二年后写的。"戎旃""虫鸣西域草"是指晋昌所著的两个集子，即《戎旃遣兴草》和《西域虫鸣草》。

"属和"诗云：

> 花神狡狯亦何神，复使花生待主人。
> 秀质又迎前度客，灵苗原是再来身。
> 年常暝卧愁难记，此际敷荣梦有因。
> 应感上公曾护惜，芳情重奉一枝春。

诗人又写道：

> 不借顽仙司术神，重滋聊慰知心人。
> 中山酒被千宵醉，玉茗堂歌两世身。
> 芽吐经年逾得气，魂苏应候未迷因。
> 节旄三建谁相告，铃阁欣呈烂漫春。

古人说，"言为心声"。裕瑞虽为"灵苗"，但终陷幽禁，犹如枯萎的牡丹，需要"上公"的"护惜"。这"上公"自然是晋昌将军了，裕瑞对他的"护惜"之情充满了感激。"复使花生待主人"，"芳情重奉一枝春"，就是裕瑞的心声。

在道光五年（1825）重刊本中我没有查到晋昌的原诗，但我相信裕瑞的诗是真的。由此，我想到与裕瑞相关的两件事，在此提出来同学界诸公讨论。

（1）裕瑞与晋昌在沈阳相会之时，程伟元正在沈阳，极有可能仍然在晋昌将军幕中"佐案牍"。依据第一次晋昌持节盛京时，程伟元与晋昌不分主宾出入于各种诗酒聚会的亲密关系，是否有可能与裕瑞相识于晋昌将军府中呢？从嘉庆十九年二月后至嘉庆二十二年（1817）二月晋昌调任伊犁将军离开沈阳，其间有近四年的时间，以情理度之，晋昌与裕瑞的相聚，邀请程伟元参加当在情理之中。

（2）裕瑞是《红楼梦》一书较早的一个读者和评论者。他的《枣窗闲笔》中有一篇《后红楼梦书后》，曾谈到曹雪芹的生平家世，颇为红学研究者

所注意。原文是这样写的:

> 雪芹二字,想系其字与号耳,其名不得知。曹姓,汉军人,亦不知其隶何旗。闻前辈姻戚有与之交好者,其人身胖头广而色墨,善谈吐,风雅游戏,触境生春。闻其奇谈娓娓然,令人终日不倦,是以其书绝妙尽致。……其先人曾为江宁织造,颇裕,又与平郡王府姻戚往来。书中所托诸邸甚多,皆不可考,……又闻尝作戏语云:"若有人欲快睹我书,不难,惟日以南酒烧鸭享我,我即为之作书"云[1]。

裕瑞从前辈姻戚"闻"得雪芹为人家况,恐怕比我们两百余年后的某些红学家要"闻"得详细、可靠些,所以我还是有几分相信的。但是也有研究者不相信,甚至连《枣窗闲笔》这本书都认为是"伪造"的,时间是在胡适创建"新红学"之后。他们试图以否定《枣窗闲笔》的真实存在,而达到否定"甲戌本"的目的。我的看法则与否定派的意见相左,具体的理由倒是很简单:

其一,从《枣窗闲笔》的写作内容和时间上看,这本"评论"集最后完成的时间当在沈阳圈禁时。《后红楼梦》刊于嘉庆元年,《续红楼梦》《绮楼重梦》刊于嘉庆四年,海圃《续红楼梦》《红楼复梦》都刊于嘉庆十年,但《红楼圆梦》刊于嘉庆十九年冬,《镜花缘》刊于嘉庆二十三年[2]。因此,我认为《枣窗闲笔》的写定时间最早在嘉庆二十四年到二十五年,迟在道光十年之间。

其二,认为《枣窗闲笔》为"伪造",其主要根据是该抄本的笔迹与影印版《姜香轩文稿》的笔迹不相同。很显然,否定者忽略了一个最基本的常识——对比"本子"选错了。因为《姜香轩文稿》是抄胥抄的清抄本,连稿中他人的跋文都是抄胥的笔迹,而非裕瑞的"自录"[3]。如果论者诚心检验《枣

---

1 裕瑞:《后红楼梦书后》,载《枣窗闲笔》稿本,引文见上海古籍出版社影印本第174—180页。

2 参见一粟编著《红楼梦书录》"续书""仿作"部分,上海古籍出版社1981年7月版,第86—114页,第145页。

3 参见一粟编著《红楼梦书录》"续书""仿作"部分,上海古籍出版社1981年7月版,第86—114页,第145页。

窗闲笔》的真伪，唯一可靠的堪比的对象是用裕瑞自抄的《沈居集咏》序和他写有"此卷自录"字样的《清艳堂近稿》或是传世的裕瑞绘画跋文（如其墨菊条幅，中国历史博物馆藏）。

否定是一种勇气，但勇气代替不了常识，更无法取代真诚的治学态度！

2011年3月4日初稿
2011年10月2日修改

片刻言情尽有真

—— 程伟元与朝鲜友人往来纪事

清代乾嘉以降，随着中朝两国的使团往来日益频繁，朝鲜文人学者随之而来的人数有了明显增加。吴晗先生主编的《朝鲜李朝实录中的中国史料》[1]中大量的官方记录以外，朝鲜文人笔下的"燕行日记"不吝笔墨详加记述中国山川地理、风土人情、官方礼仪的同时，两国文人的私下交往趣事逸闻更是不绝于书，著名的《热河日记》[2]堪称代表著作。而中韩两国学者合作编辑出版的《韩客诗存》[3]让广大中朝读者领略了两国文人间深厚的文字因缘。

20世纪80年代以后，韩国学者根据李圭景的《五洲衍文长笺散稿》（小说辩证）和赵在三的《松南杂志》（稽古类）的记载，对曹雪芹与《红楼梦》在朝鲜的流传展开了广泛的调查研究和讨论，特别是朝鲜后期汉城昌德

---

1 吴晗辑：《朝鲜李朝实录中的中国史料》，共12册，起于1354年，止于1894年。中华书局1980年3月第一版。

2 [朝鲜]朴趾源：《热河日记》，上海书店出版社1997年12月版。朴字仲美，号燕岩，朝鲜李氏王朝后期的实学派代表人物之一，是朝鲜历史上著名的思想家、文学家。清乾隆四十五年（1780）6月随兄所率使团来中国，将沿途所见写成《热河日记》。这部"日记"被誉为游记文学中的"百科全书"，深得朝鲜读者和史家的好评。

3 [朝鲜]李豫、崔永福辑校：《韩客诗存》，书目文献出版社1996年4月版。本书上编收入朝鲜崔性学辑《海客诗钞》、清董文焕等辑《韩客诗存》（包括清人唱和诗）等6种，下编附录3种，是中朝两国文人交往的重要史料丛编。

宫乐善斋原藏《红楼梦》谚解本的发现，引起了韩国汉学界的高度重视[1]，使韩国红学研究出现了第四个高潮的新时期。

面对韩国红学研究的蓬勃发展与新资料的陆续发现，引起了中国红学研究者的极大兴趣和关注。一些研究者开始将目光转移到朝鲜李朝时代流传下来的大量用汉文记录的"燕行日记"，从中寻觅与《红楼梦》有关的资料，并取得了突破性的新发现，为新世纪中国红学研究做出贡献。

（1）2007年初，天津师范大学中文系林骅教授在阅读朝鲜文人李海应写的《蓟山纪程》时，发现其卷二记录了他在沈阳拜访程伟元的全过程。林骅教授在4月10日《今晚报》上发表了题为《新发现程伟元一首诗》[2]一文。其后，赵建忠教授分别在《今晚报》《红楼梦学刊》上发表"考辨"文章[3]。同年，应我的要求，韩国高丽大学中文科崔溶澈教授寄来林基中编《燕行录全集》第66卷所收《蓟山纪程》[4]。这里据崔教授提供的影印件原文移录于此：

渡湾。癸亥十二月
初六日，晴。永安桥[5]三十里午餐，白边站三十里宿。

1　[韩国]闵宽东、[韩]金明信合编：《中国古典小说批评资料丛考（国内资料）》，韩国学古房2003年3月出版；韩国高丽大学崔溶澈著《1910—1930年韩国红楼梦研究翻译——略论韩国红学史的第二阶段》，载"台湾中央大学"《甲戌年世界红学会议论文集》，1994年6月；韩国金泰范著《韩文藏书阁本红楼梦研究》（东海大学中国文学研究所硕士论文），1988年4月。

2　林骅：《新发现程伟元一首诗》，天津《今晚报》2007年4月10日"日知录"栏。

3　赵建忠：《新发现的程伟元佚诗及相关红学史料的考辨》，载《红楼梦学刊》2007年第6期。

4　蒙崔溶澈教授俯允，惠赠《蓟山纪程》影印件包括《燕行录全集》封面、《蓟山纪程》封面、卷一第12—13页，卷二第124—125页及第124页的韩文译文。在此谨向溶澈兄致谢。

5　永安桥：又名大石桥。位于沈阳市于洪区马三家子东蒲河支流上。清崇德六年（1641）秋，受皇太极之命建成，至今已有370余年的历史。此桥全长37米，三孔，东西桥头和桥栏石头上缀满生动精致的雕刻，石碑阴刻满、汉、蒙三种文字。清定鼎北京后成为北京至沈阳的御道上一座重要的桥梁。1979年经整修后列为省级重点保护文物。

程伟元书斋。

号小（泉），能诗文字画。家在城内西㑚㑚。因沈教习仕临，往见之。程出，肃延座。题一绝曰：

> 国语难传色见春，雅材宏度尽精神。
>
> 贱生何幸逢青顾，片刻言情尽有真。

程本系河南籍，伊川先生[1]三十一世孙。见授沈阳书院掌院[2]。

> 郢下歌成白雪春，主人情致憺怡神。
>
> 逢迎诗席匆匆话，莫辨浮生梦与真。

这则日记所署时间，即清嘉庆八年，公元1803年。据《朝鲜李朝实录中的中国史料》记载，朝鲜赴清代表团冬至正使闵台爀、副使权襈、书状官徐长辅。李海应因与徐相知而受邀随行，同行者还有金厚根（景博）。《蓟山纪程》卷一记录使团"出城"时间是"癸亥十月二十一日（壬午），阴。自京离，发高阳碧馆宿"。至沈阳已是十二月初，初六日离沈西行赴京。李海应一行人在沈阳停留时间虽短，但却专程访问了程伟元，当与书状官徐长辅或闵台爀、权襈有关。因为此三人曾多次作为使节来清，早与程伟元相识的可能性极大。而此时恰好程伟元应晋昌之邀赴盛京将军幕，并应时任沈阳书院掌院王尔烈之邀做该院"掌院"。

这篇李海应日记具有非常重要的学术价值：

其一，正如林骅教授文题所言，"新发现程伟元一首诗"。这首诗也是到目前为止有关程伟元生平资料中唯一一首诗。

其二，这篇日记第一次记载了程伟元与朝鲜文人李海应等交往的细节，记

---

1 伊川先生，即程颐（1033—1107），宋哲宗时洛阳人。颐，字正叔。因居伊川，世称"伊川先生"，谥正公。颐与兄颢同受学于周敦颐，成为北宋著名哲学家、易学家，为理学创立者之一。著有《周易程氏传》《遗书》《经说》等。与兄颢著合为《二程全书》。传见《宋史》《宋元学案》及《易学大辞典》等。

2 沈阳书院：据《盛京通志》《奉天通志》卷150"教育二"载：书院址在学宫右。乾隆七年由工部侍郎李永倡建。程伟元之友王尔烈退休回乡后曾任该书院掌院，并邀程伟元任教习、掌院。

录下了李海应的和诗。

其三，日记中"程本系河南籍，伊川先生三十一世孙"，第一次透露了程伟元的家世谱系，"古吴"乃程氏迁支的籍地。

其四，日记证实了程伟元在沈阳期间的具体居址"城内西衚衕"和"见授"沈阳书院掌院的具体时间。

此四点，不仅极大地丰富了程伟元的家世生平资料，而且再一次证明了这位"东山冷士"确实"能诗文字画"的记载，我们真诚感谢朝鲜文人李海应给我们留下如此珍贵的文献。至于李海应的生平事迹，目前还没有见到相关的记载，寄希望当今韩国的学界朋友能有新的发现。

（2）清道光九年（1829），清宣宗旻宁（即道光皇帝）前往盛京祭祀永陵、福陵、昭陵。朝鲜政府派出以判府事李相璜为正使的"慰安使团"专程赶赴盛京。随行书状官朴来谦在他的《沈槎日记》[1]中记下了他们一行人在盛京的公私活动细节。其在九月初一日"日记"中写道：

> 九月初一日。朝日有食之，闻沈阳诸官会礼部颁给云。终日大风，是日欲观太学，风不得出。……曾闻沈阳多文士，谓当于留馆之时过从消遣矣。来闻程小泉伟元作故已久，潘果茹元钺、金朝觐俱游宦在外云，可怅也。

此则"日记"与李海应"纪程"相比，时间较晚（道光九年），内容简略。但我读后觉得有四点值得重视：

其一，"闻程小泉伟元作故已久"一句，证明了金朝觐《程小泉先生画册》诗前小序所记程伟元卒年当在嘉庆二十五年庚辰（1820）或二十四年（1819）之间是可信的。

其二，由朴来谦"日记"可知程伟元在沈阳期间结识的朝鲜文人除李海应一行之外，还有朴来谦诸朝鲜文人。顺此，我们极有可能从朝鲜来清文人的"日记"中有新的发现。

1 　[朝鲜]朴来谦：《沈槎日记》（上下篇），系顾斌学友复印相赠，谨致谢意。据吴晗辑：《朝鲜李朝实录中的中国史料》下编卷13（第12册）第5121页记载：道光九年，"秋七月辛亥，召见沈阳正使李相璜、书状官朴来谦。辞陛也。"清道光十四年，"冬十月甲寅，召见冬至正使曹凤振、副使朴来谦、书状官李在鹤。辞陛也。"说明朴来谦来中国不止一次。

其三，朴来谦"日记"中所言远游的金朝觐系程伟元在沈阳书院教习书画时的学生。《三槐书屋诗钞》卷首刘鼎铭序中有云："公作秀才时，乙丑（嘉庆十年，1805）在留都迎銮献赋，与朝鲜奉使诸臣往复最久，酬和亦多。如朴慈菴、南济卿、李学山、金清山者，莫不恨相见之晚。至若宏文馆学士洪樗菴、尚书司郎高竹轩临别赠言有'观君之才及君之貌绝非久留林泉下者……年来东人之朝于京师者，凡遇锦人尚思问公之起居……'"刘《序》中所言时间，程伟元正在沈阳任掌院，朝鲜文人结识的程伟元，他们中绝大多数也会结识金朝觐，师生互荐友人当在情理之中。如果刘《序》中提及的朝鲜文人留有"日记"或诗文集中亦当有程伟元的记录，寄希望中朝学人继续共同努力，争取有更多的新材料发现，以嘉惠学林。

其四，由程伟元而及金朝觐，我深感中朝两国的文化交流不只在政府与政府之间的密切往来，但更重要的是要拓展民间的往来。我读金朝觐《三槐书屋诗钞》中多首与朝鲜文人的唱和诗[1]，两国文人间的真挚情感令我感动。从《韩客诗存》一书的整理出版，我想到大量的中国文人与朝鲜文人之间的唱和诗词尚待搜集整理和进行研究。这是一件功德事也！

程伟元是程刻本的创始者，他在《红楼梦》的版本史和传播史上都有不可磨灭的历史功绩。尽管某些人蔑视他、唾骂他，甚至不惜将他置于搞阴谋诡计的"篡改"者之列，但历史终会公正地还他一个清白。随着有关他的家世生平资料的不断发现，他的学识、人格逐渐清晰起来。他与朝鲜文人的交往与受到的尊重虽只是他人生旅程中的一个剪影，但他会永存在中朝文化交流史册里！

1　金朝觐：《三槐书屋诗钞》卷一收入给朝鲜友人诗七题十首。选录其三题三首，以证中朝两国文人友谊之一斑耳。

附 录:

送朴慈菴二首（选一）

偏因知遇易暌违，鞭影斜阳马上挥。

西土好音成别绪，东医宝鉴嗣前徽。

如君肝胆风尘少，异地关山雨雪霏。

最是离愁医不得，拟将远志寄当归。

原注：

题下注，（朴慈菴）名烇。在朝鲜为太医院太医。

送洪樗菴回朝鲜

轻雪薄雾净长空，邸舍惊心八月中。

客梦醒归黄叶路，秋声吹入绿江风。

行旌指点三湘雁，旅馆清寒四壁虫。

明月不殊乡国异，几回翘首大瀛东。

原注：

秋声吹入绿江风句，鸭绿江为朝鲜往来必由之路。

送吉凤翔回都二首（选一）

辽海远无垠，萍踪寄一身。

问君来此地，得友几多人。

2008年11月6日初稿

2011年6月18日修改

"寅寨的真相"的写作目的

1. 左手边证有彭矢手补禅了后四十回，而在往右了后四十回。孙子后主两个不同的概念，左匕图了彭与以红楼梦后四十回的差别上细处此。

2. 后四十回曹的某种完部分某事说续与两后回的内处，他们之间不是彼里那乙的关系。

（曹）（高）

3. 寅主批续，续写多么，历来有着种说法，有稍说以，都需如有证据，否则、是许那"捕捉"而乙。

第五章

H.LB　程伟元与《红楼梦》

　　自新红学创始以来，程伟元一直蒙受不白之冤，成为某些代表性人物口诛笔伐的对象之一。本书前四章的重点，是以大量新发现的记载材料告诉读者大众一个真实的程伟元，到底他是不是一个只知"出钱"或"伪书牟利"的一介"书商"，以澄清被误判了近200年的一场冤案的始末。本章则是根据已见的资料证据，进一步申述程伟元当年竭力搜罗《红楼梦》抄本的事实及其整理摆印一百二十回本《红楼梦》的经过与其在《红楼梦》成书过程、版本形成、流传史上的巨大贡献。由于种种历史原因，迄今为止所能掌握的有关程伟元与高鹗的家世生平资料是有限的，对程伟元、高鹗做出更全面、更准确、更科学的定位，显然还有相当的距离。本章论述的目的，重在抛砖引玉，期待广大读者、研究者共同努力，将这一课题推向一个新的阶段。

"竭力搜罗"之功首推程伟元

二十余年前，林语堂先生写了一本《红楼梦》研究的专书，书名叫《平心论高鹗》[1]，为高鹗和一百二十回本《红楼梦》鸣不平。那书中某些观点，如说后四十回比前八十回写的还好，我不敢苟同。但我始终认为林先生在那个时代就为一百二十回本《红楼梦》、为高鹗做翻案文章，其眼光和勇气着实令人敬佩。其实，只是"平心论高鹗"这有点不公正，还应该"平心论程伟元"，因为将一百二十回本《红楼梦》的搜求、整理、摆印、流传的功劳归于高鹗一人名下，仍然把程伟元视为一介书商，那是违反历史事实的，可以说是"喧宾夺主"。根据有两条：

（1）程甲本卷首程伟元序说得明白："然原目一百廿卷，今所传只八十卷，殊非全本。即间称有全部者，及检阅仍只八十卷，读者颇以为憾。不佞以是书既有百廿卷之目，岂无全璧？爰为竭力搜罗，自藏书家甚至故纸堆无不留心，数年以来，仅积有廿余卷。一日偶于鼓担上得十余卷，遂重价购之……"这是程伟元的一面之词，如没有旁证亦可说不一定可信。是否有旁证呢？同书卷首有高鹗同年冬至后五日所写的一篇"叙"，其中写道：

> 予闻《红楼梦》脍炙人口者，几廿余年，然无全璧，无定本。

---

1 林语堂：《平心论高鹗》，台北传记文学社1969年12月1日初版。本书收有《论晴雯的头发》《再论晴雯的头发》《说高鹗的手定的红楼梦稿》《跋曹允中"红楼梦后四十回作者问题的研究"》《红楼梦人物年龄与考证》《论大闹红楼》《俞平伯否认高鹗作伪原文》和《平心论高鹗》诸文，以《平心论高鹗》最有代表性。

向曾从友人借观，窃以染指尝鼎为憾。今年春，友人程子小泉过予，以其所购全书见示，且曰：此仆数年铢积寸累之苦心，将付剞劂公同好……

序中所说"今年春"程伟元见了他，"以其所购全书见示"，"此仆数年铢积寸累之苦心"与程伟元序中所说事实相符，可证程伟元说的话完全是事实，其序言是可信的。

（2）有人根据高鹗自己所写《重订〈红楼梦〉小说既竣题》[1]诗和张问陶所写《赠高兰墅（鹗）同年》[2]诗注"传奇《红楼梦》八十回以后俱兰墅所补"，论定高鹗是一百二十回本《红楼梦》后四十回的作者，并由此推及一百二十回本的搜罗、整理、摆印都是高鹗所为，有功有过都由高鹗一人承担。如果摈弃某种偏见和个人的好恶，不难发现高鹗与程伟元之间的关系，不难看出高鹗在摆印一百二十回《红楼梦》过程中的作用。

首先，程伟元序中明确写道："乃同友人细加釐剔，截长补短，抄成全部，复为镌板，以公同好，《红楼梦》全书始至是告成矣。"这里用的是"乃同友人"，说明是二人共同整理，而非高鹗一人所为。所谓"传奇〈红楼梦〉八十回以后俱兰墅所补"云云，显系"溢美"之词，或纯属"耳食之言"。谓之"补"者，不过是"见其前后起伏，尚属接榫，然漶漫不可收拾"之处"细

---

1 高鹗：《重订〈红楼梦〉小说既竣题》，载高鹗《月小山房遗稿》，见胡文彬、周雷编著《高鹗诗文集》，百花文艺出版社1984年9月版，第38页。全诗为七绝："老去风情减昔年，万花丛里日高眠。昨宵偶抱嫦娥月，悟得光明自在禅。"这首诗是高鹗写于1792年改订刊印程乙本后，故题为"重订"。

2 张问陶：《赠高兰墅（鹗）同年》。载《船山诗草》卷16《辛癸集》。诗为七律：

> 无花无酒耐深秋，洒扫云房且唱酬。
>
> 侠气君能空紫塞，艳情人自说红楼。
>
> 逶迟把臂如今雨，得失关心此旧游。
>
> 弹指十三年已去，朱衣帘外亦回头。

持高鹗续《红楼梦》后四十回说的权威们赖以立论的根据就是这首诗的诗前小注"传奇《红楼梦》八十回以后俱兰墅所补"和诗中的"艳情人自说红楼"二句而已。至于有人根据张问陶的《冬日将谋乞假，出齐化门哭四妹筠墓》一小注"妹适汉军高氏，丁未卒于京师"，判定张筠所嫁之"高氏"即高鹗，并由此指斥高鹗为人卑鄙无耻云云，纯系猜测之词，可谓"欲加之罪何患无辞"了。笔者将另文专论。

加鳌剔，截长补短"，或如《红楼梦引言》中所说"准情酌理，补遗订讹"，
"其间或有增损数字"，"惟按其前后关照者，略为修辑，使其有应接而无
矛盾"，并非如某些权威所断定为整个后四十回"皆兰墅所续"。"补"与
"续"（或作撰），虽一字之差，其意则差之千里矣。

其次，高鹗本人远比某些人老实得多，亦无贪天之功为自己。他在《红楼
梦序》中明言：

> 今年春，友人程子小泉过予，以其所购全书见示，且曰："此
> 仆数年铢积寸累之苦心，将付剞劂，公同好。子闲且惫矣，盍分任
> 之？"予以是书虽稗官野史之流，然尚不谬于名教，欣然拜诺，正以
> 波斯奴见宝为幸，遂襄其役。……

"序"中的"分任之""遂襄其役"不仅说明高鹗在摆印《红楼梦》这
件事上的名分地位，而且从字里行间可以看出高鹗当时对《红楼梦》的价值
和搜罗、整理《红楼梦》的认识，远逊于程伟元。他接受程伟元之邀请"分任
之"，完全是被动的意思，并非如某些人所说高鹗看到了《红楼梦》日后可以
传之千古，因而伪续《红楼梦》后四十回。因此，一百二十回本《红楼梦》的
摆印与其搜罗之功，应该首推程伟元。

两百年来，红学研究中谈到一百二十回本《红楼梦》只提高鹗，只署高鹗
名字，完全是错误的，不公正的。这使我想起胡适当年为一百二十回本《红楼
梦》定名时将清乾隆五十六年辛亥摆印本定名为"程甲本"，将清乾隆五十七
年壬子摆印本定名为"程乙本"，是非常有道理的。比起胡适先生来，我倒觉
得当代某些红学权威的眼光识见确实差太远了。

神龙无尾与程高的"补遗"之功

《红楼梦》初以八十回抄本流传于世，神龙无尾，"殊非全本"，读者因未窥全豹引以为憾。所谓"神龙无尾"或曰"殊非全本"之说，主要是指当时流传的《红楼梦》"原目一百廿卷"而"所传只八十卷"，故事不全，缺了八十回以后的四十回。核以迄今为止所发现的十二种早期抄本《红楼梦》，说明程伟元、高鹗的序和引言中所说的话是真实的。如十二种脂评抄本，除已"迷失"的"靖藏本"外，其他抄本均"只八十卷"，且又残缺不全。

（1）甲戌本仅存十六回，即存第1—8回、第13—16回、第25回—28回，而第4回末缺一半页，第13回首上增页又缺左下角。

（2）己卯本仅存四十回，即存第1—20回、第31—40回、第61—70回，而第1回回首缺约三分之一，内64、67两回又系抄配。

（3）庚辰本仅存七十八回，即存第1—63回、第65—66回、第68—80回，其中第17、18回未分回，第19回缺回目，第22回"书未成而芹逝矣"，第75回"缺中秋诗，俟雪芹"，第80回无回目。

（4）甲辰本存八十回，然缺末页，全书中有残。

（5）舒序本仅存第1—40回，前80回的二分之一。

（6）王府本前八十回实存七十四回，内57—62回同后四十回皆系由程高本抄配，说明抄本仍非"全本"。

（7）杨藏本或称梦稿本，前80回内缺第41—50回，实存70回，后40回与缺的10回亦由程高本抄配，且目录缺了页。

（8）戚序有正本原印本八十回，但其中有27回系抄配，沪宁本仅存第1—40回。

（9）列藏本或称脂亚本，原来应为八十回，但缺第5—6回，第55、57回缺末半页，第79、80回尚未分回。

（10）戚序宁藏本基本同戚序有正本，存八十回。

（11）郑藏本仅存第23—24回，原来情况难以推定是八十回还是一百二十回。

曹雪芹创作《红楼梦》，原目是一百二十回，有的研究者推测是一百零八回或一百一十回，但不论怎样说法，都认为仅至八十回《红楼梦》故事未完。从小说创作角度看，前八十回书中的故事情节和人物命运尚在发展过程中，只有前八十回故事可以说有头无尾，不完整。这种不完整的作品给读者，是不符合中国人长期形成的传统审美心理和欣赏习惯的。程伟元和高鹗终于获得了八十回以后的故事内容，将"漶漫不可收拾"的原稿"细加釐剔，截长补短，抄成全部"。这个过程中，程伟元、高鹗是"补遗订讹"，主要工作是"补"，其间是否有"续写"或确切点说是"补"呢？我认为是不能排除的。关于"补"的经过、原则，程高并没有隐瞒什么，他们在1792年合写的"引言"中坦诚说明，其文云：

> 是书前八十回，藏书家抄录传阅凡三十年矣，今得后四十回合成完璧。缘友人借抄，争觀者甚夥，抄录固难，刊板亦需时日，姑集活字刷印。因急欲公诸同好，故初印时不及细校，间有纰缪。今复聚集各原本详加校阅，改订无讹，惟识者谅之。

又云：

> 书中前八十回抄本，各家互异；今广集校勘，准情酌理，补遗订讹。其间或有增损数字处。意在披阅，非敢争胜前人也。

次又云：

> 是书沿传既久，坊间缮本及诸家所藏秘稿，繁简歧出，前后错见。即如六十七回，此有彼无，题同文异，燕石莫辨。兹惟择其情理

较协者，取为定本。

再又云：

> 书中后四十回系就历年所得，集腋成裘，更无他本可考。惟按其前后关照者，略为修辑，使其有应接而无矛盾。至其原文，未敢臆改，俟再得善本，更为厘定，且不欲尽掩其本来面目也。

这四段原文明确告诉我们以下几个问题：

（1）八十回抄本是"繁简歧出，前后错见"，"即如六十七回，此有彼无，题同文异，燕石莫辨"。程高"订补"的原则是"准情酌理，补遗订讹"。"其间或有增损数字处"，亦是"择其情理较协者，取为定本"。

（2）后四十回"系就历年所得，集腋成裘"，"合成完璧"，并非是他们"杜撰"出来的。他们整理时是"按其前后关照者，略为修辑，使其有应接而无矛盾"。

（3）后四十回原稿在程、高时就非常难寻觅，所以"合成完璧"时，"无他本可考"，这与今天所见早期抄本皆无后四十回（而有者皆来自程甲或程乙本）的情形相符。

（4）经过程、高补续整理后摆印的百廿回本《红楼梦》前八十回与后四十回存在一定的矛盾和差异，这首先是由于《红楼梦》是一部未经修改完成的草稿，而非曹雪芹的定稿，其责任不在程、高二人身上。

（5）今已发现的清人笔记中已经记录了所见《红楼梦》一百二十回抄本的情形，如周春的《阅红楼梦随笔》、王衍梅的《吊梦文》、裕瑞的《枣窗闲笔》都有明确记载，佐证了程伟元说的都是实话。

至于红学界历年争论后四十回究竟是否出自高鹗之手？这不属于阐释范畴，而是一个"还原"的问题，需要拿证据来说话。一些人用"大概""可能""我认为"，无法得出科学的结论，只不过一场文字游戏而已。后四十回思想艺术的优劣等问题，另当别论，不应因此而否认程、高的"补遗订讹"之功。从小说创作角度来看或从文学作品的完整性上说，程甲本《红楼梦》是首成完璧，大体上完成了《红楼梦》的悲剧美。这里不妨引用林语堂先生的一段评论，我以为是颇有启发的。他说：

老实说，红楼梦之所以成为第一流小说，所以能迷了万千的读者为唏嘘感涕，所以到二百年后仍有绝大的魔力，倒不是因为有风花雪月咏菊赏蟹的消遣小品在先，而是因为他有极好极动人的爱情失败，一以情死，一经情悟的故事在后。初看时若说繁华靡艳，细读来皆字字血痕也。……[1]

胡适是开骂《红楼梦》后四十回的首创者，但他并没一骂到底。他在《红楼梦考证》（改定稿）中说：

我们平心而论，高鹗补的四十回，虽然比不上前八十回，也确有不可埋没的好处。他写司棋之死，写鸳鸯之死，写妙玉的遭劫，写凤姐的死，写袭人的嫁，都是很有精彩的小品文字，最可注意的是这些人写作悲剧的下场。还有那最重要的"木石前盟"一件公案，高鹗居然忍心害理的教黛玉病死，教宝玉出家，作一个大悲剧的结束，打破中国小说的团圆迷信。这一点悲剧的眼光，不能不令人佩服。……居然替中国文学保存了一部有悲剧下场的小说。[2]

鲁迅先生也曾评论过一百二十回本《红楼梦》的后四十回，认为后四十回故事情节"大故迭起，破败死亡之相继，与所谓有'食尽鸟飞独存白地'者颇符"，虽有贾氏"兰桂齐芳"，但仍是"悲凉之雾遍被华林"，所以得出结论："前后起伏，尚属接榫。"[3]正因为如此，200年来，不论是程甲本还是程乙本均为广大读者所接受、所赞赏，这是一个不争的历史事实。随你是什么"权威"，你的话人们可以听也可以不听。这就是自由、民主！

1　见《平心论高鹗》第111—112页。

2　见《红楼梦考证》（改定稿），载《胡适红楼梦研究论述全编》，上海古籍出版社1988年8月版，第117—118页。

3　见鲁迅《中国小说史略》。

盍分任之与遂襄其役

程伟元与高鹗合作整理、摆印竭力搜罗来的《红楼梦》抄本的计划，始于1791年春天。这是高鹗在他的《序》中明明白白交代过的，至今我们发现的有关程、高的生平资料与同时期公私各家笔记中，尚未发现有另类记载。高鹗《序》云：

> 今年春，友人程子小泉过予，以其所购全书见示，且曰："此仆数年铢积寸累之苦心，将付剞劂公同好。子闲且惫矣，盍分任之？"予以是书虽稗官野史之流，然尚不谬于名教，欣然拜诺，正以波斯奴见宝为幸，遂襄其役。……

据近年发现的高鹗朱卷履历上的记载，高鹗生于清乾隆二十三年戊寅，公元1758年。至1791年春，高鹗的实际年龄应是33岁，程伟元长于高十来岁，可谓"忘年交"。我从程、高二人序文中的行文口气上推测，他们二人在1791年春之前虽然相识，但往来并不密切。在高鹗留下的诗文集中，我们找不到一首程、高的唱和诗词，连名字都没有提到过。待1792年程乙本出版后，二人各奔前程，形同陌路。我认为这种"异常"的现象应该特别引起我们的思考。

现在回到程伟元、高鹗《序》的内容上来，我们能够得到的印象大致可列为以下几点：

（1）在1791年春天之前，程、高二人没有"串通"一气"伪造"

一百二十回本《红楼梦》。因为在高鹗《序》中明确说出"予闻《红楼梦》脍炙人口者，几廿余年，然无全璧，无定本。向曾从友人借观，窃以染指尝鼎为憾"。当他见到程伟元"出示"的"全书"之后则"以波斯奴见宝为幸。"如果高鹗已读过百廿回《红楼梦》，或如胡适所说后四十回由他所"续"，就不会有"染指尝鼎"之"憾"。

如果以某些大师所说，高鹗是一个功名心极强的人，对他"续"《红楼梦》后四十回念念不忘的话（如刻"红楼外史"之印等），那么何不在自己的《序》中堂堂正正地写上一笔呢？又何必在事后钤上"红楼外史"的印章呢！

（2）程伟元、高鹗的《序》中都直言，竭力搜罗《红楼梦》抄本的人是程伟元，他是这批抄本名正言顺的主人，而非高鹗。不论在当时或是在今天，私人财产的拥有权都是神圣不可侵犯的。至今没有任何记载证明程伟元把自己辛苦积累的《红楼梦》抄本出让或赠予高鹗。我认为程、高的《序》才是铁证，"猜想"不能替代《序》言！

（3）程、高合作整理一百二十回《红楼梦》，是程伟元主动邀请高鹗参加此项工作——"子闲且惫矣，盍分任之"。通俗点说，就是你闲极无聊，现在给你找点活儿做，我们各校订一部分可以吗？这段对话中说得很明显，程伟元完全处在主导地位征求高鹗的意见。高鹗对程伟元的决定并没有提出不同意见，说明他在这项合作中完全处在从属地位。故高鹗《序》中用了"遂襄其役"四个字。"遂"，即"就""于是"解；"襄"，助也，即从旁帮助之意。今人不顾高《序》中自认的地位——"遂襄其役"，硬是让高鹗取代程伟元担起整理、摆印一百二十回《红楼梦》的主角，那些号称大师的学者们显然不是真的读不懂程伟元、高鹗的《序》中的文字。如果追索其原因的话，那倒恐怕如胡适所说的观者"先入"为主，成见太深了：

其一，他们先把程伟元定为"出钱"的"书商"，潜台词是虽然你程某人有几个臭钱，一定毫无学问，所以让高鹗为之"出力"。

其二，他们从高鹗后来考取进士，当了个不大也不小的内阁侍读，又与大学问家张问陶有"姻亲"的关系，估量那一定是个学富五车的才子，只有他才能真正整理《红楼梦》，能够"续"出《红楼梦》。他们万万想不到时过数十年之后发现那"汉军高氏"原来不是高鹗，而是另一个汉军高氏高扬曾。高鹗无缘成为张问陶的"贤妹夫"。

其三，他们认定"曹雪芹生前只写了八十回"，那么怎么又出来了一百二十回本《红楼梦》呢？他们或许没有细心读一读己酉本和舒元炜的序，考证一下"秦关百二"一句的意思。当然《梦稿本》也不会去认真研究一番。还有裕瑞的《枣窗闲笔》、明义的《题红楼梦》、淳颖的《谈〈石头记〉偶成》，他们极有可能根本没读。至于周春的《阅红楼梦随笔》、张汝执评程甲本序言，可能都认为是"不足为据"。因为在我看来，他们倘若真正读过并做过认真研究的话，就不会一口咬定程伟元、高鹗生活的时代根本没有一百二十回本《红楼梦》流传过，程伟元没有条件搜罗到这些残抄本。他们显然认定自己的"猜想""考证"就是"最高指示"，真的可以"一句顶一万句"了。显然他们高估了自己的智慧，想不到后世的人发现了这么多有关程伟元、高鹗的家世生平资料，想不到还有那么多的抄本陆续被发现！他们忘记了给自己的"结论"留下一点点讨论的空间。这可能就是普通百姓的一句口头语："智者千虑，必有一失"吧！

记得胡适先生在批评一百二十回本的时候，没有忘记对"后四十回"作出肯定的评价。[1]

我虽然不同意胡适所说的"高鹗补的后四十回说"，但不能不赞同他对后四十回悲剧价值的评断。二百余年的《红楼梦》阅读史、流传史、续书史、研究史，都证明一个事实：尽管人们有权批评后四十回的种种不足，但是时至今日也没有任何一本"续书"能够达到或取代《红楼梦》后四十回的水平，犹如泰山虽高，却掩盖不了东山的风光！

胡适的眼光到底比他的后继者高了一筹！胡适先生是一位学问大家，曾在自己的著作中留下许多做学问的嘉言。例如，"有几分证据说几分话""我要教人疑而后信，考而后信，有充分证据而后信""没有证据，只可悬而不断，证据不够，只可假设，不可武断，必须等到证实之后，方才奉为定论。"……毫无疑问，作为后学者对胡适先生的谆谆教导不敢稍忘。特别是胡适先生在《答蔡子民先生的商榷》一文末他引亚里士多德的话说：

> 我们既是爱智慧的人，为维持真理起见，就不得已把我们自己的主张推翻了，也是应该的。朋友和真理既然都是我们心爱的东

1　胡适：《红楼梦考证》（改定稿），载《胡适红楼梦研究论述全编》，上海古籍出版社1988年8月版，第117—118页。

西，我们就不得不爱真理过于爱朋友了。

胡适先生所引的话真令人感动，尽管我们是后学者，仍然要向胡适学习，努力做一个具有"爱真理过于爱朋友"的学术品格和道德情操的人！

程刻本《红楼梦》"镌板"的地点问题

　　程伟元、高鹗整理的《新镌全部绣像红楼梦》，一是清乾隆五十六年辛亥（1791）萃文书屋木活字印刷，一百二十回。卷首程伟元序、高鹗序，次绣像24页。正文每面十行，行24字。世称"程甲本"或称"辛亥本"。一是清乾隆五十七年壬子（1792）萃文书屋木活字印刷，一百二十回。首高鹗序，次程伟元、高鹗引言，行款、字数与前同。世称"程乙本"或称"壬子本"。近世以来，这两个木活字本《红楼梦》的摆印地点始终是程本版本研究中的一个难点，争论有年，终无结论。

　　首先提出这个问题的人是胡适，他在《重印乾隆壬子本〈红楼梦〉序》中认为，程甲程乙是"最先出世"，"故成为一切后来刻本的祖本。南方的各种刻本……都是依据这个程甲本的。"与"南方"相对的，即是北京萃文书屋木活字排印本。1961年5月胡适在《跋乾隆甲戌脂砚斋重评石头记影印本》一文中，再次申明自己的看法：

　　　乾隆五十六年辛亥（1791）北京萃文书屋木活字摆印的《新镌全部绣像红楼梦》。这是程伟元、高鹗第一次摆印的一百二十回本。我叫它作"程甲本"。……

　　　乾隆五十七年壬子（1792）北京萃文书屋木活字排印的《新镌全部绣像红楼梦》。这是程伟元、高鹗第二次排印的"详加校阅，改订无讹"的一百二十回本。我叫它作"程乙本"。因为"程甲本"一到南方就有人雕版翻刻了……[1]。

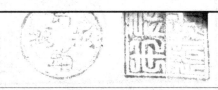

截兒咬文嚼字拿著腔兒哼哼唧唧的急的我月火他們那裡

知道先是我們平兒也是這麼着我就問着他難道必定粧蚊

子哼呼就是美人了說了幾遭纏好些了李宮裁笑道都像你

潑辣貨纏好鳳姐道這一個了頭就好方纏兩謂說話雖不多

聽那口角就狠剪斷說着又向小紅笑道明兒你伏侍我去罷

我認你做女兒我一調理你就出息了小紅聽了撲哧一笑鳳

姐道你怎麼笑你說我年輕比你能大幾歲就做你的媽了你

做春夢呢你打聽打聽這些人比你大的趕着我叫媽我還不

理他呢今兒抬舉了你了小紅笑道我不是笑這個我笑奶奶

認錯了輩數兒了我媽是奶奶的女兒這會子又認我做女兒

1791年刊印绣像红楼梦用纸钤商号印

1 胡适：《重印乾隆壬子本〈红楼梦〉序》，1927年11月14日写于上海，曾收入《胡
适文存》，三集卷五；又收入上海古籍出版社1988年8月版，《胡适红楼梦研究论述
全编》，引文见该书149页。《跋乾隆甲戌脂砚斋重评石头记影印本》引文见前第
534—535页。

1792年刊印红楼梦用纸钤商号印

　　其后有王佩璋女士，她在《红楼梦后四十回的作者问题》一文的附注（1）中认为甲乙二本全在苏州刊行，其注云："都是苏州萃文书屋印的，甲乙本每页之行款、字数、版口等全同。且甲乙本每页之文字尽管不同（据我统计，甲本全书1571页，到'乙本'里文字上未改动的仅56页——'乙本'因增字故，多4页），而到页终则总是取齐成一个字，……甲乙本之文字、活字、版口全同，简直就是一个版，如果说别人冒名顶替，甚不可能。"但未作具体说明，不知何所据[1]。

从此以后，红学版本学家不断发表文章论及此事。著名红学家周汝昌认为，"壬子冬吴门开雕，才是指程伟元等序刊其乙本的事情而言。"远在美国的赵冈先生认为程本有三次印刷，甲本在北京，乙丙本在苏州，后又有"总店"在苏州，分店在北京之说[2]。台北红学版本学家王三庆教授在他的《红楼梦版本研究》的专书中谈及这个问题时说："程本并未在南方刊行，根据《红楼梦》一书的传承历史，程、高二人的游历，应足以证明甲乙二本，其刊行地点都在北京。"[3]另二位程本研究家徐仁存、徐有为兄弟在《程刻本红楼梦新考》"程刻本的出版地点印、刷数量和售价"[4]中综合了各家的意见后指出：

> 《红楼梦》的刊印和流传地区以及基本读者群在乾隆时以北京为中心点，外地的士子大抵都是入京后才得见这书。嘉庆初年逐渐向外流行，终于遍布海内。

又说：

> 萃文书屋说不上是五百年老店，外地更何来分号？很可能是临时性的出版社，而坐落在北京应该没有错。程刻本不但甲本连续再版的乙丙丁本都是在北京排印和销售的。

现在看来，王三庆教授和二位徐先生的意见是有道理的。

记得，27年前文雷曾在《论程丙本》[5]一文中，根据中国社会科学院文学所藏程甲本第13回第6页正面天头标有"万茂魁记"（朱文圆印）和"本厂扇

1　王佩璋：《红楼梦后四十回的作者问题》，载《光明日报》1957年2月3日。

2　赵冈、陈钟毅：《红楼梦新探》，台北晨钟出版社1971年4月1日版，第284—285页。

3　王三庆：《程、高排印本"新镌全部绣像红楼梦"的印刷次数》，载《红楼梦版本研究》，台北石门图书公司，1981年元月初版，第525—535页。

4　徐仁存、徐有为：《程刻本红楼梦新考》，台北"国立编译馆"1982年10月初版，第26—28页。

5　文雷：《论程丙本》，原载《红楼梦学刊》1980年第4期，收入胡文彬、周雷合著《红学丛谈》，山西人民出版社1983年4月版，第157—194页。

料"（朱文方印）的印记[1]，推断程甲本《红楼梦》刊印地点应在北京。当时作者还写下了如下一段推测文字："考订了程甲本是在北京校印的，程乙本程丙本的排印地点也就可以随之确定了。"换言之，即认为程甲乙丙丁各本的排印地点均应在北京。文中还说："从程甲本全书告成到程乙本重订既竣，中间只有76天左右时间，程、高不可能把这许多书版运到苏州去校订，而且这期间他俩谁也没有离开过北京。"

说来也是巧事，27年后我又应朋友之邀前往北京图书馆善本部查阅一部程乙本《红楼梦》，竟然意外地发现此本有与程甲本相类同的印记。该本第54回第5叶A面、第99回第10叶A面、第102回第4叶A面天头上均赫然印着"祥泰字号"（朱文圆印直径3.1厘米）、"本厂扇料"（朱文方印高3.3厘米，宽3.3厘米）。桐花凤阁主人评本《红楼梦》第9回第4页B面和钤有朱文楷字圆印"祥泰字号"和方印"本厂扇料"第53回第11叶A面天头上钤一个"泰"字[2]。2004年，我在中国艺术研究院图书馆傅惜华藏书中又发现有齐如山钤印的木活字版《红楼梦》第27回第7叶A面天头上钤阴文方印"本厂扇料"，右阳文圆印"万茂魁记"。这些新的发现，再次向我们证明了：程甲本、程乙本用纸均为位于北京琉璃厂桥东的"本厂扇料"。所不同的是甲本用纸是从"万茂魁记"纸店买的，乙本用纸则是从"祥泰字号"纸店买的。

奇巧的是，近年来有研究人员提出《红楼梦》活字摆印本地点既不在北京，也不在"苏州"，而是安徽省的"徽州府"。一家以红学为专业的刊物上用"专辑"的形式刊出"《红楼梦》译介研究专辑"，在卷首"本辑所用《红楼梦》文本缩略语一览"的"中文版本缩略语一览"列"程甲本：《程甲本新镌全部绣像〈红楼梦〉》，（清）程伟元序，徽州府萃文书屋活字版（1791）"。"程乙本：《程乙本新镌全部绣像红楼梦》，（清）程伟元、高鹗引言，徽州府；萃文书屋活字版（1792）"。[3] 对于这一具有"颠覆"意义的重大"发现"，我既感到高兴又有几分迷惑。经查相关资料证实，清代的徽

1　吉林文史出版社2000年8月影印出版了中国社会科学院文学所藏程甲本，删去了此页天头上的"万茂魁记"和"本厂扇料"钤印，实属不智处理。

2　《程乙本》影印本，北京图书馆出版社2001年12月版第1册第325页；第2册第1567页。

3　参见中国艺术研究院主办、红楼梦学刊杂志社出版《红楼梦学刊》2010年第6期第1—2页。

州府确实已有刻书局了，但我们至今所见到的"新镌全部绣像红楼梦"——不论是1791年还是1792年的木活字本中还没有发现标明在"徽州府"的萃文书屋出版的《红楼梦》，乃至见到其他古籍是在"徽州府"萃文书屋出版发行。因此，对本专辑提供的这一"有关《红楼梦》文本的详细信息"，我是抱有深度怀疑的。理由是：

（1）自该刊发表"《红楼梦》文本缩略语一览"之后，笔者查证了有关摆印地点问题讨论的诸家论文，首倡"苏州说"的王佩璋先生只在其文中的小注中提出此说，但未举证任何记载文献，后来亦未见补证性文字。其后赵冈先生虽然重复王说，但亦未提供有力证据。

（2）从20世纪70年代后，程甲乙二本摆印地点虽为研究者关注，但大多数研究者基本倾向是在北京，并举证了新发现程刻本用纸的印记——即"本厂扇料"和"万茂魁记""祥泰字号"。"徽州府"说既没有举证否定的理由和证据，也没有出示认定其说的理由和证据。以学术研究规范的基本常识要求而言，"研究专辑"作者乃至刊物编者都没有给出令人信服的证据。因此，我仍然坚持认为程甲本、程乙本的摆印地点应该是在北京的萃文书屋。

几次发现已近40年，这一段"发现"的经历，时间似乎长了点，但毕竟这是一个真真正正的发现，我珍惜它！

程刻本《红楼梦》"未加评点"的原因

20世纪80年代以后，部分学人对已发现的早期附有脂砚斋等人"评点"抄本的真实性提出"质疑"，稍后出现"程前脂后"说，引起广大读者和研究界的关注。本文不想全面地评论"程前脂后"说的动机和得失，在此只想就这一说法中一个"证据"做一些粗略的陈述，澄清一些误读。

（1）早在程伟元竭力搜罗《红楼梦》抄本之前，当时的北京城内已有了《红楼梦》抄本的流传。程伟元在自己的《序中》已有说明，原文云：

> 《红楼梦》小说本名《石头记》……好事者每传抄一部，置庙市中，昂其值得数十金，可谓不胫而走者矣。然原目一百廿卷，今所传只八十卷，殊非全本。……爰为竭力搜罗，自藏书家甚至故纸堆中无不留心，数年以来，仅积廿余卷。一日偶于鼓担上得十余卷，遂重价购之……

程氏的同时代人、后来"襄其役"的高鹗也在序中说：

> 予闻《红楼梦》脍炙人口者，几廿余年，然无全璧，无定本，向曾从友人借观，窃以染指尝鼎为憾。

程、高二人的《序》证明了抄本流传的时间远在程刻本摆印之前，当无疑义。所谓程、高"串通"一气"作伪"之说，"铁证"不"铁"，不足为训。

（2）程、高二人同时稍后有王衍梅《吊梦文》、裕瑞《枣窗闲笔》记载了当时的传阅情形，即抄本上有"其叔"脂砚斋的评点。有人尽管努力否认裕瑞的记载的真实性，但至今也没有拿出一条让人们信服的"铁证"来证明他的"结论"的准确性。其实，抄本上有"评点"的说法，早在乾隆四十九年（1784）菊月梦觉主人序本《红楼梦》（世称甲辰本）的评语中已经有了记录。此抄本第19回回前总评中写道：

> 此回写宝玉闲闷书房，偷看袭人，笔意随机跳脱。……原本评注过多，未免旁杂，反扰正文，今删去，以俟观者凝思入妙，愈显作者之灵机耳。

乾隆四十九年，早于程伟元、高鹗共同整理《红楼梦》六七年，说明流传于世的抄本上附有"评点"是无可否认的事实，"程前脂后"说显然是罔顾证据。

（3）继甲辰本抄录之后，由舒元炜作序的己酉本上，不仅说到了一百二十回《红楼梦》的存在，而且在此本中保留了相当数量与早期脂评抄本相同的"评点"。例如，第二回回目后的长批：

> 此回亦非正文本旨，只在冷子兴一人，即俗谓冷中出热，无中生有也。其演说荣府一篇者，盖因族大人多。若从作者笔下一一叙出，尽一二回不能得明则成何文字！故借冷字一人略出其文，半使阅者心中已有一荣府隐隐在心，然后用黛玉、宝钗等两三次皴染，则跃然于心中眼中矣。此即画家三染法也。……诗云："一局输赢料不真，香消茶尽尚逡巡。欲知目下兴衰兆，须问旁观冷眼人。"

又如，第五回回首"题曰"诗后出现"第四回中既将薛家母子在荣府中寄居等事略已表明，此回则渐不能写矣"。类似的"评点"文字，为省却篇幅，略举一二而已。

己酉本或称舒序本，成于乾隆五十四年（1789），距程、高整理本问世至少在一年以上时间。事实再一次证明所谓"程前脂后"说自是论者自构的"假说"而已，既无确凿证据，亦缺少让人相信的逻辑性。在学术研究中出现个案研究中即使得出的结论是成立的，也不能说成是普遍真理。在本题的讨论中，我们完全没有理由以一部抄本的出现时间或定名有问题就怀疑或认为"作伪"，说所有抄本都是假的、伪造的。流传中的文物有赝品这是事实，但不能由此得出所有的文物都是赝品。在学术研究中搞"株连九族""打倒一切"的方法看似很革命，很彻底，但那是一种十分幼稚的、无益于学术进步的"左"办法。

世传程甲本、程乙本源自于当时流传的附有"评点"的抄本《红楼梦》。程伟元、高鹗在整理过程中，做了两件工作：一是将"漶漫不可收拾"的原本"细加釐剔，截长补短"，尽量使原文"接榫"；二是在近十个月的时间内"抄成全部，复为镌板"。从今日见到十余种程甲本、程乙本的面貌看，程伟元、高鹗在整理过程中确实基本上删去了原抄本所附的"评点"。但我们仍然可以找到他们或故意保留或漏掉了原抄本上的"评点"。例如程甲本第一回正文前的"评点"就基本上保留了。至于贾芸给宝玉的信末的"跪书"下的"一笑"二字，则属于误入正文的"漏网之鱼"。

（4）至于程伟元、高鹗二人为什么忍心删除原抄本上的"评点"，他们在程乙本的《引言》中特别做了说明。《引言》第五则明确写道：

> 是书词意新雅，久为名公钜卿赏鉴，但创始刷印，卷帙较多，工力浩繁，故未加评点。其中用笔吞吐，虚实掩映之妙，当自得之。

程、高这段"告白"堪称简洁明快。所谓"久为名公钜卿赏鉴"，即指删去抄本上原有的"评点"，以便尽快摆印问世，公诸同好。原因、目的说得清清楚楚。台北学者王三庆先生在《红楼梦版本研究》论文中，对程本《红楼梦》木活字印刷的"程式"之研究，向读者全面介绍了活字印刷的发端及清代活字印刷业的发展与流程，进而指出"程本"活字印刷的工程情况，让我们对今日所见的"程本"状貌有了较为全面的认识。回顾以往数十年的争论，我认为其中的一个重要原因是与研究者的经验与知识结构不够全面有很大的关系。试想近百万字的一百二十回本正文再附以大量的脂评文字，并能够在版式上、字号上做出妥帖的摆印，这在时间、工力上要付出多大的代价？即使程、高在经济上有能力支持，但他们在时间上又是否能够承受得了？高鹗是一边参加校勘整理工作，一边为准备"高考"而要练习"作文"（请参见《兰墅制艺》）。程伟元为"高考"入京，客居京华多年，也是在"待考"，是不是也要温习"功课"？如果我们能将这些因素都予以冷静地思考，那么对于印刷《红楼梦》之所以采用木活字摆印方式和为什么全部删除脂评的做法就能有所理解了。

今日凡整理过《红楼梦》本子的诸公们扪心自问一下，你们出版的校本到底用了多少年时间？现代的复印技术、印刷技术又帮了你们多少忙？平心而论，程高本中确实存在不少问题，原因甚多，其中校对上的诸多问题我们现如今的出版物中仍然不胜其多。再看一看程、高同时代的出版读物（皇家，如武英殿刻本、内府刻书、扬州书局的出版物略好）就可以明白程、高的甘苦了！

（5）有人要把程伟元倡印一百二十回《红楼梦》一事打成"反革命"政治事件，硬是要把今日流传的程本说成是"武英殿"的"聚珍版"，以此构陷程伟元与高鹗。显然，这位论者没有真正读过金简在乾隆四十一年（1776）12月所定的《钦定武英殿聚珍版程式》一书，对官方的要求和坊间的"聚珍版"（如北京的"聚珍堂"版）的差异不甚了了。同时，从论者的叙述中也无法判断他是否真正看过"武英殿聚珍版"的图书究竟是个什么样子，完全是凭空想象而已。王三庆先生有言：

> 我们今日看到的程本，大小非一的字模、高低不平，更有鲁鱼亥豕，正俗讹谬，及浓淡不匀的墨色等种种情形，确实与武英殿聚珍版丛书的水准不啻相差千里。[1]

此时此刻我想到一个问题，在程、高时代无法预测到20世纪后竟然生出了一个"曹学""红学"龙凤双胞胎，那时更无法想象还会有一个"脂学"也可以养活人。所以他们没有能力原样"影印"那些抄本，供后人学习观赏。他们印刷的目的，只是急于公诸同好，心中缺少了"专家"观念，这恐怕程伟元、高鹗无论如何都是想不到的，难道这也成了他们的"罪过"了？

---

1 王三庆：《红楼梦版本研究》下篇《刻本研究》，台北石门图书公司1981年元月初版，第596—610页。

程刻本《红楼梦》"作伪"铁证辨析

在百余年的红学史上，胡适是以新红学考证派创始人的身份受到拥戴的。但仔细阅读他的红学著作的人都会感觉到这位"考证"大师在考证方面则是常常出现"大胆"假设，而"小心"求证倒是被忽略了。例如，由他定名为"程甲本"的卷首有一篇程伟元的序文，他竟然从中"考证"出了程伟元的"作伪的铁证"。其根据就是"因为世间没有这样奇巧的事"！

先请看程伟元《序》的原文是怎么写的：

……

然原目一百廿卷，今所传只八十卷，殊非全本。即间称有全部者，及检阅仍只八十卷，读者颇以为憾，不佞以是书既有百廿卷之目，岂无全璧？爰为竭力搜罗，自藏书家甚至故纸堆中无不留心，数年以来，仅积廿余卷。一日偶于鼓担上得十余卷，遂重价购之，欣然繙阅，见其前后起伏，尚属接榫，然漶漫不可收拾。……

再看胡适先生又是如何说：

程序说先得二十余卷，后又在鼓担上得十余卷。此话便是作伪的铁证，因为世间没有这样奇巧的事！[1]

1　胡适：《红楼梦考证》（改定稿），载上海古籍出版社1988年8月版，《胡适红楼梦研究论述全编》第115页。

同样的话胡适说过不止一次。就在本书所引的这段话之前，他曾说道：

> 程伟元的序里说，《红楼梦》当日只有八十回，但原本却一百二十卷的目录。这话无从考证[1]。

后来，胡适在《找书的快乐》一文中老调重弹：

> 曹雪芹四十多岁死去时，只写到八十回，后来由程伟元、高鹗合作，一个出钱，一个出力，完成了后四十回。乾隆五十六年的活字版排出了一百廿回的初版本，书前有程、高二人的序文说："……近因程、高二人在卖糖摊子上发现有一大卷旧书，细看之下，竟是世人遍寻无着的《红楼梦》后四十回，因此特加校订，与前八十回一并刊出。"可是天下这样的很少，所以我猜想序文中的说法不可靠[2]。

这一次胡适改换了口气，从第一次斩钉截铁般说"此话便是作伪的铁证"改为"无从考证"，在此又变成"我猜想"了！

本文不想追随胡适一会儿是"铁证"一会儿是"无从考证"，一会儿又是"猜想"来绕弯子，我只想说胡适先生的"铁证"不"铁""考"而无"证"，只是一种"大胆"的"猜想"而已。如果问证据，胡适本人已在他自己的文章中三番五次的告白给出了答案。请看如下事实：

（1）1922年4月19日，胡适在北京松筠阁购到了敦诚的《四松堂集》付刻底稿本，即《四松堂集》四册、《鹪鹩庵笔麈》一册，《杂志》一册。四月二十五日他为此书写了题跋文：

> 我访求此书，已近一年，竟不能得。去年夏间在上海，我曾写信去问杨钟羲先生借此书，他回信说辛亥乱后失落了。
>
> 今年四月十九日，松筠阁书店在一个旗人延某家寻着这一部稿本。……我的狂喜还不曾歇，忽然四月二十一日蔡元培先生向《晚晴簃选诗》社里借来《四松堂集》的刻本五卷。……

1　胡适：《红楼梦考证》（改定稿），载上海古籍出版社1988年8月版，《胡适红楼梦研究论述全编》第112页。

2　胡适：《红楼梦考证》（改定稿），载上海古籍出版社1988年8月版，《胡适红楼梦研究论述全编》第254页。

三日之中，刻本与稿本到我手里，岂非大奇！况且世间只有此一个底本，居然到我手里，这也是我近年表彰曹雪芹的一点苦心的很大酬报了。

今天买成此书。我先已把书中的重要材料都考证过了，本无出重价买此书的必要，但书店的人为我访求此书，功劳不少，故让他赚几个钱去。[1]

以上记录，还摘要记入他自己1922年4月19日、4月21日的日记中，有兴趣的读者可以核查日记。

（2）1922年5月3日，胡适在《跋〈红楼梦〉考证》一文中再次谈到他获得《四松堂集》（付刻底稿本）及蔡元培借给他刻本之时，坦言道：

我寻此书一年多了，忽然三日之内两个本子一齐到手里，这真是"踏破铁鞋无觅处，得来全不费工夫"了。[2]

（3）1927年8月12日，胡适在给《与钱玄同书》中也曾写道得书之"奇"之"喜"。信云：

近日收到一部乾隆甲戌抄本的脂砚斋重评石头记，只剩十六回，都是奇遇！批者为曹雪芹本家，与雪芹是好朋友。其中墨评作于雪芹生时，朱批作于他死后。有许多处可以供史料用。……可以证明我与平伯、颉刚的主张。此为近来一大喜事，故远道奉告。[3]

从以上所摘录胡适的"自白"中可以让我们明白他所说的："找书"的确"有甘苦"和"踏破铁鞋无觅处，得来全不费工夫"的快乐。那么，为什么程伟元得来二十卷，就是"作伪的铁证"呢？为什么你胡适得来的甲戌本"十六卷"残本是"奇遇"、是"喜事"，程伟元在鼓担（不是胡适说的"卖糖摊

1　敦诚：《四松堂集》（付刻底本），北京图书馆出版社2006年7月版，线装第一册卷首。原书为"国家北京大学藏书"。

2　敦诚：《四松堂集》（付刻底本），北京图书馆出版社2006年7月版，线装第一册卷首。原书为"国家北京大学藏书"，第136页。

3　敦诚：《四松堂集》（付刻底本），北京图书馆出版社2006年7月版，线装第一册卷首。原书为"国家北京大学藏书"，第147页。

子"，参见本文后所附《冷客庙市问故书》与《鼓担寻来"神龙尾"》）上买到"十余卷"怎么反成了"奇巧"事呢？稍微有一点历史常识的人都知道，程伟元和高鹗恰生活在《红楼梦》抄本"脍炙人口，不胫而走"，在"庙市"上可以买到的时代，藏书家、士大夫都可以家置一部，比百年后的胡适不是更容易买到吗？至于程、高序中所说的一百二十回本《红楼梦》问题，程伟元也没有说谎。这一点本书相关章节将做进一步申述，在此不再繁引。

本文的目的在于指出胡适所谓程伟元的"作伪的铁证"，既无证也无据，更不符合学术考证中的起码逻辑推理。

此时此刻，我想起胡适先生在《跋〈红楼梦〉考证》中所说的话，把它引在下面作为本文的结束语：

> 我在这篇文章里，处处想撇开一切先入的成见；处处存一个搜求证据的目的；处处尊重证据，让证据做向导，引我到相当的结论上去[1]。

我真诚地相信胡适先生的教导："用这个方法来作学问，可以无大差失"，"可以不至于被人蒙着眼睛牵着鼻子走！"[2]

因此，我相信世间还是存在"踏破铁鞋无觅处，得来全不费工夫"的"奇事！"

1　敦诚：《四松堂集》（付刻底本），北京图书馆出版社2006年7月版，线装第一册卷首。原书为"国家北京大学藏书"，第140—141页。

2　敦诚：《四松堂集》（付刻底本），北京图书馆出版社2006年7月版，线装第一册卷首。原书为"国家北京大学藏书"，第194页。

附录一：

冷客庙市问故书

—— 北京庙市与《红楼梦》抄本流传

北京庙市售书的故事，屡见于前人诗文笔记、日记之中。考诸史籍，明胡应麟《少室山房笔丛》记云："燕中书肆多在大明门右及礼部门外，拱宸门西。每会试举子，则书肆列于场前，岁朝后三日，则移于灯市，朔望并下浣五日，则徙于城隍庙中。"《顺天府志》亦云："拱宸门即公生门，见《菽园杂记》。今内城书肆在隆福寺街，外城在琉璃厂，余惟正阳门外西河沿间之。"由是可见，明代已有"庙市"售书之事。至于明代是否有"庙市"一词记载，未能细考，不敢遽定。以我所见者，"庙市"一词迟至清顺治年间已经出现。谈迁《北游录·纪闻上》"都市"条记云：

> 北方待期而市曰集。京师大明门两旁曰朝前市，不论日。东华门外灯市，则元节前后十日。东华门内曰内市，则每月三日。正阳门之桥上曰旧穷汉市，则每日晴刻。刑部街西都城隍庙市，则每日朔望及念五日。

继又云：

> 今庙市移外城报国寺，期如前。甲午冬增市灵佑宫，则每月八日。灯市亦移正阳门门外，闻之人曰："皆不如昔之盛。"

除这则记载之外，谈迁还在是书《纪邮上》中提到"走西河堰书肆""午入宣武门二里，过刑部街西都城隍庙，先朝市贾所凑集也。"由是可知：

(1) 庙市或始于元明（或更早），入清沿之。

(2) 庙市二字，与其设摊于或寺庙道观廊内，或其山门之外而得名。

(3) 北京书肆之设非止寺庙道观之地，如"西河堰"诸地亦有之。

时至康熙以降，"庙市"遍布京师内外城，尤以琉璃厂火神庙、东城隆福寺、西城护国寺、什刹海等处为盛。王士禛《古夫于亭杂录》"慈仁寺摊"记云：

> 昔在京师，士人有数谒予而不获一见者，以告昆山徐尚书健庵（乾学），徐笑谓之曰："此易耳，但值每月三五，于慈仁寺书摊候之，必见矣。"如其言，果然。庙市赁僧廊地鬻故事小肆，皆曰摊也。又，书贾欲昂其值，必欲此书经新城王先生鉴赏者；鬻铜玉、窑器，则曰此经商丘宋先生鉴赏者，谓今冢宰牧仲辈也。

继之，法式善、戴璐、陈康祺、吴山尊（鼒）、叶昌炽、朱一新诸文士对京师庙市地点与淘书情景的记录文字可资查考。如《陶庐杂识》卷一有云：

> 京师庙市向惟慈仁寺、土地庙、药王庙数处。……康熙六十一年敕修故宗国寺成，锡名护国寺，每月逢七八日，亦如慈仁诸市，南城游人甚少至也。重建隆福寺，每月九十日市集，今称之东西庙，贸易茂盛。慈仁、土地、药王三市则无人矣。……惟琉璃厂火神庙正月上旬犹有书市及卖薰花零玉者。

庙市之设，既推动了卖书业的兴隆又激发了民间抄书业的极大兴趣。藏书家抄书为收藏，民间抄书为卖钱，一时间蔚为风气。朝鲜人李德懋《青庄馆全书》中有记云："尝闻中州村巷学究，闻聚谈话，即席欲酒肉，则一人呼诉说，一人写，几人刻板，居然成二三篇，卖于书肆，沽酒肉以游云。"在京师，一些店铺仿之。每于打烊之后，伙计们合伙抄书。其中一人持本念，众人分抄，例如戏曲唱本多出其手。后来小说盛行，抄者亦多。《红楼梦》成书问世之际，恰逢所谓"盛世"修书、藏书之时，京师庙市出现"倾城锦绣后成都，九市菁华萃一衢"的"热卖"景象。《红楼梦》（又名《石头记》）初以抄本传世，只限于少数至亲好友间的传阅抄评。大约在乾隆二十四五年（1759—1760）之后，抄本的流传范围愈来愈大。乾隆五十六年末，高鹗在《红楼梦序》说："予闻《红楼梦》脍炙人口者，几廿余年。"而程伟元在乾隆五十七年所写的《红楼梦引言》中则说："是书前八十回，藏书家抄录传阅几三十年矣。"由1792年上推三十年，时为乾隆二十七年壬午（1762），正是畸笏叟批注《红楼梦》最为集中的时间。恰在此时出现了"好事者每传抄一部，置庙市中，昂其值得数十金，所谓不胫而走矣"的畅销纪录！

从程伟元、高鹗所写序文的字里行间，我们似乎可以推测出只有八十回的抄本和"一百廿卷"的"原目"，早已为人所知，且已不难"搜罗"。高鹗序中说："……然无全璧，无定本。向曾从友人借观，窃以染指尝鼎为憾。"显然已是"借观"不难情景。以我粗浅观察，至今已发现的早期抄本面貌，其中有些抄本，如"舒序本""戚序本""甲辰本""蒙府本""列藏本""郑藏本"等，极可能出自藏书家的"过录本"。而有的本子则极可能是出自"好事者"为谋利而"置庙市中"的传抄本，但不论是藏书家过录还是"好事者"谋利传抄，都为今天读者一睹《红楼梦》原本面目保留了不可多得的珍贵史料，其功不在禹下。

庙市售书的火爆，不仅满足了士子们对稀见图书的需求，传播传统文化，同时它还对北京的官私书业发展提供了重要的资源和信息。因此，我们有理由说北京不仅是《红楼梦》的诞生地，而且当之无愧地成为《红楼梦》（包括其他图书）传向全国、走向世界的传播中心！

原载胡文彬著《红楼梦与北京》，陕西人民出版社2008年1月版，第215—217页。

附录二：

鼓担寻来"神龙尾"

—— 北京"打鼓担"与《红楼梦》一百二十回本

随着清代北京城市建设的发展，士农工商各种行业如雨后春笋般破土而出，衣食住行离不开人们所说的"小贩"。其中列入"三百六十行"中的"打鼓担"与京师的书业发展有着极为密切的关系，所以本文就从"打鼓担"说起。

过去说"收破烂"的，今日称为"回收旧物"工作者，此即清代至民国间大街小巷常见的"打鼓担"者。从前有一位栎翁，他在《燕台新咏》中写了一首咏"打鼓"者诗。诗云：

> 工无手艺种无田，小鼓高擎担在肩。
>
> 只为懒馋闲浪荡，不妨考击任回还。
>
> 便宜贸易朝趋市，甘苦缝纫夜共毡。
>
> 最是街头逢一笑，短枪戳了几多钱。

从诗的内容看，"打鼓者"的行业也有许多分工，有的是卖针头线脑、胭脂口红者，有的是掌鞋缝补者，其中也有收购各种旧物者。我小的时候看到过这种"打鼓"小贩，手中摇着一个拨浪鼓，肩上担着担子，专门侍候乡村妇女所需的针线和胭脂等用品。

以收购旧物为业的鼓担，大多是收些破旧衣裳、旧家具、古旧书、金银铜铁器和玉器类等。他们常常把收购回来的旧器物分类，选择其中"上品"卖给相关的店铺，或者自己到庙市、厂甸设摊叫卖，即人们所称"打鼓摊"。孙殿起《琉璃厂小志》有两段记载都是与售书相关的文字。如其一云：

宣武门内头发胡同内海市界，向有书店数处，中午复有打鼓者出摊，民国十五六年时最盛。后迁出街外，在宣武门内西便道上，设肆或设摊，绵延至西单牌楼，如一字长龙。……今仅存文苑斋书店及致雅堂书店两家。

其二云：

宣武门外晓市，每日清晨，天尚未明，即有打鼓小贩，陈列日间所收之物求售，颇多旧书，不乏佳本，书商群趋之，至今犹然。

京师"打鼓担"究竟起于何时，见载于何书，自愧孤陋寡闻，不敢遽论。但乾隆五十六年（1791）程伟元在《红楼梦序》中，确实写到了当时京师打鼓担收购旧书的情形。其《序》云：

然原目一百廿卷，今所传只八十卷，殊非全本。即间称有全部者，及检阅仍只八十卷，读者颇以为憾。不佞以是书既有百廿卷之目，岂无完璧？爰为竭力搜罗，自藏书家甚至故纸堆中无不留心，数年以来，仅积有廿余卷。一日偶于鼓担上得十余卷，遂重价购之。欣然翻阅，见其前后起伏，尚属接榫，然漶漫不可收拾。乃同友人细加釐剔，截长补短，抄成全部……

这段文字的重要性，自不待言。以我粗浅理解，至少有下列几点可供讨论：

（1）自乾隆二十七八年之后至乾隆五十六年之前，《红楼梦》一书是以抄本形式流传于北京，其回数多为八十回（卷）。

（2）已有"原目一百廿卷"传世，只是难见"全璧"而已。

（3）皇天不负有心人，程伟元虽然竭力搜罗，只得到"二十卷（回）"，后又从"鼓担"上得到"十余回（卷）"，与前八十回合共一百十余卷。这样，距全书"原目一百廿卷"只差不足十卷。由此可以测知今传本一百二十回《红楼梦》中，或有五六回篇幅是由程伟元与友人高鹗"细加釐剔，截长补短"而成。正如宋浩庆与周绍良二位先生考证，一百廿回《红楼梦》书中只有约"百分之五"文字是由程、高二人所补。

新红学诞生之后，胡适认为程伟元《序》中所说从"鼓担"上得"十余卷"的话过于奇巧，断言这是"说谎"的铁证。其弟子们极尽发挥，咒骂程、高二人，甚至辱及人格。其实，既有"好事者传抄一部置庙市中"，又有抄本流传于今日（有的只残存十六回、十回），何能断言从"鼓担"上得"十余回"就是"说谎"？古人所云："踏破铁鞋无觅处，得来全不费工夫。"难道这两句话也是"谎话"不成！

如果我们不是心怀成见，略加追索就可以找到证据说明早在乾隆五十六年程甲本摆印之前，不仅有人见到"一百廿卷""原目"，而且已经见到了一百廿回抄本《红楼梦》。

证据之一，现已发现的十余种早期抄本上大多附有脂砚斋、畸笏叟等人的批语，世称"脂批"。这些早期"脂批"中已指明见过"后"几十回的情节，列出其中的回目，还提到"末回情榜"及某些人物的事迹（如"狱神庙"贾芸、小红探监的情节）。这一事实，说明当年脂砚斋诸人看到的本子绝非仅仅是八十回的未完稿。

证据之二，乾隆年间大学者周春《红楼梦随笔》中就已载乾隆进士、官至福建巡抚的徐嗣曾"重价购得抄本两部：一部为《石头记》，一为《红楼梦》一百二十回"。时间恰为"乾隆庚戌年"，即五十五年（1790）。

证据之三，"舒序本"是流传至今的一部重要抄本，舒元炜在写于乾隆五十四年（1789）的序言中直言"数尚缺夫秦关"，"返故物于君家，璧已完乎赵舍。"

证据之四，三十二年前，我发现北京图书馆所藏郑振铎原藏程甲本《红楼梦》载有潞村张汝执所写之序，其云："岁己酉，有以手抄本《红楼梦》三本见示者，……"时"己酉"亦为乾隆五十四年，书名《红楼梦》，而非《石头记》者。

证据之五，《红楼梦稿》，抄本，一百二十回，内署"兰墅阅过"四字，说明高鹗所阅一百二十回抄本确实存在过。凡此种种证明程伟元序文是真实的。所谓"鼓担"实是京城书业流通中一个不可忽视的"渠道"，它为保存古旧书起到了不可磨灭的作用。对此，我们应该对那些曾为保护《红楼梦》后四十回的打鼓者表示感谢、致敬!

　　《红楼梦》只存前八十回,神龙无尾,令人憾之,恨之;一百二十回《红楼梦》使神龙得其尾,龙则活矣,飞矣!

　　原载胡文彬著《红楼梦与北京》,陕西人民出版社2008年1月版,第218—220页。

真相

真相，是历史学家和所有从事科学工作者孜孜以探求和终身追求的目标。在这一点上，前贤和时彦都不会，也不应该因时空的变化而有所动摇和改变。作为后来、哲学的考证家们，探讨以所有问题，无疑也在追寻某种历史的"真相"，这是所有争论的前提，也是争论的基础。离开或偏离这一目标，并不出记录诸任何真正的结、符合真相的结论者，相关那有意义

第六章

程伟元在《红楼梦》版本史上

功不可没

　　程伟元是《红楼梦》研究史上不可忽视的重要人物之一。不论研究者是喜欢还是不喜欢，只要你触及《红楼梦》的成书史、版本史、流传史、续书史，都要涉及程伟元和"遂襄其役"的高鹗。因为是程伟元第一个"竭力搜罗"《红楼梦》早期抄本的人，也是他主动提出将"铢积寸累"的一百二十回抄本付诸活字印刷公之同好。他的眼光和付出的心血理应受到后世读者、研究者的理解和尊重。

毫无疑问，程伟元之所以能够走到历史的水银灯下，是因为他的名字将永远镌刻在1791年和1792年活字本《红楼梦》上，挖不掉、抹不去的。

　　这是一个历史，历史是不该忘记的！

程甲本《红楼梦》的版本价值评估

在程本讨论中，我们首先应该确认一下世传的"程本"中哪些本子是真正的"程甲本"。为了弄清所谓的程甲本的真面貌，首先要亲自目验这些本子（哪怕是极少的几种本子）的真面目，人云亦云极易犯"指鹿为马""鱼目混珠"的错误。三十多年来我从北到南，从东到西，跑了国家级的（北图）、省市级的图书馆，看了一些本子，终于得到一些粗浅的认识。本章所谈的"程甲本"主要是以中国社会科学院文学研究所图书馆所藏的《新镌全部绣像红楼梦》（这是迄今所发现的最完整、最标准的"程甲本"）、北京图书馆出版社出版的两种"程甲本"及其底本，与一粟《红楼梦书录》著录的"程甲本""程乙本"为例证，结合近年来新发现的资料，概述这两个本子的"版本特征"。

（1）世传"程甲本"，木活字摆印。印刷时间是清乾隆五十六年（1791），高鹗"叙并书"的时间是"时乾隆辛亥冬至后五日"（公元12月27日，农历12月3日）。全书一百二十回（据王佩璋统计共1521页），分订24册，四函，框高16.6厘米，宽10.9厘米；左右双边；每半叶10行，每行24字。全书卷首程伟元序，二叶，序下方钤椭圆形阳文印"游戏三昧"；序文末钤"小泉"篆字阳文方印，"程伟元印"阴文方印；次高鹗序，二叶，序下方钤"月小山房"篆文阳文长方形印，叙文至一叶末，二叶下方钤阴文方印"臣鹗印"，阳文方印"兰墅高氏"。后，插图24幅，前图后赞，目录13叶（即今26页）。经检查，第3回第9叶重码，至14叶上半叶终，实应为15叶上半终。第47回第11叶重码，至12叶下半终，实应13叶终。全书一百二十回末署"萃文书屋藏版"。通过实际验查,发现齐如山藏程甲本第3回第9叶、第47回第11叶均无重码现象。但就整体而言,台北学者王三庆先生对程甲本特征的观察和辨识是认真的,他的报告是可信的。

(2)程甲本的摆印地点问题是"程本"讨论中的重点问题。尽管大多数研究者认为程甲本摆印地点应在北京,但多是推论而缺乏实证。20世纪70年代末,文雷在中国社会科学院文学研究所藏"程甲本"第13回第6页上发现了"万茂魁记"和"本厂扇料"印记后,我又于2004年在中国艺术研究院图书馆藏书中发现齐如山先生曾经收藏过的程甲本《红楼梦》,其第27回第7叶A面天头上也有"万茂魁记"(阴文圆印)和"本厂扇料"(篆字阴文)的同样印记。由于纸张批次的不同,不一定每部"程甲本"上都可查到这两种印记,但这两方印记却给我们提供了辨识程甲本的一个重要证据的同时,也证明了程甲本的摆印地点就在北京。

1791年刊印绣像《红楼梦》封题

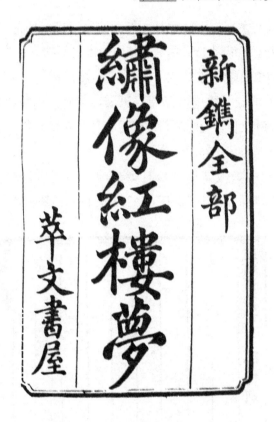

1791年刊印绣像《红楼梦》扉页

如果上述"程甲本"的基本特征能够被大家所确认的话，那么下面的讨论重心应该是程甲本前八十回与后四十回构成的来源及其版本价值应该如何评估的问题了。据我个人历年阅读有关程本的讨论论著的印象看，绝大多数学人都认为程甲本前八十回的底本来自当时传抄只有八十回的《石头记》。许多研究论著中以翔实的校勘结果证明了这一点。34年前，我在《关于红楼梦抄本中的几个问题》[1]一文中，曾根据程甲本与乾隆四十九年（1784）梦觉主人序本（当时称为"脂晋本"）的对勘结果指出：程甲本与甲辰本"具有一定的渊源关系"。它"很可能是程高本排印时所依据的一种底本"，或是与甲辰本"同属一系统的本子作底本的"。甲辰年（1784）早于程伟元整理摆印的时间辛亥年（1791）七年，而程甲

1　胡文彬:《关于红楼梦抄本中的几个问题》，原载《哈尔滨师范学院学报》1977年第4期。收入胡文彬、周雷著《红学丛谈》，山西人民出版社1983年4月版，第121—141页。

本上所改动的大量文字却与甲辰本基本相同。这里我想补充三个经常被胡适等红学大家援引的小例子，借以说明程甲本与甲辰本之间的"亲缘"关系。

例一，关于第2回中"不想次年"与"不想后来""不想隔了十几年"之异文，程甲本同于甲辰及甲戌、己卯、庚辰、蒙府、列藏、梦稿诸本。

例二，关于第49回"芦雪庭""芦雪亭""芦雪广""芦雪庵"之异文，程甲本独与甲辰本完全相同。

例三，第76回中黛玉诗句"冷月葬诗魂"与"冷月葬花魂"之异文，程甲本与甲辰等抄本相同，与"戚序""王府本""梦稿本"异。

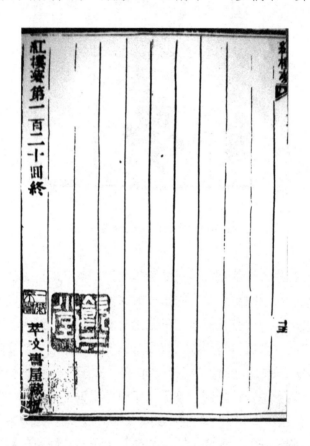

1791年刊印绣像《红楼梦》一百二十回末书影

这个事实说明程甲本在"本质"上是属于附有脂评的抄本系统。他与某些手抄八十回《石头记》的不同，只是抄录时间和所依据底本系统的区别。

凡是作《红楼梦》版本研究的学人都清楚地记得："后因曹雪芹于悼红轩中披阅十载，增删五次，纂成目录，分出章回。"今日读者所见的早期抄本有甲戌本、己卯本、庚辰本、甲辰本、己酉本等，相互之间都存在着文字上的差异，甚至多达几百字以上[1]。程甲本与早期抄本之间有文字的不同并不是一个孤立的、不可理解的现象。

程甲本最为某些人痛恨、谩骂的地方是它多出了一个后四十回。后四十回在艺术上确实存在不如前八十回之处，诸如文脉阻滞不畅、故事缺少趣味、人物灰暗、语言灵气不足等等，这给否定派提供了口实。于是这一派人把前后"优劣"问题与后四十回作者是否即高鹗的问题混为一谈。他们不顾事实，不管逻辑，谁要是说几句肯定后四十回的话就猛抢大棒，给你扣上"没有艺术眼光""不懂小说""没有欣赏水平"等大帽子，以为这样就可以压倒一切不同声音。在我看来，这些人显然忘记了以下事实：

（1）至今发现的八十回脂抄本没有一个本子是曹雪芹的原稿，都是过录本，有的甚至是再过录本或是再过录本的过录本。这些过录本大多是坊间为牟利所为，错字连篇，脱漏、添字改文，已失本真之处不胜其多，世传庚辰本可为典型代表。某些崇脂反程的专家竟然把抄本中的某些俗字、错字吹成雪芹"原笔""有深意存焉"，纯属于故弄玄虚，把妄解当作学问吓唬人。

（2）否定派大多是尊崇脂批者，但他们在讨论中时常置脂批于脑后（或许故意不提）。脂批中已指明原书已完成了百余回，所谓"后三十回""后半部""后部""后数十回"，非止一二处。有的脂批明确提到后数十回的回目，如"寒冬噎酸薤，雪夜围破毡""云哥仗义探监""记前缘回""悬崖撒手回""情榜回"……他如，脂批中数次提及原稿有"迷失"、待补之事。例如庚辰本第26回畸笏叟批道："狱神庙红玉、茜雪一大回文字，惜迷失无稿。"又如，"乾隆二十一年五月初七日对清，缺中秋诗"，各抄本补上了吗？"此后破损，俟再补"，被借阅者丢失了三五页追回来了吗[2]？没有，缺者仍缺。因此所见的前八十回（历经"增删五次"）尚且存在不"接榫"之处，那么未经"增删"的后四十回为什么就不能有"破损"、待补之处呢？更

1　俞平伯：《红楼梦八十回校字记》，人民文学出版社1958年2月版；郑庆山校《脂本汇校石头记》，作家出版社2003年4月版。

2　陈庆浩编：《新编石头记脂砚斋评语辑校》，中国友谊出版公司1987年8月版。

令人不解的是，否定派为了彻底抹杀一百二十回本的版本价值，竟然连周春、舒元炜所记的一百二十回本事也说成是"传闻"。那么世传《红楼梦稿》中那么多独有的异文（包括批语、诗联等）又作如何解释？明义的《题红楼梦》20首诗[1]，淳颖的《读〈石头记〉偶成》[2]、王衍梅《吊梦文》中提到八十回以后的故事，难道也是"偶闻"？是否也可以打入不可信的行列？显然这种强词夺理者忘记了程伟元、高鹗的序文、《引言》都是他们自己写的，而不是"传闻"，那么你们为什么又不相信了呢？你们"相信"和"不相信"是否有最低标准呢？难道都是你们的"自度曲"？

（3）一种奇怪的诘问方式。有些否定程本后四十回的研究者时常在论著中提出：脂批透露了"后数十回"的回目，程本中无一写到，这是高鹗"伪续"的铁证。我们先把是否为高鹗"伪续"的问题放到另一本书中去讨论。这里我想问一句，你们这样的"诘问"不是恰好说明程、高二人序中所说的是实话吗！程、高完全可以用一句话回答那些"诘问"者："因为我们搜集到的原稿就是如此，我们只想'整理''抄录'，而没有人交给我们'续'的任务，所以你们才看不到脂批所示的那些回目和故事。"想当年，程伟元搜罗来的抄本虽然"漶漫不可收拾"，但却是带有"评点"的，他们自然看过，甚至研究过要不要保留这些评点（见程乙本《引言》第五则）。不论是程还是高，他们既要"续"后四十回能对这些脂评视有若无吗？按照某些人的看法，他们既然能"续"出今日的后四十回中的"焚稿断痴情"，难道连一回"云哥仗义探监"也续不出来？连一个"情榜"也排不出来？事实恰好相反，他们没有时间——他们要准备"高考"，也没有能力续——凭高鹗写的那首"重订"诗水平能"续"么！所以他们也没有续！他们自认的是"细加釐剔，截长补短，抄成全部"，这是实话而非"说谎"。先入为主，凭空猜想是胡适的错误，又何必让胡大师牵着鼻子走呢！

程甲本前八十回与后四十回均来自当时社会上流传的抄本。后四十回或

1　明义：《题红楼梦》二十首，载《绿烟琐窗集》，上海古籍出版社1984年4月影印版，第105—110页。诗题下有小序云："曹子雪芹出所撰《红楼梦》一部。……余见其钞本焉。"

2　淳颖：《读〈石头记〉偶成》，见路工、胡小伟：《一首新发现的早期题红诗——睿恭亲王淳颖〈读石头记偶成〉诗考析》，载《红楼梦研究集刊》，上海古籍出版社1989年10月第14辑，第489—514页。

许来自脂砚斋、畸笏叟、"续弦妻"……当然，也有可能就来自没经过"曹雪芹"修改的某次手稿本，而且极可能是在曹雪芹逝后由某位收藏者或借阅者散布出来。世界上"踏破铁鞋无觅处，得来全不费工夫"的奇巧事胡适经历过不少，别人也可以经历过，为什么就不能有此"奇巧"的事呢？程伟元毕竟离那抄本"不胫而走"的时代比我们近得多，遇到"奇巧"事的机会是存在的！

程乙本《红楼梦》修改概说

程乙本是在程甲本出版后不足三个月再次修订印行的版本。因此在版本特征上，与程甲本有同有异。如书名、回数、册函数、行款、书口、钤印均同于程甲本。但乙本版式上略宽于甲本，宽11厘米，单边，第110回至一百二十回与甲本同，皆为双边；版次时间署"壬子花朝后一日"；卷首只列高鹗叙，无程伟元序，增加程伟元、高鹗合署《引言》七条。仔细辨识，乙本插图中元春一幅部分版面有毁损。据王三庆《红楼梦版本研究》下篇刻本研究报告：乙本第47回"缺排第十二页一版，脱去480字"，"第六十八回第10页版心被误编作第67回。"（齐如山藏程甲本无"误编"现象）王先生还指出："乙本第7回第4页，第39回、第60回首页，第69回第2页、12页，第119回第12页，偶有异植字版。又，乙本每顾及下页版面，常有衍字、脱字等情形发生，如第6回第5页，第83回第2页。"据我近年查到的资料证明，程乙本的摆印地点和用纸也是"本厂扇料"，只是供应商名叫"祥泰字号"而不是"万茂魁记"了。例如，世传桐花凤阁主人评本《红楼梦》第9回第4叶A面天头左阳文楷字圆印"祥泰字号"，右方形阴文篆字"本厂扇料"；又，第53回11叶A面天头右横印阳文"泰"字。郑振铎原藏程乙本《红楼梦》第54回第5叶A面、第99回第10叶A面、第102回第4叶A面，均钤有"祥泰字号""本厂扇料"印记。所以我认为程乙本与程甲本的主要区别表现在文字的增删修改数字比程甲本更多，甚至后四十回个别故事情节上的改变令读者和研究者感到诧异，怀疑它是否又参校了新的"底本"。其次，此本只有高鹗的《序》，而没有程伟元的《序》。再次，此本又增加了程伟元和高鹗合署的《引言》。

在《引言》中，程、高二人对于修订重印的原因做了如下的说明：一是"初印时不及细校，间有纰缪"。"今广集核勘，准情酌理，补遗订讹，其间增损数字处意在便于披阅"。二是说明初版"未加评点"是因为"创始刷印，卷帙较多，工力浩繁"。三是程甲本出版之后，"一时风行，几于家置一集"，"坊间再四乞兑"，即是重印的理由之一。

对程乙本与程甲本文字的增删改鲜有人做过认真校勘。汪原放亚东版《红楼梦》校读后记所列的统计数字，前八十回添改共15538字；后四十回添改共5967字，合计为21505字。这其中还不算前后移动的文字。如果我们注意一下改添文字最多的回次，第1回至第10回添改最多，达3114字；第101回至第110回添改2729字。其次是第21回至第30回、第31回至第40回分别添改2647字和2483字。在核对了汪先生大部分统计数字后，我认为由于他所用的程乙本并非是一个标准的程乙本，而极可能是一个"混合本"，其统计数字还有待核实。但他在"校读后记"所写的"感觉"是有道理的——程乙本把程甲本中的许多文言字眼不用了，"都用俗语，都用北京话。"在我这个东北人眼中，程乙本大量用典型的东北话[1]！概括起来，我认为程乙本不是改好了，而是比程甲本更糟的一个本子。从版本价值上看程乙本的文字远逊于更接近脂评抄本的程甲本。但是，在此我想向读者申明：《红楼梦》版本中的"去"南方话，改文言字眼，喜用北京俗语方言，绝不是从程乙本开始的，始作俑者早在庚辰抄本中已见端倪，愈往后的脂评抄本愈有增改的态势。这一看法我在2008年7月26—27日提交给马来西亚举办的第六届国际《红楼梦》学术研讨会的论文《〈红楼梦〉中的方言构成及其演变》的第二部分《〈红楼梦〉方言演变的轨迹》[2]中

1　郑庆山：《从方言看程高本后40回的作者》，载《蒲峪学刊》1993年第1期；《中国古代近代文学研究》1993年第2期转载。本文通过校勘证明程本后四十回掺进了大量东北方言（主要是今辽宁省内），但作者由此认为后40回是高鹗所"续"，恐怕是以偏概全，有待商榷。笔者认为，从"方言"角度看，只能说后四十回是由高鹗负责整理的，这与高鹗所写"重订"二字相吻合。

2　胡文彬：《〈红楼梦〉中的方言构成及其演变——兼谈〈红楼梦〉方言研究与校勘中的两种值得思考的倾向》，载张丽珍、潘碧华编《红楼梦与国际汉学——第六届〈红楼梦〉国际学术研讨会论文集》，马来西亚大学中文系、马大中文系毕业生联合会2009年4月15日初版，第177—192页。又载胡文彬著《感悟红楼——一个红边梦痴的阅读心语》，白山出版社2010年9月版，第395—408页。

做了全面阐述。在列举校勘八例之后，我指出：

> 总之，从前面所举的八例来看，甲戌、己卯、舒序本去南方话较少，庚辰本开始"去"南方话逐渐增多，梦稿本、甲辰本已接近程甲本。程乙本虽然保留了个别的南方话（如扬州话"没得"等），但从第六十一回将南方的"浇头"改为北京的"飘马儿"例证看，整理者在"去"南方话上也下了一番工夫。清人张新之在《红楼梦读法》中说：书中多用俗谚巧语，皆地道北京话，不杂他处方言的断语，显然不符合《红楼梦》语言（特别是方言）构成的事实。

因此，对程甲本，特别是程乙本的文字的添改问题应该细心甄别其版本来源，以做出实事求是的判断。否则极容易落进"先入为主"的陷阱之中。

世传"程丙本"的构成及其研究

从《红楼梦》版本史上看，作为程本家族中的一种版本名称出现的"程丙本"，是因胡适为台北青石山庄影印"古本小说丛书"中收入胡天猎叟韩镜塘收藏的一种程刻本《红楼梦》的鉴定序文引起讨论，而后由美国著名红学家赵冈先生正式提出来。赵先生在《红楼梦研究新编》[1]一书第四章第二节中说：

> 既然事实证明程高曾两度改版，前后共发行了三个不同的排印本，而且这三个本子今天也都找到了，我们就要作一番正名的工作。……我们建议沿用甲乙丙来定名，按各本出版前后加以分派，这样就有三种程高排印本：
>
> 程甲本，刊于乾隆辛亥，为后来百数十年坊间各种排印本的祖本。
>
> 程乙本，刊于乾隆壬子，胡天猎藏，1961年在台北影印，尚无重排本问世。
>
> 程丙本，刊于乾隆壬子年或以后，胡适原藏，1927年亚东图书馆铅印本……

赵先生的这一排列顺序中有两个问题比较模糊：一是真正的程乙本除了时间是"壬子"年（1792）之外，重要的是此本无程伟元序，而只有高鹗的序和

---

1 赵冈、陈钟毅：《红楼梦研究新编》，台北联经出版事业公司1975年12月初版，第252页。

程、高联署的"引言";二是"程丙本"如果作为一次修订印刷本没有时间的记载和序言之类的说明,显然与前二种版次程甲本、程乙本的体例相违背,不符合一般常识。因此,我一直认为当今所见的"程丙本"实际上绝大多数是一种"拼配本"或曰程甲本、程乙本的"混合本"[1]。

1984年11月上海《文汇报》和《新民晚报》先后发表了顾鸣塘的《程伟元与程丙本》与徐恭时的《程伟元三印红楼梦》;1986年第1期《上海师范大学学报》刊出顾鸣塘的长篇论文《论新发现的〈红楼梦〉第三次印本》,作者对"第三次印本"与程甲、程乙本做了细致的校勘,发现"第三次印本"前八十回与后四十回同程甲、程乙相同文字与不同文字,据此做出"第三印本"的结论。但从全书的版次构成是否是"独立"的"版次"(例如时间,刊印者的说明诸项),还有待进一步观察和研究。我个人期待真正的"程丙本"出现,为程刻本的研究提供一个新的研究内容。但是,我认为要真正确立"程丙本"(或曰"第三次印本")的版本地位,大家还应该做三项工作:

(1)以世传《红楼梦稿》与程甲本、程乙本做一次详尽的校勘,能够为研究界公认的结果,即《红楼梦稿》的前八十回与后四十回与程甲本、程乙本的前八十回、后四十回有确凿的大量异文[2]。

(2)以青石山庄所藏"程乙本"、沪上所藏"第三次印本"与《红楼梦稿》异文对校,验其异同率。如果三种版本相同率大于相异率,那么,"程丙本"有了底本来源,而且基本上可以肯定所谓的"程丙本"确为程甲、程乙本之间一种"版次"。

(3)在上述前提下,大家可以共同寻找这一版次的原因、时间,乃至程、高改版的动机。

以目前已经发现的所谓"程丙本"实际状貌看,此类本中程、高序文、《引言》或缺、或全,或补抄或影抄,但内文则是或一部分如程甲、一部分如程乙,例如:有一种所谓程乙本其前55回是程甲,后65回是程乙,这种本子可称甲乙配;另一种"程丙本"则是既有不同程甲,也不同程乙,而是程甲与另一种本子拼配,日本仓石武四郎、伊藤漱平所藏的刻本,即是属于此种类型的

---

1 文雷:《论程丙本》,原载《红楼梦学刊》1980年第4期,又收入胡文彬、周雷著《红学丛谈》,山西人民出版社1983年4月版,第157—194页。

2 胡崧生、王利:《〈红楼梦稿〉新探》,四川大学出版社2007年7月版。

本子，无关于印刷的版次[1]。还有的拼配本中已夹入了"写刻"印页（显然为后配）。如果世间还有新的发现，极可能还会有"程丁本""程戊本""程己本"……这些本子谈不上程、高第某次印本的问题。因为他们所拼配的页子绝大多数都来源于程甲本、程乙本装订成书后的剩余页子，甚至有少量的页子是后来补印的，某叶上也可能出现钤着"本厂扇料""祥泰字号""万茂魁记"的大红印记，同样也无法证明它们就是一个新的版次。这一点需要人们了解一点活字印刷的特性，可能更好理解一些。例如，在同是一部程甲本或是程乙本中，我们完全可以找到同一回书中同一行内的某一个字完全不同，这是因为刷印过程中临时发现错字，于是抽出这个字换上另一个字，有时在一个字的空间还换上两个小号字。但是前面的页子装成书与改动后印出的页子装成书就出现了不同字的问题。我在出版社工作期间曾下印刷厂劳动锻炼，那时是用铅活字排版，印刷过程中就出现抽换"字"的情形。据我的观察和了解，历代的"盗版书"基本上都是当时的"畅销书"。在印刷技术落后的时代里，活字排印的速度比雕版容易、快速。程甲乙本采用的活字是坊间的"聚珍"版式，字形、硬度都较粗糙，磨损率也较大，换字较多，废页子相比也多些。利用废页拼配成书是坊间出版商的谋利手段之一。据记载，早期抄本置庙市数十金，不胫而走。活字印刷本一部只用二两银子就可以购到，但这个定价仍然较高，于是大量翻刻本出现了，价钱更低了，普通大众有条购买。在这种需求的刺激下，拼配本的出现一点也不奇怪。后世的研究者明白"畅销书"的"盗版"过程，就可以明白这些书中为什么有那么多错字、漏字、脱行。我曾买了一部盗版的《姑妄言》和写名人逸事的书，除了纸张装帧太差以外，就是内文无法卒读。我的一部《入迷出悟品红楼》被盗版，其中将他人的文章塞到中间。可见盗版书形式五花八门，质量低劣，出版书商的目的就是赚钱。此外有些印刷厂领导为给工人谋福利，或增印或拼配本发给职工自己卖书当奖金。所谓"程丙本"正是那个时代的盗版书中的一种手法——剩余页子的拼配！

谓予不信，那你就去仔细翻翻看！

2011年3月18日初稿

2011年8月31日修改

---

1 本章所引王三庆著《红楼梦版本研究》中文字均见台北石门图书公司1981年元月版，第525—611页。

朝鲜《仁祖实录》二十九年，清顺治九年：
"秋七月辛亥，台见沈阳王使李相璜、书状官朴来谦，辞阙望也。"
——《朝鲜李朝实录中的史料不偏卷二，1980年3期
吴晗辑 中华书局版第12册，512页。

第七章

清代刻书业与《红楼梦》的流传、普及

　　清代北京刻书业起于顺治朝，兴盛于康、雍、乾三代，成为中国刻书发展史上最为发达繁荣的历史时期。对此，清代官方档案和私家诗文笔记、日记都有详尽的记载。李致忠《历代刻书考述》、叶再生《中国近代现代出版通史》（第一篇《历史的简要回顾》）、章宏伟《出版文化史论》（上篇）[1]等著作均有精辟的考述，为我们了解清

1　李致忠：《历代刻书考述》，巴蜀书社1990年4月版；叶再生：《中国近代现代出版通史》，华文出版社2002年1月版，第1卷第2章；章宏伟：《出版文化史论》，华文出版社2002年1月版。

代北京刻书业的概况提供了重要的参考。

清代北京刻书业自康熙中期以后进入快速发展期。综观这一时期的刻书特点，至少有以下几个方面：

（一）官刻南北共进，中央地方并行。康熙在北京指令武英殿设立修刻书处，并设扬州书局承担内府所印重要图书（如曹寅奉旨刻《全唐诗》《佩文韵府》诸书）。

（二）私家刻书与坊肆刻业相互促进，交相辉映。康熙年间出现的汪琬《尧峰文钞》、王士禛《古夫于亭稿》《渔洋精华录》、陈廷敬《午亭文编》及《韩昌黎先生诗集》、汤斌《汤子遗书》等1，均是这一时期私家刻书的代表著作。至于坊间刻书，清代已是遍及全国，北京以琉璃厂为中心的坊刻店铺林立，书多盈屋。其中著名老店，如五柳居、鉴古堂、文萃堂、二酉堂诸店已是闻名遐迩2。

（三）刻书品种和刷印数量远超前代，营销范围遍及国内外。朝鲜《梦游野谈》作者云："余见正阳门外册肆，堆积满架，而太半是稗官杂记。盖江南西蜀举子，应举上京见落者，路远不得还，留待后科。作小说印刊卖，以资生，故其多如是。"3

（四）康熙、乾隆两朝，北京刻书业技术发达，铜活字、木活字、雕刻印刷并用。书籍多有插图，图文并茂，装帧艺术明显超过前代。

（五）坊间刻书、售书相互结合，促进图书流通，市场活跃。

一言以蔽之，北京刻书业至乾隆年间已经形成巨大规模，出现了前所未有的繁荣气象。

---

1 李致忠：《历代刻书考述》第343页。

2 [朝鲜]朴趾源：《热河日记》，上海书店出版社1997年12月版，第111、334页。

3 [韩国]闵宽东、[韩国]金明信：《中国古典小说批评资料丛考（国内资料）》，韩国学古房2003年3月版，第333页。

北京坊刻与《红楼梦》刻本的出现

  《红楼梦》一书问世时恰逢北京乃至全国刻书的"盛世"。起初以抄本流传于北京庙市，人们竞相抢购。但由于全书长达一百二十回，字数多达百余万字，卷帙浩繁，抄录不易，故而流传数量有限，制约了需求。供需矛盾突出，必然引起有头脑、有眼光的书商们的关注。从程伟元、高鹗联合署名的《红楼梦引言》中人们可以感悟到，《红楼梦》一百二十回本迅速付梓的重要原因，就是要解决这个供需之间的矛盾，以满足藏书家和普通读者的不同需求。《红楼梦引言》共列七条，其第一条云：

  是书前八十回，藏书家抄录传阅几三十年矣，今得后四十回合成完璧。缘友人借抄、争睹者甚伙，抄录固难，刊板亦需时日，姑集活字刷印。因急欲公诸同好，故初印时不及细校，间有纰缪……

其第七条又云：

  是书刷印，原为同好传玩起见，后因坊间再四乞兑，爰公议定值，以备工料之费，非谓奇货可居也。

这两条"引言"将刊印缘起交代得十分清楚，无须再加解释。

  清乾隆五十六年（1791），《红楼梦》一百二十回本以木活字刊印于北京萃文书屋，世称"程甲本"。数月后，程、高经过校勘"纰缪"后再度刷印，世称"程乙本"。据我考证，不论是"程甲本"还是"程乙本"均在北京刊行，其所用纸张均为北京琉璃厂桥东的"本厂扇料"，一为"万茂魁记"，一为"祥泰字号"。[1]程伟元、高鹗二人搜集、整理、印刷一百二十回本《红楼梦》客观上保护了《红楼梦》抄本免遭流散湮没之厄运，他们付出的努力永远值得记忆。

《红楼梦》一百二十回本在北京两次刊印改变了以抄本形式流传所产生的供需矛盾，直接扩大了流传地域，自然也扩大了是书的读者群，出现了"开谈不说《红楼梦》，读尽诗书也枉然"的热烈景象。毫无疑问，北京刻书业的蓬勃发展，促进了《红楼梦》一百二十回本的快速出版，同时刊印本的大量普及又促进了北京刻书业的进一步繁荣。

《红楼梦》程、高刻本刊印后，各地书商乘风跟进翻刻。嘉道以降，坊刻《红楼梦》遍及大江南北，远及海外。一时间，《新镌全部绣像红楼梦》（本衙藏版，东观阁刊本）、《绣像红楼梦》（抱青阁刊）纷纷问世，与此同时金陵藤花榭、苏州宝兴堂、济南聚和堂、会锦堂、佛山连元阁等书店相继刊出以程甲本为底本的一百二十回《红楼梦》。[2]

---

1 胡文彬：《本厂扇料与祥泰字号——关于程本摆印地点新证》，载《魂牵梦萦红楼情》，中国书店2000年1月版，第242—244页。

2 一粟编著：《红楼梦书录》（增订本），上海古籍出版社1981年7月新1版，第36—74页。

《红楼梦》新评点本与续书仿作

刻本出现后，《红楼梦》成了畅销书，如同今人所说"红楼夺目红"。书商们唯利是图，为了提高印数，吸引大众眼球，四处聘请文人评点，先后有《新增批评绣像红楼梦》（文畬堂、宝文堂、三元堂）、《批评新大奇书红楼梦》（善因楼本）、《绣像批点红楼梦》（务本堂、文元堂、忠信堂、经纶堂、登秀堂）。从道光至光绪朝，双清仙馆刊本《新评绣像红楼梦全传》（王希廉评）、湖南卧云山馆刊本《绣像石头记红楼梦》（张新之评）、《增评补像全图金玉缘》，蜂拥书市，士大夫家案头均置一部，蔚为一时之风气[1]。与此同时，一批文人学者或藏书家也在批评《红楼梦》，如传世的黄小田评本、哈斯宝评本、徐传经评本、桐花凤阁主人评本、张子梁评本、郭种德评本等相继问世传奇。畅销书推动了评点，评点又反过来推动了图书的畅销。这种"商业"运作今日仍是一个"赚钱"法门。

一百二十回本《红楼梦》刊印之盛引来仿作续书之纷纷登场亮相，借曹雪芹的酒杯浇自己胸中块垒。如逍遥子《后红楼梦》、秦子忱《续红楼》、王兰沚《绮楼重梦》、小和山樵《红楼复梦》、海圃主人《续红楼梦》、梦梦先生《红楼圆梦》、归锄子《红楼补梦》、娜嬛山樵《补红楼梦》、花月痴人《红楼幻梦》、顾太清《红楼梦影》、张仲远《续红楼梦》……仿作，如李

1　一粟编著：《红楼梦书录》（增订本），上海古籍出版社1981年7月新1版，第36—74页。

汝珍《镜花缘》、陈森《品花宝鉴》、眠鹤主人《花月痕》、文康《儿女英雄传》、李春荣《水石缘》、俞达《青楼梦》等等，纷纷走入寻常百姓家[1]，阅读之盛带来了"再"创作的兴旺。

1　一粟编著：《红楼梦书录》（增订本），上海古籍出版社1981年7月新1版，第86—152页。

题咏、戏曲、绘画与《红楼梦》走向大众

程高本问世后，引起了广大工诗善词的文化人心羡手痒，以诗以词以赋等形式题咏《红楼梦》。据一粟所编《红楼梦书录》及《红楼梦卷》二书收的题《红》诗词曲赋就有数百首之多。如果将近数十年来所发现的题《红》诗词曲赋加在一起，恐怕不止万首。这里仅举其要者，例如永忠《因墨香得观红楼梦小说吊雪芹》七绝三首、明义《题红楼梦》七绝二十首，淳颖《读〈石头记〉偶成》、周春《题红楼梦》七律八首、沈谦《红楼梦赋》、潘得舆《红楼梦竹枝词》、林召棠《红楼梦百咏》、周绮《红楼梦题词》、黄昌麟《红楼二百咏》、卢先骆《红楼梦竹枝词》七绝一百首……著名词作如孙苏意《题红楼梦传奇》、梁花农《金陵十二钗词》、王芝岑《题红词》、吴藻《读红楼梦》、凌承枢《红楼梦百咏词》、西园主人《红楼梦金陵十二钗本事词》等。[1]

在咏《红楼梦》诗词曲赋兴起的同时，1791年以降，全国各地的戏曲界和绘画界也随之兴起了一股以《红楼梦》故事为题材的创作热潮，如昆曲有孔昭虔《葬花》（一折）、仲振奎《红楼梦传奇》、万荣恩《醒不缘》、吴镐《红楼梦散套》、谭光祜《红楼梦曲》、石韫玉《红楼梦传奇》、朱凤森《十二钗传奇》、许鸿磐《三钗梦北曲》、陈钟麟《红楼梦传奇》、吴香倩《绛蘅秋》、诸龙祥《红楼梦传奇》等。除此之外，具有广大群众基础的子弟书、大鼓词、马头调、莲花落、八角鼓、岔子曲、滩簧、扬州调、弹词等曲种也

1　一粟编著：《红楼梦书录》（增订本），上海古籍出版社1981年7月新1版，第262—318页。

以《红楼梦》的故事为题材进行改编、创作，一时间，"家弦户诵，妇竖皆知。"[1]

在《红楼梦》流传史上，绘画以一种独特的艺术载体向大众"普及"《红楼梦》。早在1791年程伟元镌板开始就注意绘画对大众的吸引效果，以画配诗前图后赞的形式置于卷首。今传世的程甲本、程乙本都附有"绣像"二十四页，共石头、宝玉、贾氏宗祠及史太君、贾政、王夫人、元春、迎春、探春等人物。程本广为流传之后，改琦的《红楼人物图咏》、汪圻的粉本"十二钗"、孙温的《红楼梦》全景图，受到读者的高度赞扬。其他单幅或长卷、册页如熊琏《十二钗图》、李佩金《葬花图》、杨城书《红楼集艳图》等，此外还有压花笺、年画与烟标画、鼻烟壶等大众工艺品都有《红楼梦》画作。[2]

刊刻本的风行也受到了一些文人对《红楼梦》的重视，除了用诗词曲赋等体裁讴歌《红楼梦》之外，他们对小说的版本、语言、故事、人物及小说本事，乃至作者家世、后四十回优劣及其作者等问题的探讨。诸如周春《阅红楼梦随笔》、裕瑞《枣窗闲笔》、徐凤仪《红楼梦偶得》、潘得舆《读红楼梦题后》、二知道人《红楼梦说梦》、苕溪渔隐《痴人说梦》、诸联《红楼评梦》、涂瀛《红楼梦论赞》、话室主人《红楼梦精义》、张其信《红楼梦偶评》、梦痴学人《梦痴说梦》等人的评论[3]。此既是《红楼梦》大普及的成果，反过来又推动普及的深入，"红学"应运而生。

---

1 一粟编著：《红楼梦书录》（增订本），上海古籍出版社1981年7月新1版，第320—410页。

2 一粟编著：《红楼梦书录》（增订本），上海古籍出版社1981年7月新1版，第236—248页。

3 一粟编著：《红楼梦书录》（增订本），上海古籍出版社1981年7月新1版，第154—211页。

"红学"一词的出现与一百二十回本
《红楼梦》走向世界

《红楼梦》初以抄本流传，有幸能得睹者除三五至亲好友外，人数很少，既在置诸庙市之后，其价值数十金，穷人是买不起的，只是那些"名公钜卿赏玩"，其流传范围很窄小，且年深月久，极易风流云散，湮没无存。一百二十回本《红楼梦》的摆印，开创了程高本系统的新时代，扩大了《红楼梦》的流传范围。这可以从嘉道以后的记载中得到证实：

> 余自乾隆、嘉庆间入都，见人家案头，必有一本《红楼梦》。
>
> ——郝懿行《晒书堂笔录》

> 嘉庆初年此书（指《红楼梦》）始盛行。嗣后遍于海内，家家喜阅，处处争购。
>
> ——梦痴学人《梦痴说梦》

> 至翻印日多，低者不及二两，……士大夫爱玩鼓掌，传入闺阁，毫不避忌。
>
> ——毛庆臻《一亭考古杂记》

《红楼梦》一书，近世稗官家翘楚也。家弦户诵，妇孺皆知。

——缪艮《文章游戏初编》

据当代红学史家的研究，"红学"肇始于脂评，发展于嘉道。但作为一个学术术语，"红学"一词当出现在同光年间。以往红学史家认为"红学"一词是华亭名士朱昌鼎首倡，后分别载于《清稗类钞》和《慈竹居零墨》《八旗画录》。1991年5月著名红学家徐恭时先生为松江红学会题词云：

红学成词，却由华亭人朱昌鼎（字子美）于嘉道后提出。[1]

如果这一结论可靠的话，那么朱子美先生究竟生于何年何月就是人们所关心的一个问题了。据我最近查阅顾廷龙主编的《清代硃卷集成》（418）记载[2]：

朱昌鼎，字锦雯，号子美，一号子紫。行一。咸丰癸丑年正月十七日吉时生。江苏松江府学咨部优行廪善生，丙子科副取优贡，肄业龙门、求志、南菁、格志书院。华亭县民籍。

又据《江苏恩贡卷》载：

光绪庚寅恩科：中式一名。恩贡生朱昌鼎，江苏松江府学咨部优行廪善生华亭县民籍，就职直隶州州判。批"取中"；又批"风度端凝，足征学养。"

从这份档案中可确定朱氏生年"咸丰癸丑"应是咸丰三年，即1853年。其取优贡时间是光绪二年丙子，光绪十六年庚寅（1890）就职直隶州州判。由此我推断："红学"一词极可能在光绪初年前后。差不多在同一时期里，一位名

1　曹云岐、张碧瑞主编：《"红学"起始莼鲈乡——读红漫谈》，中国三峡出版社1998年11月版，卷首"题词"第2页。

2　朱昌鼎履历及试卷载顾廷龙主编《清代硃卷集成》（418），台北成文出版社，第391—414页。

叫王杉绿的文人在他的《癸未日记》中提出了"梦学"一词[1]。尽管"红学"一词出现之初，是针对"经学"而言，有些嘲讽味道，但从学术史的发展来看，"红学"一词已被大家所接受，并发展成一门学问的代名词，总是一件好事，说明百廿回本的《红楼梦》问世流传产生了巨大的影响，并把这种影响推及到域外邻国。为世界许多国家了解和认识18世纪中国封建社会的社会风情提供了一部"百科全书"，为中外文化交流做出了卓著贡献。

《红楼梦》一书正式摆印之后，不但迅速流传到全国各地，出现翻刻重印的风潮，而且迅速走向日本、朝鲜、越南、泰国、缅甸、俄罗斯等国家[2]。据现已发现的记载证明，早在"程乙本"印行的第二年，即清乾隆五十八年（1793），日本宽政五年，南京王开泰寅贰号船有九部十八套《红楼梦》从浙江乍浦港运往日本长崎。大庭脩《关于江户时代唐船持渡书的研究》、伊藤漱平《红楼梦在日本的流传》，都做过详细的报告。继此之后，长崎"村上文书"中还记载了清嘉庆八年（1803年，日本享和三年）有亥七号船载《绣像红楼梦》二部四套到日本。大约在这一时间里，《红楼梦》刻本先后传到朝鲜半岛和越南、俄罗斯。据韩国学者崔溶澈的报告，朝鲜李朝王宫乐善斋藏有一百二十回《红楼梦》专供喜欢是书的王妃阅读。

《红楼梦》流传到欧美各国，以今天俄罗斯列宁格勒收藏的抄本《红楼梦》为最早。这部珍贵的早期脂评抄本，是清道光十二年壬辰（1832）俄国希腊东正教传教士帕维尔·库尔亮德采夫带回俄国的。关于这个抄本的面貌和特点，台北著名红学家潘重规在《列宁格勒十日谈》中做过介绍，并将此抄本上独有的双行批语辑录发表在《红楼梦研究专刊》第十二辑（1976年7月版）上。在俄罗斯等国家，除藏有上述抄本《红楼梦》外，各大图书馆里也藏有各种早期刻本《红楼梦》和《后红楼梦》一类续书、传奇脚本。至于英、法、德、意等国家的图书馆藏有的《红楼梦》版本，大都是"程甲本"或"程乙本"的翻印本。例如，著名学者柳存仁在《伦敦所见中国小说书目提要》中记录英国博物院收藏"嘉庆辛未（十六年，1811）《新增批评绣像红楼梦》""嘉庆丙子（二十一年，1816）《绮楼重梦》"，英国皇家亚洲学会藏有善因楼梓行《批评新大奇红楼梦》与续书"嘉庆己未（四年，1799）秦子忱

---

1 龚鹏程导读《石头记索隐》，台北金枫出版有限公司1987年5月版，卷首《索隐派红学的发展》第1页。

2 胡文彬：《红楼梦在国外》，中华书局1993年11月版。

撰《红楼复梦》"等等。

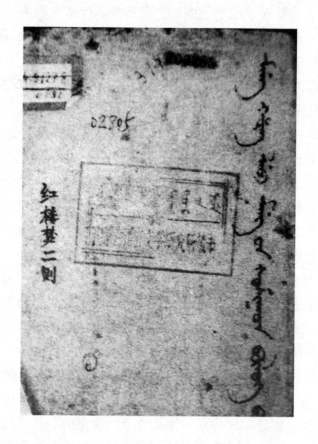

尹湛纳希译：蒙古文《梦红楼梦》封面

考诸史籍可知，上述大多数国家对中国几千年的珍贵典籍都十分珍视，每次来华的使团、留学生、传教士乃至商业贸易者，大都要从中国购买相当数量的古旧图书或新刻各种图书。例如，姜绍书《韶石斋笔谈》记云：

> 朝鲜人最好书，凡使臣之来，限五六十人，或旧或新书或稗官小说，在彼所缺者，日出市中，各写书目，逢人遍问，不惜重直购回，故彼国有异书藏本也。

朝鲜学者李德懋在《青庄馆全书》记云：

> 每年使臣冠盖络绎，而其所车轮来往者，只演义小说及八家文

钞、唐诗品汇等书。此二种虽曰实用，然家家有之，亦有本国刊本，
则不必更购。

又如，有笔记记载三等承恩公镶蓝旗蒙古人葆初云："俄国亲王来觐，
曾以千金购其书归。"此外，日本著名学者仓石武四郎在北京隆福寺文奎堂购
买程乙本（今藏日本仓石文库），吉川幸次郎从琉璃厂来熏阁购得程甲本（现
归伊藤漱平藏），大高岩《燕京日记》中记载在东安市场外小摊上购得"古版
本《红楼梦》，花两块钱；《后金玉缘》六毛钱"。凡此种种记闻，限于篇幅
无法细述。但上述引录文字足以证明，自乾隆五十六年程高本《红楼梦》行世
后，是书已经从北京走向世界。

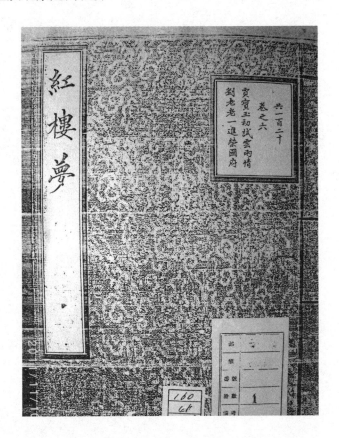

传入朝鲜李朝"乐善斋"本《红楼梦》封面

如果说，北京是《红楼梦》的诞生地、"红学"的发源地和走向世界的起
点，成为不朽的生命之地；那么《红楼梦》走向世界，也给北京人民带来永恒

的骄傲和光荣!

我非常同意潘重规教授的看法:

> 传播《红楼梦》一书的功臣,最具劳绩而又最受冤屈的,要数程伟元。百二十回《红楼梦》是他搜集成书的,编校刻印是他主持的,然而长期以来,人们误认他不过是一个书商,所以校补《红楼梦》的工作,都归功于高鹗,而程伟元只落得一个串通作伪,投机牟利的恶名。天地间不平之事宁复过此。[1]

时至今日,难道他们的"恶名"不应该予以洗刷吗?

2011年4月30日修改稿

1　潘重规:《红学史上一公案——程伟元伪书牟利的检讨》,载《红学论集》,三民书局,第135—140页。

在一个竞论比较运众的社会里，仁学研究中的善
论困扰使人们恐惧利辩牵。同样，蒲松龄
和法浩的问世也天期，一些辩困者被追选，吉利
老川1第水后，成为主辩之利的奴仆，使真正从事
学术研究者受到冷落，魔从而成为多临的孤心。
他仍无论至至新的风气中还是有所的舍住上，却被
受训事至的将压。所谓学术自家争鸣与百花齐
放，彼子子外的议动被多定曲，作至室台地
成了学质的洪水，可处传潘。 2011、11、8记

第八章

H.LB 程伟元生平研究资料编

本章题为"程伟元生平研究资料编"，所收资料系根据编者自
1975年至2011年本书定稿之前36年来悉心搜罗有关程伟元生平研究资
料整理而成。

全编以内容性质分为两大类，四个部分。第一大类分为"程伟
元诗文辑录""程伟元生平资料辑要"两部分。"辑录"收入：程伟
元七绝诗一首，序跋文二篇，程乙本卷首《引言》一篇（与高鹗合
署），题折扇文一篇。"辑要"收录：高鹗序一篇，晋昌《且住草堂
诗稿》原序，李燨、刘大观、周篯龄《且住草堂诗稿》跋及晋昌与程

伟元唱和诗十题五十首，刘大观诗一首，孙锡赠程伟元诗一首，金朝觐《题程伟元先生画册》诗一首并小序；朱琦《题柳荫垂钓图》绝句六首；附录晋昌赠范秋塘诗四题九首；朝鲜文人李海应、朴来谦日记二则；摘录舒元炜《红楼梦》（己酉本）序、王衍梅《吊梦文》、周春《阅红楼梦随笔》、明义《题红楼梦》诗二十首、淳颖《读〈石头记〉偶成》、裕瑞《程伟元续红楼梦自九十回至百廿回》及有关程伟元书画作品评介文章四则。末附早期抄本评语十二则，意在使读者了解曹雪芹原书后数十回撰写的概况。所录各诗文，均依出现年代为序。凡未经标点诗文，编者均加现代标点，以便于阅读。

　　全编第二大类分别为"程伟元生平年表""程伟元研究论著索引"，系据编者历年所积卡片编写的。"年表"起于清乾隆十年（1745），止于道光元年（1821），实因材料限制，无法达到精准，读者自当理解。"索引"部分因众多文章与高鹗"续"书说、后四十回优劣评论交叉太多，故仅将论述程伟元较多者列入，挂一漏万之讥在所难免，聊供读者检阅。

　　笔者学力不逮，疏漏不当之处，乞请学界先进指教！

2011年10月31日

程伟元诗文辑录

《红楼梦》小说本名《石头记》，作者相传不一，究未知出自何人，惟书内记雪芹曹先生删改数过。好事者每传抄一部，置庙市中，昂其值得数十金，可谓不胫而走者矣！然原目一百廿卷，今所传只八十卷，殊非全本。即间称有全部者，及检阅仍只八十卷，读者颇以为憾。不佞以是书既有百廿卷之目，岂无全璧？爰为竭力搜罗，自藏书家甚至故纸堆中无不留心，数年以来，仅积有廿余卷。一日偶于鼓担上得十余卷，遂重价购之，欣然繙阅，见其前后起伏，尚属接榫，然漶漫不可收拾。乃同友人细加釐剔，截长补短，抄成全部，复为镌板，以公同好，《红楼梦》全书始至是告成矣。书成，因并志其缘起，以告海内君子。凡我同人，或亦先睹为快者欤？

小泉程伟元识。

——程伟元著：《新镌全部绣像红楼梦》卷首，
清乾隆五十六年（1791）活字印刷版。

一、是书前八十回，藏书家抄录传阅几三十年矣，今得后四十回合成完璧。缘友人借抄，争睹者甚伙，抄录固难，刊板亦需时日，姑集活字刷印。因急欲公诸同好，故初印时不及细校，间有纰缪。今复聚集各原本详加校阅，改订无讹，惟识者谅之。一、书中前八十回抄本，各家互异；今广集核勘，准情酌理，补遗订讹。其间或有增损数字处，意在便于披阅，非敢争胜前人也。一、是书沿传既久，坊间善本及诸家所藏秘稿，繁简歧出，前后错见。

即如六十七回，此有彼无，题同文异，燕石莫辨。兹惟择其情理较协者，取为定本。一、书中后四十回系就历年所得，集腋成裘，更无他本可考。惟按其前后关照者，略为修辑，使其有应接而无矛盾。至其原文，未敢臆改，俟再得善本，更为厘定，且不欲尽掩其本来面目也。一、是书词意新雅，久为名公巨卿赏鉴，但创始刷印，卷帙较多，工力浩繁，故未加评点。其中用笔吞吐、虚实掩映之妙，识者当自得之。一、向来奇书小说，题序署名，多出名家。是书开卷略志数语，非云弁首，实因残缺有年，一旦颠末毕具，大快人心，欣然题名，聊以记成书之幸。一、是书刷印，原为同好传玩起见，后因坊间再四乞兑，爰公议定值，以备工料之费，非谓奇货可居也。

壬子花朝后一日小泉、兰墅又识。

——程伟元、高鹗著：《新镌全部绣像红楼梦》卷首，
清乾隆五十七年（1792）活字印刷。

宽而静，柔而正者，宜歌《颂》。广大而静疏，达而信者，宜歌《大雅》。恭俭而好礼者，宜歌《小雅》。正直而静，廉而谦者，宜歌《风》。肆直而慈爱者，宜歌《商》。温良而能断者，宜歌《齐》。

红梨主人性体具备，歌咏咸宜。当歌诗之时，余未之见。及至庚申岁出镇留都，延余入幕，始闻口述，吟咏数十篇，具得性情之正，知于诗学也深矣！惜乎概未留稿。后于政事馀间，陶情适性，间尝题咏，或与沧云学使诸公酬倡之间，援笔立就，无事点窜。尝自谓不计工拙，然受而读之，一往情深，醰醰有味，固非寻章摘句者所同日语。其殆出于天性者然耶？于是窃为留稿百馀篇，主人瞥见，几欲攫而焚之，谓余曰："我非能诗者也，亦非欲秘其诗者也。鸣时发声，随付落花流水而已。若留简编，毋乃遗讥于大雅。"余曰："诗以道性情，性情得真，章句自在。苟独取其词，何妨如他稿之伐毛洗髓，任失其真。余所欲留者，不为词句之妙，而为性情之宜，留备闲窗翻阅，以证师乙所论。其于歌诗之宜何如也？"

时在嘉庆壬戌涂月朔，小泉程伟元谨跋。

——程伟元著：载晋昌撰《戎旃遣兴草》，道光五年重刊本，
下册《题词》叶五下至叶六下。

国语难传色见春，雅材宏度尽精神。

贱生何幸逢青顾，片刻言情尽有真。

　　　　——程伟元著：载[朝鲜]李海应撰《蓟山纪程》卷二。

　　此房山仿南宫，非仿元晖之作。米家父子虽一洗宋人法，就中微有辨：为于烟云缥缈中着楼台，政是元章绝处。

　　辛酉夏五，临董华亭写意。程伟元。

　　　　——程伟元著：载《红楼梦新证》，华艺出版社1998年8月版，655页。

题额句：

兰桂清芳。

　　——程伟元著：晋昌《壬戌冬余还都小泉以上下平韵作诗赠行因次之》，
　　　　　　载《戎旃遣兴草》嘉庆刊本，卷上叶三十一下至叶三十六上。

程伟元生平资料辑要

予闻《红楼梦》脍炙人口者，几廿余年，然无全璧，无定本。向曾从友人借观，窃以染指尝鼎为憾。今年春，友人程子小泉过予，以其所购全书见示，且曰："此仆数年铢积寸累之苦心，将付剞劂，公同好。子闲且惫矣，盍分任之？"予以是书虽稗官野史之流，然尚不谬于名教，欣然拜诺。正以波斯奴见宝为幸，遂襄其役。工既竣，并识端末，以告阅者。

时乾隆辛亥冬至后五日铁岭高鹗叙并书。

——高鹗著：载《新镌全部绣像红楼梦》卷首，

清乾隆五十六年（1791），活字印刷版。

余于庚申岁出镇陪都，官舍东偏有欹屋三楹，空庭植柳，荒砌栽花，颇有城市山林之趣。每值公暇，与友人程小泉、叶畊畲相与话雨其间，偷得馀闲片刻，聊当休息之区。故颜其额曰："且住草堂"。偶遇花晨月夕，学使沧云过我，即景联吟；时或于印诸斋头，馀山席上，兴至漫题，归而述之，浑忘工拙。沧云许以俊逸自然，小泉深谓性情所致，余则不自知也。随时适兴，意到即书，无草稿，无涂窜其谓之诗耶？其不谓之诗耶？乃小泉记而录之，萃而成帙，余亦不知也。昨将述职回都之前夕，小泉、畊畲笑而出书，曰："诗钞在是矣！请质主人，可能记忆否？"余翻阅一过，自愧无文，欲付祝融。既而思之，未可拂人之兴，且可携以质诸大雅，适当就正之道。非余之忘其固陋，而直谓"且住草堂"之诗稿也。

时在嘉庆壬戌嘉平月，红梨主人自识。

——晋昌著：《且住草堂诗稿原序》，载《戎旃遣兴草》嘉庆刊本，
上册卷首一叶至二叶上。

古来以天潢华胄耽情图史，雅爱咏吟，一时怀铅握椠之士咸与之游，代不乏人。所难得者，性情谦抑而不骄，气度冲和而不夺其于政事之得失，人物之可否，一一如烛之照镜之明，衡之平也。是惟学问之深醇，涵养之浑厚，时以其所得发之于诗，使人读其诗，莫不钦服其为人，如晋斋先生者始。予自通籍后，奉职禁廷，即耳先生之名，识面而未谋心也。阅二十馀年，饥渴之衷未由一达于左右。庚申春，先生奉命出镇盛京，予亦授奉天府丞，前后抵任，相见各道平生，欢若旧交。予时时以诗文请，而谦怀若谷，不肯出而示人。是秋，偶见《松棚》一律及《七月十四日夜闻雁》之作，字字天成，俊逸自然，非得力于盛唐，曷克臻此？予以和章相质，辄复许可，遂订倡酬。此真如珠光剑气，不能秘也。

先生筑室三楹，颜曰"且住草堂"。盖取"且住为佳"之意，而恋阙之情默默寄予言外。每遇政事之暇，风日晴和、花木繁缛，邀予觞咏其间。莲幕中，如叶君畊畬，先生之友也，程君小泉，予之同学友，佐先生奏牍者也，俱工于诗。叶又精于铁笔，程亦擅长字画。凡席中联句，邮筒报答，必与二公偕，而更挽之绘图镌笔，以纪其事。集中如《校猎》等什，虽风雪中亦必驰和焉，可谓耽于诗者矣。虽然，先生之诗，先生之绪馀也。《羔羊》之诗曰："委蛇委蛇，自公退食"，朱子谓："大夫能节俭，正直可见，公事为重"。读先生诗，而性情气度昭然共见。畊畬、小泉荟萃成帙，非先生之愿，是犹畴昔之欲秘而不能尔。予别先生经年，寄怀之诗无间，曾镌"海内存知己，天涯若比邻"图章示意。先生亦自画《沧海烟云一老人》，镌为图章相赠。岂非幸欤！将行矣，送以长歌，复援笔而为之序。

嘉庆癸亥正月下浣，长州李燊拜序。

——李燊著：《且住草堂诗稿跋》，载《戎旃遣兴草》嘉庆刊本，
下册《题词》叶二十九上至叶三十一上。

壬戌嘉平十日，公述职赴阙，道出宁远，咨问地方公事外，出所和门下士程君小泉赠行诗三十首，俾观读之。诗虽偶然酬唱，不甚经意，而胸次之磊落，性情之敦厚，旨趣之幽闲，皆有过乎人者，读竟剪烛深谈，意兴甚适。又出全稿一帙，持以示观，曰："诗非余所习也，顾为余性之所近，尝籍是以为消遣，随作随弃去，不甚爱惜。今所存者，小泉、畔畬取纸篓撚团，私为收录者也。其果可存乎？否乎？吾未能决，将决于子之一言。"观唯唯谨受命。明日送公至沙河所，前旌已发，卫士鹄立，公犹与观及周子可庭立车前，诵馆夜新诗二章，始从容上车去。噫嘻！此等风度，盖不多见于古人，矧近世耶？

公自庚申岁留守盛京，念朝廷倚托之重，惧不称职，始以忠荩爱国之丹诚，见于咏啸。如开卷诸作，具见大意，《途中遥视太福晋寿诗》四篇，发言为声，出于肺腑，固非由勉强然。如"总为升平难仰报，致令身寄在天涯"，则视《北山》《陟岵》诸贤以行役不得养亲为憾者，不愈揭乎移孝作忠之义耶？《书》云："诗言志，歌咏言"；《记》言："温柔敦厚，诗之教也"。彼铺陈终始，排比声偶，以错彩镂金，凌颜轹谢为能者，又奚足以语是？观蹇劣无状尝据臆说以告人曰："诗之正变源流，时代风气，姑置勿论，欲知其诗格高下，且先观其举止，举止由心而发，阔大褊浅，雅俗真伪，胥有不可掩者。"观尝窃见公之举止，而肃然起敬于心矣！

夫奉天为国朝发祥之地，日月精华之所吞吐，冈陵地脉之所盘薄。其发为物产，珠则渔于水焉；貂则猎于山焉，瑶光堕地化为三桠之草，则采掇于竖子焉：是皆天下之所贵，而欣慕以求之者也。公独夷然，不屑介于其意。麾下裨将有才能者，士有善行者，或一艺之长足以致用者，则收罗之，宏奖之，忘其为公侯上爵，而屈己以相就焉。是又何等器量也！巨公伟人有其量，则有其肩荷之事，诗其细焉者也。若徒以批风抹月为公生平之所长，猥以占毕之士视公，则又瞽人论天，不知天之为方为圆矣！

————刘大观著：《且住草堂诗稿序》，载《戎旃遣兴草》嘉庆刊本，

下册《题词》叶三十一上至三十四叶上。

太岁庚申，公出守陪都，篯亦于是岁从李丈沧云来游沈水。李丈以有韵之言与公结契，昕夕过从。篯于李丈校士堂中得见公丰采，并得见公酒筵花圃所作诸佳什。钧天之乐不弃凡响，溟渤之水不择细流。公方以诗物色人才，篯戈

戈琐琐亦受铸于公。公之量何其大，箂之遇何其奇也。

箂于去岁从李丈还京师，今春践松岚刺史之约，从游关外，虽未得朝夕左右于公，而诗箋往来不绝于道。今公述职还朝，路过集宁，箂偕松岚谒公行馆。公出《且住草堂集》一帙见示，曰："余向作诗，写意而已，意畅于挥毫之顷，妍媸弗论，薰亦不复存也。小泉、畊畬殊好事，残花剩芷贮为筠笼，片石孤岑藏于襟襷。何渠二子止知痴之嗜，而不复为我拙之藏耶？"箂笑谓公曰："公之谦，固公之性。脱使公之残花剩芷、片石孤岑，不足为天下风流才子万口传诵，小泉、畊畬恐亦未必藏于襟襷，贮于筠笼。今小泉、畊畬贮于筠笼，藏于襟襷，其为天下风流才子万口传诵无疑也。唐求一布衣耳，其一瓢之多有人收藏流于今日，况公诗如钧天之乐、溟渤之水。小泉、畊畬之好事，得毋数百年如文人学士之滥觞乎？"公轩渠一粲。箂携公诗于刺史西园之丈人峰下，研麝煤，握鼠须而为之跋。

时嘉庆七年岁次壬戌十二月下浣，吴县周箋龄谨书。

——周箋龄著：《且住草堂诗稿跋》，载《戎旃遣兴草》嘉庆刊本，
下册《题词》叶二十四上至叶二十五下。

分袂西郊又几旬，道途仆仆逐风尘。
韶光尚未归杨柳，和气先应到水滨。
夜柝敲残游子梦，天涯望断故园春。
关山消尽轮蹄铁，转念辽东作客人。

——晋昌著：《途中寄小泉畊畬》，载《戎旃遣兴草》嘉庆刊本，
卷上叶十六下。

秋色佳哉胜艳阳，枝头金粟露凝香。
新歌宛转飘红袖，嘉酿芬芳醉羽觞。
不教月中摧玉斧，也从树下习霓裳。
忘形莫辨谁宾主，把酒临风喜欲狂。

——晋昌著：《八月二十五日招小泉、畊畬赏桂，次小泉韵》，
载《戎旃遣兴草》嘉庆刊本，卷上叶十九下。

露冷霜寒趁晓行，难将村酿破愁城。

敢夸武士干戈壮，却引儒林诗律清。

野骑驰驱朝逐兽，氊庐罗列夜屯营。

寄言暖屋烘床者，莫羡劳人望远征。

——晋昌著：《围次和小泉原韵》，载《戎旃遣兴草》嘉庆刊本，
卷上叶二十上。

满幅云烟满幅春，图来寿佛倍精神。

都缘旭日临元日，敢道良辰是贱辰。

古墨一螺生艳彩，瑶章三复见清新。

报琼无计深惆怅，惭愧天涯作客人。

——晋昌著：《壬戌初度小泉以〈罗汉册〉为祝即和原韵》，
载《戎旃遣兴草》嘉庆刊本，卷上叶二十三上下。

消磨万虑一身轻，结伴松林跨鹿行。

五岳三山无定向，不须偻指问归程。

手执金台妙入神，婆娑树底认前因。

笑他碌碌浮生者，五浊萦缠累一身。

采药归来小径斜，空山寂歷静无哗。

问君布袋藏何物？尽是灵山智慧花。

不惊峭壁不惊涛，抛饵牵丝钓巨鳌。

岂尽忘机消世虑，尘沙劫历几千遭！

别却尘寰岁月深，桑梧沧海任追寻。

乘麟自向天台路，云去云来不染心。

裸胸袒臂意徜徉，白吼青狮跨去忙。

欲识如来真面目，慈云深处是西方。

漫言一钵小于瓯，解引鸾凰自逗留。
云水苍茫何处是？天空海阔几千秋。

妙谛深参两袖垂，蒲团静坐敛长眉。
青牛卧地禅心定，回首云中鹤又随。

团圞一粒掌中珠，解制蛟龙出碧湖。
莫向人前说怪诞，佛家法力不虚无。

金锡肩挑意若何，琅琅铃杵彻江波。
遨游到此非无路，静里禅机有碧螺。

暂辞瑶岛下蓬莱，万水千山日几回。
伏虎神通原自有，世人何事漫惊猜。

只履西归断俗缘，凌波一叶态翩翩。
色空参破皆如意，回首秋风不记年。

——晋昌著：《题阿那尊像册十二绝》，载《戎旃遣兴草》嘉庆刊本，
卷上叶二十三下至叶二十五上。

自叹飘蓬客里身，天涯相聚悟前因。
已承芳简抒离绪，又荐清樽为洗尘。
千里关山窗外月，十年心事梦中人。
与君把酒谈今夕，席上谁还辨主宾。

——晋昌著：《小泉、畊畬为予洗尘，即席赋诗》，
载《戎旃遣兴草》嘉庆刊本，卷上叶二十六上下。

以指染黄花，为爱寒香素。
点点墨汁浓，似解含烟雾。
秀色飐严霜，傲骨凌凉露。
惟于风月亲，不愿藩篱固。

我来自辽东，秋光已三度。
写此伴高贤，领略陶家趣。

——晋昌著：《题指菊赠小泉》，《戎旃遣兴草》嘉庆刊本，
卷上叶二十九上下。

车尘马迹任西东，别后离怀两地同。
屈计归期应不远，相逢二十四番风。

却记芸窗醉后容，流光驹过忽三冬。
草堂小座多佳趣，酒兴偏教诗兴浓。

名山胜水我心降，领略三年返帝邦。
可是有情关塞月，夜深曾记上疏窗。

为惜分阴答旧知，指尖写出傲霜枝。
惟惭难入高人眼，纸不光明墨不滋。

停车西望对斜晖，无限寒鸦绕树飞。
冽冽朔风惊短梦，五更何处避寒威。

案牍权抛意暂舒，临风尤幸接新书。
文章妙手称君最，我早闻名信不虚。

论画谭文志不输，案头别后有诗无？
风尘仆仆榆关路，到眼迷漫雪压芦。

杏山东畔广宁西，处处关山好咏题。
怪煞催归枝上鸟，一声声似向人啼。

西堂赏桂赋秋佳，把酒持螯两意谐。
君是风流潇洒客，放怀今古已忘骸。

书窗诗案得追陪，雪月花时共举杯。
独去燕南千里外，帝城先看报春梅。

赠言卅韵写来真，字字珠玑句句春。
昨日永安桥畔别，离情恋恋语肫肫。

未学深惭性不文，虚名到处尽传闻。
况君本是诗书客，云外应闻桂子芬。

义路循循到礼门，先生德业最称尊。
箕裘不坠前人志，自有诗书裕子孙。

新诗清润胜琅玕，读罢风霜客梦寒。
呵冻几回思叠韵，坚冰早上紫毫端。

长途八百去雄关，山几盘旋水几湾。
欲问停骖何处是，轻车昨日过间山。

风尘荏苒已多年，千里驰驱远镇边。
尚有闲情耽觅句，敲诗马上不停鞭。

寒风飞絮冷萧萧，去路山遥共水遥。
最是五更凉月上，银沙踏碎过平桥。

凌尘风雪走寒郊，千里迢迢路又坳。
马上吟成聊自适，匆匆谁复费推敲。

情甘淡泊兴偏豪，谁信将军着敝袍。
却羡平津身俭约，延宾东阁不辞劳。

别后光阴未几何，因风君必想鸣珂。
我犹记取西堂夜，绿酒红灯共听歌。

才疏无计报天家，渥受君恩雨露加。
出镇三年惭考绩，萧萧两鬓染霜华。

官舍中为安素堂，每逢佳节具壶觞。
曾题兰桂清芳额，书法应知效二王。

最是萧条别后情，深宵孤馆一灯明。
几回欲睡难成梦，风雪来朝又北平。

知君高士静门庭，镇日琴书意自宁。
打点新春佳节近，椒花柏叶共倾瓶。

销尽三冬雪后冰，沈城明月照新灯。
归来画烛西堂满，好荐春盘会旧朋。

何时同作看山游，挈榼提壶好预筹。
十里莺声听不厌，绿杨深处酒家楼。

宾主三年共此心，好将新况寄佳音。
阳春景物知无尽，鱼在清溪鸟在林。

春来芳草带宜男，牢把佳章贮玉函。
约略归期重订社，琳琅妙句一时探。

长途风雪不须占，马上青霜几度霑。
和就新诗三十韵，顿教白发数茎添。

脱却东山隐士衫，泥金他日定开缄。
即今咳唾成佳什，珠玉先从句里嵌。

——晋昌著：《壬戌冬余还都小泉以上下平韵作诗赠行因次之》，
　　载《戎旃遣兴草》嘉庆刊本，卷上叶三十一下至叶三十六上。

金橘初开兰蕙香，敢邀履迹过西堂。
不须博带峨冠盛，好趁芒鞋竹杖狂。
一叶轻飘新籁爽，万家争看彩云黄。
野蔬薄酒留君醉，莫负秋光又一场！

　　——晋昌著：《立秋日招小泉、帡畬、可庭同饮》，
　　　　载《戎旃遣兴草》嘉庆刊本，卷上叶三十六下。

隔院先闻翰墨香，新诗和到读书堂。

席无佳馔情还厚，曲不成腔老更狂。

适性最宜秋澹荡，恼人偏是月昏黄。

俚言代柬难为韵，三律于今各擅场。

——晋昌著：《叠前韵答小泉、畊畬、可庭》，
载《戎旃遣兴草》嘉庆刊本，卷上叶三十六下至叶三十七上。

蒲帆数折西风顺，君子之中得后进，[①]

约我共食武昌鱼，手倾千厄色不怩。

我谓主人生异姿，颊上春风四座吹；

君曰昔曾图小像，千厄请买琼琚词。

此图出自小泉手，我与小泉亦吟友。

当时盛京大将军，[②]视君与松意独厚。[③]

将军持节万里遥，小泉今亦路迢迢。

聚散升沉足感慨，白首何堪还一搔！

今对此图心已醉，此日饮应加十倍。

请君垂钓黄鹤楼，画我与君酌楼内。

北睨伯牙台，南望鹦鹉洲，

鼓声琴韵两悠悠。

楼上清风吹散几名士，

只馀崔颢李白居上头！

原注：

①仆与善公先后知宁远州事。

②宗室晋公昌。

③松岚也。

——刘大观著：《题觉罗善观察怡荟〈柳荫垂钓图〉》，
载《玉磬山房诗集·怀州二集》，道光初年刻本，卷九叶二十上下。

青杨小巷拓城阴，折简来投碧海簪。

冷士到门无暑意。虚堂得雨有秋心。

绿醅盏浅怜轻病，①红豆香多入瘦唫。②

寄语直沽东下客，好将佳话续题襟。

原注：

①时余病目，节饮。

②展红梨主人《秋风红豆图》。

——孙锡著：《赠程小泉（伟元）》，载吴振棫：《国朝杭郡诗续辑》，
光绪二年丙子（1876）闰五月重校刻本，卷二十八叶三下。

辛酉、壬戌，小泉程夫子居东都，留守将军晋公幕府。余时肄业书院，以及门时亲笔墨。暨先生下世后，求其遗纸，如片鳞只爪，不可多得。景堂二兄以旧纸嘱题，余喜得见先生手泽，因志数言于巅。时嘉庆庚辰清和月之八日。

昔我立程门，雪吹三尺积。

挥麈细论文，临池学作字。

亦或试涂鸦，笔墨聊游戏。

吁嗟二十年，风流成往事。

片纸寄精神，恍惚间罄欬。

展卷讬长言，用以鸣相思。

——《题程小泉先生画册》，载金朝觐：《三槐书屋诗钞》，
清稿本卷三叶；《辽海丛书》本卷三叶九上下。

阴阴春树合，淼淼春波长。

持竿两无言，闲云自来往。

但为纵壑鱼，莫作临风柳。

此意问何人，笑向烟波叟。

不画辋川图，不访桃源洞。

斜风细雨时，一觉严陵梦。

得鱼可忘筌，得钞且沽酒。

日暮不归来，疏星挂寒罶。

那知夷与惠，只知蓑与笠。
歌罢远山青，溪头鹭拳立。

投纶足平生，休轻天下士。
倘有钓璜人，迢迢涉烟水。

——朱琦著，载《小万卷斋诗稿》卷二。

附录一：

晋昌赠范秋塘诗

【文彬按】《且住草堂诗稿》中，收有晋昌与范秋塘唱和的诗，共四题九首，当是经程伟元的手编录的。试可推知程伟元与范秋塘极可能相识，又是不经见的材料，一并公之于此，供研究文学史的同志参考。

> 三年前识秋塘面，一别匆匆几度秋。
> 应惜繁华如幻梦，也知身事等浮沤。
> 题兰自昔留佳话，酌酒于今豁旧愁。
> 何意关山千里外，与君同泛越窑瓯。

原注：

　　题兰自昔留佳话句，己未初晤，分泳画兰。

　　　　　　　　　　　——晋昌著：《即席与范秋塘叙旧》，
　　　　　　　载《戎旃遣兴草》嘉庆刊本，卷上叶二十六下。

> 数月停车幸尚安，年当老去重加餐。
> 江湖君已经漂泊，旅邸谁还问暖寒？
> 杯酒相亲原未易，绨袍解赠又何难。
> 高山流水情多少，不遇钟期不再弹！

　　——晋昌著：《次秋塘谢余赠衣原韵》，载《戎旃遣兴草》嘉庆刊本，
　　　　　　　　　　　　卷上叶二十七下至叶二十八上。

锦心绣口莫如公，咳唾随风珠玉同。
昨遇上丁亲展谒，诗成四韵谈笑中。

有幸相逢总角初，得亲风韵倍情疏。
才华毕竟推前辈，童子何知敢献书。

经多世味学痴呆，千里迢迢作客来。
谁解高人真面目，风云月露负仙才！

清白传家教子孙，更从经籍溯渊源。
宫墙万仞如天峻，景仰何因得入门？

——晋昌著：《为儿辈和秋塘上丁今胲原韵》，
载《戎旃遣兴草》嘉庆刊本，卷上叶二十八上下。

以指代霜毫，满把淋漓墨。
翠竹与黄英，写出秋颜色。

笑他桃李花，春光原顷刻。
何如恬谈姿，矫矫石岩仄！

傲骨自凌风，直节独超特。
所以此君称，一日无不得。

——晋昌著：《题指画菊竹赠秋塘》，载《戎旃遣兴草》嘉庆刊本，
卷上叶三十下至叶三十一上。

渡湾。癸亥十二月。

初六日，晴。永安桥三十里午餐。白边站三十里宿。

程伟元书斋。

号小（泉），能诗文字画。家在城内西衢衕。因沈教习仕临，往见之。程
出，肃延座。题一绝曰：

国语难传色见春，雅材宏度尽精神。

贱生何幸逢青顾，片刻言情尽有真。

程本系河南籍，伊川先生三十一世孙，见授沈阳书院掌院。

郢下歌成白雪春，主人情致憺怡神。

逢迎诗席匆匆话，莫辨浮生梦与真。

——[朝鲜]李海应著：《蓟山纪程》，载林其中编《燕行录全集》第66集，

东国大学校出版部出版，第124页。

九月初一日。朝日有食之，闻沈阳诸官会礼部颁给云。终日大风，是日欲观太学，风不得出。……曾闻沈阳多文士，谓当于留馆之时过从消遣矣。来闻程小泉伟元作故已久，潘果茹元钺、金朝觐俱游宦在外云，可怅也。

——[朝鲜]朴来谦著：《沈槎日记》，清道光己丑（1829）年。

登高能赋，大都肖物为工；穷力追新，只是陈言务去。惜乎《红楼梦》之观止于八十回也。全册未窥，怅神龙之无尾；阙疑不少，隐斑豹之全身。然而以此始，以此终，知人尚论者，固当颠末之悉备；若夫观其文，观其窍，闲情偶适者，复何烂断之为嫌。矧乃篇篇鱼贯，幅幅蝉联。漫云用十而得五，业已有二于三分。从此合丰城之剑，完美无难；岂其探赤水之珠，虚无莫叩。爰夫谱华胄之兴衰，列名媛之动止，匠心独运，信手拈来，情发乎文，言立有体，风光居然细腻，波澜但欠老成，则是书之大略也。董园子偕弟澹游，方随计吏之暇，憩绍衣之堂。维时溽暑蒸，时雨霂。苔衣封壁，兼□□问字之宾；蠹简生春，搜箧得卧游之具。迹其锦心绣口，联篇则柳絮团空；洎乎谲波诡云，四座亦冠缨索绝。处处淳于炙輠，行行安石碎金。□□断香零粉，忽寻声而获爨下之桐；虽多玄□□□，□□□□□□□。筠圃主人矍然谓客曰："客亦知升沉显晦之缘，离合悲欢之故，有如是书也夫？吾悟矣，二子其为我赞成之可矣。"于是摇毫掷简，口诵手批。就现在之五十三篇，特加雠校；借邻家之二十七卷，合付钞胥。核全函于斯部，数尚缺夫秦关；返故物于君家，璧已完乎赵舍。（君先与当廉使并录者，此八十卷也）观其天室永丝萝之缔，宗功

肃霜露之晨，乘朱轮者奚止十人，珥金貂者俨然七叶。庭前舞彩，膝下含饴。大母则宜仙宜佛，郎君乃如醉如痴。御潘岳之板舆，闲园暇日；承华歆之家法，密室朝仪。刘氏三姝，谢家群从。雅有荀香之癖，时移徐淑之书。林下风清，山中雪满。珠合于浦，星聚于堂。绛蜡筵前，分曹射覆；青绫帐里，索笑联吟。王茂宏之犊车，颇传悠谬；郑康成之家婢，绰有风华。耳目为之一新，富贵斯能不朽。至其指事类情，即物呈巧，皎皎灵台，空空妙伎。镂金刻木，则曼衍鱼龙；范水模山，则触地邱壑。俨昌黎之记画，杂曼倩之答宾。善戏谑兮，姑谋乐也。代白丁兮人地，褫墨吏兮燃犀。欢娱席上，幻出清净道场；脂粉行中，参以风流裙屐。放屠刀而成佛，血溅夭桃；借冷眼以观时，风寒落叶。凡兹种种，吾欲云云，足以破闷怀，足以供清玩。主人曰："自我失之，复自我得之。是书成而升沉显晦之必有缘，离合悲欢之必有故，吾滋悟矣。鹿鹿尘寰，茫茫大地。色空幻境，作者增好了之悲；哀乐中年，我亦堕辛酸之泪。昔曾聚于物之好，今仍得于力之强。然而黄垆回首，邈若山河（痛当廉使也）；燕市题襟，两分新旧。辨酸咸于味外，公等洵是妙人；感物理之无常，我亦曾经沧海。羊叔子岘首之嗟，于斯为盛；盖次公仰屋之叹，良不偶然。斗筲可饮千钟，且与醉花前之酒；黄粱熟于俄顷，姑乐游壶内之天。"客曰善。于是乎序。

乾隆五十四年岁次屠维作噩且月上浣虎林董园氏舒元炜序并书于金台客舍。

——舒元炜著：《红楼梦序》，中华书局影印本卷首。

呜呼，早既不能学太上之忘情，又焉（乌）敢谓（说）至人之无梦。梦醒百年，古今一恸。予年十六（七），始读《红楼梦》传奇。悦其舌本之香，醉其艳情之长。春秋三（二）十有五，脱若梦境之飞扬。残灯耿耿，明星煌煌。呜呼！噫嘻！而今梦矣，乃召梦而告之曰：噫嘻乎梦哉。我梦为顽石，不许娲皇炼五色。我梦为仙草，不与嫦娥修七宝。我梦为绛珠，不要灵芸贮唾壶。我梦为香息，不替玉环装钿盒。盒以订梦之婚，壶以招梦之魂，草以碧梦之血，石以瘦梦之骨。裁（梦）焚之鲛绡，以织梦之锦絛（囊），拾梦补之雀裘，以铺梦之绣褥（缛）。梦塚（冢）之花，以簪梦之髻（鬓）鸦；梦窗之竹，以响梦之珮（佩）玉。生则梦与怡红同栩，死则梦与怡红同穴。噫嘻乎梦哉。赏心乐事，潇湘馆也。如花美眷，怡红院也。终日情思，拭燕又（胭脂）也。

他年葬侬（依），诔芙蓉也。美人是谁？好妹妹也。宝玉你好，爱哥哥也。放熙凤于昭阳，还宝钗于洛浦。唤紫鹃于茜纱，劫晴雯于黄土。麝月梳头，花娘捣（捶）股。打线黄莺儿，唱诗绿鹦鹉（英武）。奈何哉！地老（荒）天荒（老），红楼北邙。两情恻恻（侧侧），一梦堂堂。噫嘻乎梦哉。玉兔金乌，往来一梦也。结绮临春，繁华一梦也。绣虎雕龙，才人一梦也。铁马雕戈，英雄一梦也。则不知我之梦，梦（之）耶，梦之梦，我耶。梦我为黛螺，点修（惰）蛾些。梦我为海棠，晕浅（唇）涡些。梦我为胡桃，揾（掘）秋波些。梦我为香薷，苏（酥）病魔些。梦我为落花，承娇歌些。梦我为瑶琴，诉檀日（口）些。梦我为金穗，剪掺手些。梦我为螃蟹，嚼（咽）美酒些。梦我为相思，给一斗些。噫嘻乎梦哉。梦来何（伺）所，情天一个；梦返何乡，哭地千场。梦化为影，缥缈金井。梦化为形，迷藏画屏。梦化为魄，鸾镜漆黑。梦化为声，凤箫月明。梦化为泪，丛篁失翠。梦化为魂，桃花昼昏。梦化为佛，苍苔绣偈。梦化为仙，白云乘船。噫嘻乎梦哉。采（采）罗浮之绿梅，熟邯郸之黄粱，飞漆园之蝴蝶，跨秦台之凤凰（凤皇），唳（泪）横江之孤鹤，荐蹴蔬之修（惰）羊。写以牡丹亭畔之笔，镌以青埂峰头之石。供以《红楼梦》里之图，藏绿雪堂前（以紫琼馆中）之簏。辞曰：红楼兮玉京，潇湘馆兮芙蓉城，萼绿华兮为我迎（弹紫橘之木改王兮为我吟），梦之来兮鉴我情。

饭牛赵古农评："梦境迷离，笔花灿烂。鲜如濯锦，绚拟流霞。因由天分之高，亦才学力之富。"

缪莲仙评："奇情谲采，得未曾有。"

——王衍梅撰：《吊梦文》，载缪艮《文章游戏四编》，道光元年刊本卷七，叶四上至叶六下。

吊梦文　王衍梅

呜呼，早既不能学太上之忘情，又焉敢谓至人之无梦？梦醒百年，古今一恸。予年十六始读《红楼梦》，传奇悦其舌本之香，醒其情艳之长。春秋三十有五，脱若梦境之飞扬。残灯耿耿，明星煌煌。呜呼噫嘻，而今梦矣。乃召梦而告之曰：噫嘻于梦哉！我梦为顽石，不许娲皇炼五色；我梦为仙草，不与嫦娥修七宝；我梦为绛珠，不要灵芝……

王衍梅撰：《吊梦文》书影

【文彬按】王衍梅，字律芳，又字笠舫，浙江会稽人。生于清乾隆四十一年（1776），卒于道光十六年（1836）。嘉庆十六年进士，官广西武宣县知县，以吏议落职。《会稽县志》（道光）记载，其著有《兰雪轩》《小楞严斋》《静存斋》等集及《红杏村人吟稿》等。今被著录者有《绿雪堂遗集》（二十卷）；写本有《笠舫诗文集》《小谟觞馆遗文》《笠舫文钞》《会稽王衍梅笠舫稿》（附《红杏村人传》，自记生平出处，迹类陶渊明、唐伯虎之流）。柯愈春著《清人文集总目提要》著录甚详。著名红学家徐恭时先生在《〈红楼梦〉版本新语》（见《河北师范大学学报》1981年第2期）第二节《八十回故事异文诸本综考》中共列笔记、诗文透露八十回后故事情节十七则。其第十七则云："王衍梅在乾隆五十六年（1791）所读之《红楼梦》，人物结局有四人（即"凤钗鹃晴"）的结局，与程印本后四十回情节迥异。"今录缪艮《文章游戏四编》所载《吊梦文》（与他本异文用括号表示），略加标点，供读者研考。

【附记】

愿作鸳鸯,神仙队、风流有几?情至处、六朝佳句,一时提起。便种忌忧同却老,得成比目何辞死。尽痴人、如我替相怜,痴如此。

刘家妹,乔家姊,渠薄命,侬连理。数悲欢大抵,听天而已。长在王郎心上住,且将黛玉眉间比。问红楼、梦里几红妆,颦颦是。(君喜吟卢照邻"得成比目何辞死,愿作鸳鸯不美仙"之句。又,予《题红楼梦传奇》长篇,有"颦卿岂是凡人胎,兼亦不从天"上来。天耶人耶两无处,只在王郎心上住。君笑,以为痴谈也。)

——王衍梅著:《满江红·醉后书香妆悦巾》,载《笠舫稿》(抄本)。

乾隆庚戌秋,杨畹耕语余云:"雁隅以重价购钞本两部:一为《石头记》,八十回;一为《红楼梦》,一百二十回,微有异同。爱不释手,监临省试,必携带入闱,闽中传为佳话。"时始闻《红楼梦》之名,而未得见也。壬子冬,知吴门坊间已开雕矣。兹苕估以新刻本来,方阅其全。相传此书为纳兰太傅而作。余细观之,乃知非纳兰太傅,而序金陵张侯家事也。忆少时见《爵秩便览》,江宁有一等侯张谦,上元县人。癸亥、甲子间,余读书家塾,听父老谈张侯事,虽不能尽记,约略与此书相符,然犹不敢臆断。再证以《曝书亭集》《池北偶谈》《江南通志》《随园诗话》《张侯行述》诸书,遂决其无疑义矣。案靖逆襄壮侯勇长子恪定侯云翼,幼子宁国府知府云翰,此宁国、荣国之名所由起也。襄壮祖籍辽左,父通,流寓汉中之洋县,既贵,迁于长安,恪定开阃云间,复移家金陵,遂占籍焉。其曰代善者,即恪定之子宗仁也,由孝廉宫中翰,袭侯十年,结客好施,废家资百万而卒。其曰史太君者,即宗仁妻高氏也,建昌太宗琦女,能诗,有《红雪轩集》,宗仁在时,预埋三十万于后园,交其子谦,方得袭爵。其曰林如海者,即曹雪芹之父栋亭也,栋亭名寅,字子清,号荔轩,满洲人,官江宁织造四任巡盐。曹则何以尘词曰林?盖曹本作臂,与林井为双木。作者于张字曰挂弓,显而易见;于林字曰双木,隐而难知也。嗟乎!贾假甄真,镜花水月,本不必求其人以实之。但此书以双玉为关键,若不溯二姓之源流,又焉知作者之命意乎?故特详书之,庶使将来阅《红楼梦》者,有所考信云。甲寅中元日黍谷居士记。

——周春著:《阅红楼梦随笔》,
据1958年中华书局上海编辑所影印拜经楼钞本。

【文彬按】周春在《阅红楼梦随笔》中所言《红楼梦》八十回本、一百二十回本抄本事，有时间、地点、人物之证，其真实性非耳食之言可比。但一些人对杨畹耕、雁隅生平不甚了了，故斥之为"偶闻"不足采信。然十余年前中国艺术研究院硕士生李虹同学在她的硕士论文《周春及其〈红楼梦〉研究》中做了详尽考证，指出："徐嗣曾在福建携带一百二十回入闽，时间是在程高摆印一百二十回本之前，证明一百二十回本实有所本。"张船山诗注中所云："《红楼梦》八十回以后俱兰墅所补"的"补"字只能作为"改讹订补"，即"修补"之意来理解。胡适等人以"补"为"续"之说实不足为训。

曹子雪芹出所撰《红楼梦》一部，备记风月繁华之盛。盖其先人为江宁织府；其所谓大观园者，即今随园故址。惜其书未传，世鲜知者，余见其钞本焉。

> 佳园结构类天成，快绿怡红别样名。
> 长槛曲栏随处有，春风秋月总关情。
>
> 怡红院里斗娇娥，娣娣姨姨笑语和。
> 天气不寒还不暖，瞳昽日影入帘多。
>
> 潇湘别院晚沉沉，闻道多情复病心。
> 悄向花阴寻侍女，问他曾否泪沾襟。
>
> 追随小蝶过墙来，忽见丛花无数开。
> 尽力一头还两把，扇纨遗却在苍苔。
>
> 侍儿枉自费疑猜，泪未全收笑又开。
> 三尺玉罗为手帕，无端掷去又抛来。
>
> 晚归薄醉帽颜欹，错认猸儿唤玉狸。
> 忽向内房闻语笑，强来灯下一回嬉。
>
> 红楼春梦好模糊，不记金钗正幅图。
> 往事风流真一瞬，题诗赢得静工夫。

帘栊悄悄控金钩，不识多人何处游。
留得小红独坐在，笑教开镜与梳头。

红罗绣缬束纤腰，一夜春眠魂梦娇。
晓起自惊还自笑，被他偷换绿云绡。

入户愁惊座上人，悄来阶下慢逡巡。
分明窗纸两珰影，笑语纷絮听不真。

可奈金残玉正愁，泪痕无尽笑何由。
忽然妙想传奇语，博得多情一转眸。

小叶荷羹玉手将，诒他无味要他尝。
碗边误落唇红印，便觉新添异样香。

拔取金钗当酒筹，大家今夜极绸缪。
醉倚公子怀中睡，明日相看笑不休。

病容愈觉胜桃花，午汗潮回热转加。
犹恐意中人看出，慰言今日较差些。

威仪棣棣若山河，还把风流夺绮罗。
不似小家拘束态，笑时偏少默时多。

生小金闺性自娇，可堪磨折几多宵。
芙蓉吹断秋风狠，新诔空成何处招。

锦衣公子茁兰芽，红粉佳人未破瓜。
少小不妨同室榻，梦魂多个帐儿纱。

伤心一首葬花词，似谶成真自不知。
安得返魂香一缕，起卿沉痼续红丝？

莫问金姻与玉缘，聚如春梦散如烟。
石归山下无灵气，纵使能言亦枉然。

馔玉炊金未几春，王孙瘦损骨嶙峋。

青娥红粉归何处，惭愧当年石季伦。

——富察·明义著：《题红楼梦》二十首，载《绿烟琐窗集》抄本，

上海古籍出版社1984年4月影印本，第105—109页。

【文彬按】自明义《题红楼梦》二十首诗发表后，红学研究者甚为关注。1980年《红楼梦学刊》第1期上刊出吴世昌先生的《论明义所见〈红楼梦〉初稿》一文指出："（明义）这二十首诗中所透露的初稿内容固然重要，它所说到的而今本所有（未）有的重要情节，在研究《红楼梦》成书过程中更有意义。"在经过研讨后，吴先生列出"二十首七绝的内容，除第一首作为首冒，末两首谈到全书结局，略加详论外，其余十七首则每首说明书中一段情节或故事。这些故事，（1）有的为今本《石头记》中所有；（2）有的则今本所无；（3）有的则虽有而情节不同……"继吴先生之后，朱淡文在《红楼梦论源》第二编第三章《〈红楼梦〉成书考索》下列有"关于明义所见《红楼梦》三节"讨论文章。近年来又有新的讨论文章刊出，将吴、朱诸先生的讨论推向深入。本人认为这些讨论对后四十回的著作权及成书过程极有意义，从而对程伟元、高鹗在红学史上的地位评论亦将有重要的推动作用。

满纸喁喁语不休，英雄血泪几难收。

痴情尽处灰同冷，幻境传来石也愁。

怕见春归人易老，岂知花落水仍流。

红颜黄土梦凄切，麦饭啼鹃认故丘。

——淳颖著：《读〈石头记〉偶成》，路工、胡小伟合著

《一首新发现的早期题红诗——睿恭亲王淳颖〈读石头记偶成〉诗考析》，

载《红楼梦研究辑刊》第14辑，上海古籍出版社1989年10月版，第496页。

【文彬按】据路工、胡小伟二先生介绍，《读〈石头记〉偶成》诗原存于路工50年代初所藏的一幅诗稿长卷之上。该卷长约410厘

米，高约310厘米，纸装粗裱，共计存诗八十四首，曲一支。排列颇杂，纸张墨色均不一致，看来是匆忙裱集起来以免流散的，当在晚近年间。至于是诗主后人抑或书画商人所为，则无从查考。

长卷存诗中，除以朱丝栏格抄录朱彝尊的《曝书亭诗选》十五首和佚名《观剧绝句》八首字体明显不同外，其余各首字迹相类，而且多数有涂改、点改的痕迹，显系诗稿。内容绝大多数是言情怀人之作，例如"无题诗"即有三十四首之多，"赠内""寄内"一类诗题亦有六七首，其他诗作也大都如是，诗风纤丽，情致缠绵。其中《小花烛》《杏花》《牡丹花前次铁夫韵》《游东竺庵作》和《读〈石头记〉偶成》这几首诗依次属连，书写在同一张纸上面。

全部诗卷署名号者，计有"身云室稿"一款，钤闲章"花鸟赏心"，"留意琴书"；"睿亲王题"一款；"又次道人稿为淡香主人雅鉴"一款；"玉盈主人"或"玉盈主人未定稿"共四款。另有跋语"三十首中，名句络绎，隽不伤雅，别有深情至致，溢乎言外，可存也。芑孙谨识"。《读〈石头记〉偶成》所在的那一幅诗稿则未署任何名款。《辑刊》卷末附"淳颖诗稿手迹"供参阅。

淳颖《读〈石头记〉偶成》透露了八十回后的重要内容不见于今见抄本，请读者参阅路、胡文章第三部分《读〈石头记〉偶成》内容试析一节。

《程伟元续红楼梦自九十回至百二十回书后》：《红楼梦》一书，曹雪芹虽有志于作百二十回，书未告成即逝矣。诸家所藏抄本八十回书及八十回书后之目录，率大同小异者。盖因雪芹改《风月宝鉴》数次始成此书，抄家各于其所改前后第几次者分得不同，故今所藏诸稿未能画一耳。此书由来非世间完物也。而伟元臆见，谓世间当必有全本者在，无处不留心搜求，遂有闻故生心思谋利者，伪续四十回，同原八十回抄成一部，用以绐人，伟元遂获赝鼎于鼓担，竟是百二十回全装者，不能鉴别燕石之假，谬称连城之珍，高鹗又从而刻之，致令《红楼梦》如《庄子》内外篇，真伪永难辨矣。不然即是明明伪续本，程、高汇而刻之，作序声明原尾，故意捏造以欺人者。斯二端无处可考。但细审后四十回，断非与前一色笔墨者，其为补著无疑。……此四十回全以前八十回中人名事物，苟且敷衍，若草草看去，颇似一色笔墨，细考其用意不佳，多煞风景之处。故知雪芹万不出此下策也。观前五十六回中，写甄家来京四个女人，见贾母言甄宝玉情性并其家事，隐约异同，是一是二，令人真假难分，斯为妙文。后宝玉对镜做梦云云，明言真甄假贾，仿佛镜中现影者。讵意伪续四十回家，不解其旨，呆呆造出甄贾两玉，相貌相同，性情各异，且与李绮结婚，则同贾府俨成二家，嚼蜡无味，将雪芹含蓄双关极妙之意荼毒尽矣。吁！雪芹用意，岂惟五十六回而始发哉！其于第二回贾雨村与冷子兴言其在金陵甄家处馆时，见甄宝玉受责呼姐妹止痛，及惟怜爱女儿情性等语，已先为贾宝玉写照矣。伪续之徒，岂得梦见？再贾母、王夫人皆极慈爱儿女之人，偏要写为贾母忙办宝玉、宝钗姻事，遂忘黛玉，重病至死，永不看问，且言"若是他心里有别的想头，成了什么人了呢！我可是白疼了他了"云云，此岂雪芹所忍作者？王夫人因惜春非亲生女，有忙事遂将惜春略过云云，似此炎凉之鄙，又岂雪芹所忍作者？贾政者，前卷极称之人也，竟写为做外官糊涂无能，不善管家人长随，遂至声名狼藉，侥幸得轻参而回云云，又岂雪芹所忍作者？和尚送通灵玉来，口口声声，要一万银子，刺刺不休。虽系假话，甚觉贫俗可厌。黛玉屡写病已垂危不起，随后同众而出，数回一辙。妙玉走火入魔，潇湘馆鬼哭等处，皆大煞风景。结束贾雨村归结《红楼梦》，愈蛇足无谓。呜呼！此谓为雪芹原书，其谁欺哉！四十回中似此恶劣者多不胜指，余偶摘一二则论之而已。且其中又无若前八十回中佳趣，令人爱不释手处。诚所谓一善俱无，诸恶备具之物，乃用之滥竽于雪芹原书，苦哉！苦哉！

——裕瑞撰：《枣窗闲笔》稿本，上海古籍出版社，

1984年4月版第161—172页。

程伟元的《双松并茂图》保存在王尔烈的寿屏上，原藏辽阳翰林府故居，现存在辽阳市文管所。

王尔烈，号瑶峰，辽阳人，乾隆进士，翰林院编修，内阁侍读学士，为辽东著名文人。

寿屏系嘉庆元年（1796）正月二十三日王尔烈七十岁生日同僚所赠之贺礼，寿屏共九扇，每扇高二米，宽三十二厘米，木框，泥金纸，由黄骍题序，首扇楷书"公祝诰授中宪大夫内阁侍读学士加一级瑶峰王老大人七秩大庆"，尾扇楷书"龙飞嘉庆元年岁次丙辰正月庚寅上瀚吉旦受业黄骍谨书"。中间七扇，每扇十八幅泥金纸屏画，画幅14厘米×14厘米，共一百二十六幅，以四体

寿字为主，画次之。寿屏题名共一百二十三人，不少是乾隆末年官僚文人。

程伟元画在第七扇第一行第五幅（全屏的第95幅）。画面为水墨"双松并茂图"，右下角署小楷程伟元款，有小印二，上一印尚可认出一"元"字。程伟元的画过去发现不多，已知的仅嘉庆六年写意山水扇面和嘉庆七年指画《罗汉册》。这次发现的是程画中最罕见的一幅。此画的发现，对研究程伟元又提供了重要资料。

——邹宝库著：《新发现程伟元的〈双松并茂图〉》，

原载《红楼梦学刊》1981年第2期，第178页。

附录二：

清嘉庆元年王尔烈寿屏

王尔烈寿屏又称百寿图，原在王尔烈故居——辽阳翰林府，由王氏后裔收藏了180多年，1953年其六世孙王抚辰献给了人民政府，现藏辽阳博物馆。

这架寿屏是清嘉庆元年（1796）正月二十三日，王尔烈在北京翰林院任职期间，七十寿辰时，他的同僚好友、清政府官员及社会名流、学者为他祝寿题赠的礼品。嘉庆四年寿屏由北京运回辽阳故居，世代什袭藏之，至今屏面如新，绚丽多彩。

寿屏取屏风的形制。寿屏之制盛行于清代。乾隆年间小说《红楼梦》中的贾母八十大寿，亲友送有十六架围屏祝寿，甄家一架为十二扇大屏，反映了当时的风气。王尔烈的时代稍后于曹雪芹，又同为仕宦缙绅之家，有寿屏实物传世，可见在清中叶很盛行寿屏。但清代寿屏保存下来的不多，嘉庆元年王尔烈寿屏又是时代较早的一座，十分珍贵。

寿屏为九扇大屏，每扇用柴木作框，高200厘米、宽32厘米，上下透雕"寿"字。全屏九扇总横长288厘米。用铜折页连接竖立，首尾两向前曲，中间七扇平直。因无屏座，当系在寿堂依墙而立，寿辰过后收藏起来，与常年立放的实用屏风不同。

寿屏展开时，在瓷青纸屏心地上，四周绣"寿"字花锦镶边，百余人的泥金纸字画裱在其中，颇为可观。首扇题"公祝诰授中宪大夫内阁侍读学士加一级瑶峰王老大人七秩大庆"，尾扇署"龙飞嘉庆元年岁次丙辰正月庚寅上瀚吉旦受业黄骅谨书"。中间七扇，每扇粘两行14厘米×14厘米的方形泥金纸字画，每行九幅，一扇两行十八幅，七扇十四行，共一百二十六幅。依次简介如下。

第1幅，鸟虫书"寿"字，作者翟槐，官至云南楚雄知府。

第2幅，楷书"寿"字，作者蒋曰纶，官工部右侍郎。

第3幅，鼎文“寿”字，作者蒋赐棨，官户部左侍郎。

第4幅，篆书“寿”字，作者甘家斌，官至大理寺卿。

第5幅，篆书“寿”字，作者范衷，官至刑部主事。

第6幅，篆书“寿”字，作者曹锡龄，官至吏科给事中。

第7幅，篆书“寿”字，作者吴孝显，乾隆进士。

第8幅，篆书“寿”字，作者张祥云，乾隆进士。

第9幅，金文“寿”字，作者盛惇大，山水画家，官庆阳知府。

第10幅，篆书“寿”字，作者周元良，官福建道御史。

第11幅，满文“寿”字，作者赵锳，官兵部左侍郎。

第12幅，楷书“寿”字，作者特克慎，官太仆寺少卿。

第13幅，行书“寿”字，作者张若渟，官刑部尚书。

第14幅，九叠文“寿”字，作者广泰，官江西道御史。

第15幅，隶书“寿”字，作者刘秉恬，官仓场侍郎。

第16幅，楷书“寿”字，作者冯埏。

第17幅，满文“寿”字，作者保明，官浙江道御史。

第18幅，篆书“寿”字，作者杜南棠，官至右庶子。

第19幅，篆书“寿”字，作者蒋尚桓。

第20幅，隶书“寿”字，作者伊秉绶，著名书法家，官刑部主事。

第21幅，草书“寿”字，作者英和，官至协办大学士。

第22幅，水墨兰草花卉图，作者韩（金荣），官工部侍郎。

第23幅，楷书“寿”字，作者吴裕德，官翰林院编修。

第24幅，设色兰草菱芝花卉图，题曰：“祥开福地芝兰秀，春到蓬壶日月长。”作者熊墀。

第25幅，瓦文“寿”字，题曰：“九畴锡福。惟寿乃全。以莫不益，方至如川。仁者养性，君子乐天。康强逢吉，是用延年。”作者秦清。

第26幅，楷书“寿”字，无署名。

第27幅，篆书“寿”字，作者罗国俊，官至礼部侍郎。

第28幅，鼎文“寿”字，作者帅承瀛，官至浙江巡抚。

第29幅，楷书“寿”字，作者周兴岱，官至左都御史。

第30幅，水墨山松图，作者施枃，官至侍读。

第31幅，楷书"寿"字，作者平恕，官至户部左侍郎。

第32幅，水墨松鹤图，作者旷楚贤，官至直隶清河道。

第33幅，满文书"寿"字，作者梁上国，官至太常寺卿。

第34幅，水墨山松图，作者署名不清。

第35幅，隶书"寿"字，作者吴省钦，官至左都御史。

第36幅，金文"寿"字，作者吴宝裕，嘉庆进士。

第37幅，篆书"寿"字，作者韩尌，官刑部尚书。

第38幅，隶书"寿"字，作者纪兰，乾隆进士。

第39幅，九叠文"寿"字，作者广泰。

第40幅，指画松图，作者曹城，官至史部左侍郎。

第41幅，水墨竹石图，作者万承风，官至兵部左侍郎。

第42幅，设色桃图，题曰："王母种桃，三千岁一实，见于《汉武故事》。然《神农经》云：'玉桃服之令人长生。'知所由来旧矣。"作者莫瞻菉，官至礼部侍郎。

第43幅，隶书"寿"字，作者甘立猷，官至吏科给事中。

第44幅，楷书"寿"字，作者齐嘉绍，乾隆进士。

第45幅，隶书"寿"字，作者署名不清。

第46幅，篆书"寿"字，作者李阳域，官江南道御史。

第47幅，楷书"寿"字，作者曹祝龄。

第48幅，诗二首，其一："寿世朝多鹤发仙，琅琊风调称耆年。七旬宴早开春酒，千叟班曾入绮筵。灯节过犹留璧月，薇垣高已接庚躔。新知旧雨歌平格，花信番初盛事传。"其二："大雅扶轮迥不同，置身端在五云中。柏台旧肃风霜简，铃阁今襄鼎鼐功。墨妙千行宗逸少，才名卌载著辽东。斗山气象容瞻仰，后进追陪语笑通。"作者缪晋，官至山西平阳知府。

第49幅，水墨仙鹤，题曰："鹤立霜林，神骨耸秀。性洁故高，气清故寿。五百年黄，五百年元。翛然物表，望之如仙。"作者纪昀，任《四库全书》总纂官，官至协办大学士。

第50幅，题曰："尧舜在上，景星出，卿云见，醴泉涌，芝草生，甘露降，黄河清。五星联珠，日月合璧。麒麟在囿，凤凰来仪。其下多百岁人。"

作者刘湄，官至左副都御史。

第51幅，水墨嵩山图，"嵩视长春"，作者王有庆。

第52幅，水墨竹石图，作者王嘉喜。

第53幅，隶书"寿"字，作者胡高鐋，官至左都御史。

第54幅，篆书"寿"字，作者朱绂，官至湖广道御史。

第55幅，篆书"寿"字，作者宜兴，官至步军统领。

第56幅，隶书"寿"字，作者章煦，官至文渊阁大学士。

第57幅，双钩"寿"字，作者龚大万，官至内阁中书。

第58幅，设色老人望鹤图，作者广兴，官至内务府大臣。

第59幅，设色松石图，作者姚梁，官宗人府主事。

第60幅，设色水仙图，作者余集，官至侍讲学士。

第61幅，水墨竹石图，作者兆昌。

第62幅，楷书"寿"字，作者徐朗元。

第63幅，隶书"寿"字，作者署乙斋，姓名待考，官翰林院庶吉士。

第64幅，鼎文"寿"字，作者叶元符。

第65幅，楷书"寿"字，作者李光云，官至太常寺卿。

第66幅，篆书"寿"字，作者徐烺，官至直隶广平知府。

第67幅，行书"寿"字和设色花卉图，作者瑞书。

第68幅，水墨山松图，作者王坦修，官至侍讲学士。

第69幅，设色桃花图。作者方维甸，官至闽浙总督。

第70幅，设色南天竹留，作者王祖武，官至陕西道御史。

第71幅，隶书"寿"字，作者汪日章，以兵部员外郎任《四库全书》缮书处分校官。

第72幅，金文"寿"字，作者潘绍经，官至兵科给事中。

第73幅，篆书"寿"字，作者冯培，官至户科给事中。

第74幅，篆书"寿"字，作者邱庭澍，官江南道御史。

第75幅，题曰："晨游太山，云雾窈窕。忽逢二童，颜色鲜好。乘彼白鹿，手翳芝草。吾知真人，长跪问道。西登玉堂，金楼复道。授我仙药，神皇所造。教我服食，还精补脑。寿同金石，永世难老。"作者荣柱，工诗，善写花卉，官盛京刑部侍郎。

第76幅，设色梅菱花卉图，题曰："乾隆丙午万寿圣节，窃绘斯图以进，仰荷宸题。今年春，欣值瑶峰世老大人七秩大寿。与执觚之会，愧乏摛藻之才，缘缩写前图，聊当遐祝云尔。"作者汪承霈，官兵部尚书。

第77幅，诗一首："王氏作竟佳且好，上有仙人不知老。得餔醴泉饥食枣，寿如金石为国保。"作者鲁荣思，官吏部郎中。

第78幅，水墨双松并茂图，作者刘坤，官江南道御史。

第79幅，水墨佛手花卉图，作者孙溶。

第80幅，楷书"寿"字，作者玉保，官至吏部左侍郎。

第81幅，篆书"寿"字，作者周鋐。

第82幅，篆书"寿"字，作者潘世恩，官至武英殿大学士。

第83幅，楷书"寿"字，作者赵佑，官至左都御史。

第84幅，篆书"寿"字，作者赵文兴，官太仆寺少卿。

第85幅，设色双松并茂图，作者谢清问。

第86幅，水墨竹雀图，作者陈煜。

第87幅，设色月季菱芝花卉图，作者范宜恒，官户部尚书。

第88幅，隶书"寿"字，作者钱棨，官至内阁学士。

第89幅，隶书"寿"字，作者敷森布，官兵部郎中。

第90幅，金文"寿"字，作者潘世璜，官户部主事。

第91幅，篆书"寿"字，作者孟邵，官大理寺卿。

第92幅，隶书"寿"字，作者玉麟，官至兵部尚书。

第93幅，设色菊花卉图，作者陈希曾，官工部右侍郎。

第94幅，楷书"寿"字，作者童凤三，官吏部左侍郎。

第95幅，水墨双松图，作者程伟元，即程甲本、程乙本《红楼梦》印行者，盛京将军晋昌的幕僚。

第96幅，篆书"寿"字，作者吴煦，官礼部员外郎。

第97幅，设色菱芝花卉图，作者史积中，乾隆进士。

第98幅，楷书"寿"字，作者曹振镛，官至武英殿大学士。

第99幅，鼎文"寿"字，作者翁方纲，书法家，官至内阁学士。

第100幅，鸟虫书"寿"字，作者王念孙，古文字学家，官至直隶永定河道。

第101幅，楷书"寿"字，作者谭尚忠，官吏部左侍郎。

第102幅，楷书"寿"字，作者金士松，官至兵部尚书。

第103幅，设色灵芝花卉图，作者赓音布，官河南道御史。

第104幅，诗一首："缥缈烟霞十二楼，蓬莱仙岛凤麟洲。金鸡唱彻壶天晓，玉笛吹开洞府幽。桃醉春风红露滴，桂横秋月锦云浮。我来欲问长生诀，南极声中进一筹。"作者王钟健，官至浙江金衢严道。

第105幅，水墨南山图，作者未彤。

第106幅，楷书"寿"字，作者书敬，官江西道御史。

第107幅，隶书"寿"字，作者法式善，诗人，官国子监祭酒。

第108幅，篆书"寿"字，作者李传熊，官至侍讲学士。

第109幅，篆书"寿"字，作者王治模，官江西道御史。

第110幅，蒙、藏文"寿"字，作者裘行简，署直隶总督。

第111幅，隶书"寿"字，作者龚骖文，官江西道御史。

第112幅，楷书"寿"字，作者刘墉，书法家，官至体仁阁大学士。

第113幅，九叠文"寿"字，作者富勒赫。

第114幅，隶书"寿"字，作者费振勋，以内阁中书任《四库全书》缮书处分校官。

第115幅，楷书"寿"字，作者陆伯焜，官至浙江按察使。

第116幅，满文"寿"字，作者吴能光，官四川道御史。

第117幅，篆书"寿"字，作者盛惇崇，画家，以内阁中书、兵部主事任《四库全书》缮书处分校官。

第118幅，金文"寿"字，作者魏元煜，官至漕运总督。

第119幅，金文"寿"字，作者查莹，官至吏科给事中。

第120幅，金文"寿"字，作者焦和生，官刑部主事。

第121幅，篆书"寿"字，作者邓再馨，官至山东莱州知府。

第122幅，篆书"寿"字，作者百龄，官至协办大学士。

第123幅，篆书"寿"字，作者管世铭，官户部员外郎。

第124幅，篆书"寿"字，作者穆克登额，官云南道御史。

第125幅，篆书"寿"字，作者成德，官参赞大臣。

第126幅，鸟虫书"寿"字，作者戴璐，官太仆寺卿。

上述一百二十六幅寿屏字画，上下左右四周两行寿字，中间横十竖五诗画，布局匀称。寿字九十一幅，其中汉文八十六幅，新满文四幅，蒙藏文合书一幅。此外诗词五幅，画三十五幅。因以各体寿字为主，俗称百寿图。一百二十六幅中，除有一幅无署名外，其余每幅均署名盖印，广泰一人两幅，余均一人一幅，实际署名作者亦即祝寿人计一百二十四人，乾、嘉间名流手迹网罗殆遍。

王尔烈，字君武，号瑶峰，辽阳人。他由清乾隆三十六年（1771）二甲头名进士（传胪），历官至通政司副使。嘉庆元年办七十大寿时任内阁侍读学士。晚年致仕后回到东北，任沈阳书院掌教。值得提出的是，他曾参与《四库全书》的编纂工作，任《总目》协勘官，所以寿屏上的作者中也不乏办理《四库全书》的官员和学者。如副总裁刘墉，总纂官纪昀，总阅官金士松，翰林院提调官百龄、运昌（法式善），总目协勘官梁上国，校勘《永乐大典》纂修兼分校官余集，校办各省送到遗书纂修官翁方纲，纂隶分校官王念孙等人。

寿屏本身是一件完整精美的艺术品，反映了清代中期文化艺术的水平。到目前为止，国内还没有发现这样大型的寿屏。荟萃一百二十家作品于一屏，蔚为大观。我们虽然不能说寿屏上每一幅都是代表作，但由于它们都是没有公诸于世的作品，尤其是纪昀的水墨仙鹤图和程伟元的双松图，在国内为首次发现，更足珍贵。如果说这架寿屏是一座小型的清代文化艺术宝库，一代"百家书画集"，似不为过誉。

——邹宝库著，原载《文物》1986年第10期。

1974年10月初，我在台北今日公司的今日画廊发现了程伟元的画。画廊主人冉西来先生说："这一幅画颇得人们喜爱，可惜大家都不知道程伟元为何许人。"……

这一幅画，长一百二十九厘米，宽六十一厘米，可称大中堂。画面是一棵松树和一棵柏树交缠而成的一个大寿字，依照世俗惯例，这该是为祝贺某家夫妇双寿而画的。原来应有的上款，想必在原主人出让时被裁掉了。下款是"古吴程伟元绘祝"七个字。

下面钤两方印章：一为"伟元"，圆形朱文；一为"小泉"，方形白文。制作都相当精雅。右下角钤一方押脚印章，文为"小泉书画"，方形白文。左下角还有收藏印一，文为"嫩江意弇氏藏书画印"，方形朱文。

这一幅画，画笔苍劲，布局自然，松针与柏叶层层复叠而交代极为清楚。尤其难得的是虽为酬应之作而无俗气，虽经精心设计而无匠气，足见程氏在绘画方面的素养与功力俱臻上乘。友人李兄叶霜见到这一幅画后曾以怀疑的口吻说："作者有此画笔，当可入《桐阴论画》。但清代画史失载其名，程氏亦不以画名，怪哉！"

——张寿平著：《程伟元的画——有关〈红楼梦〉的新发现》，

原载台北《联.合报》1977年3月28日。

1977年暑假，友人邱大阜同志以其家藏程伟元指画《罗汉册》，嘱为鉴定，并说此册曾经几位同志看过，有的同志认为可疑，提出下列几个问题：

一、画册十二开，何以只有五开署款？第一开又有剪贴的程伟元图章二方？

二、每开画面人物周围的树石，似不完整，显系经过剪裁。

三、册页纸地，本应洁净，何以此册每开画面均被烟熏尘染，变成黑灰色？

四、绘画与署款墨色浓淡不一，何以署款墨色较重？

五、程伟元虽有画名，但未闻善指画。

上述这些问题，经过认真研究，都可以找到合理的回答；而通过对这些问题的解决，就足以证明此册确为程伟元真迹。

我们仔细观察，就可看出这本册页是由六条屏幅改装而成的，明确了这一点，以上问题大都迎刃而解了。据邱大阜同志说，此册为其父早年得自沈阳。我们从装裱的形式和在邱家保存的时期看，估计改装已有五六十年的历史了。旧时，书画长期在室内悬挂，烟熏尘染，极易变色。为了避免继续熏染，把书画屏幅剪裁改装，成为册页，是常见的事。本册每开用花绫镶边，可以看出改装者对这些画的重视。

关于十二开册页其中只有五开署款的问题，是因为原系六条屏幅，每幅各有程伟元的署款，改装时每一条裁为两开册页，所以署款只能在六开册页上见到。又因六条屏幅中的一条可能原有上款，改装时把这条的上下款弃去了，于是只见五开存有署款。同时把弃去上下款那幅上的两方图章剪下，移贴在第一开右下角。这就成为现有的面貌。

当屏幅改装为册页时，其内容取舍，有时要受幅画的影响。此册罗汉十八人全部保存，并未损伤绘画的主要内容。当然，我们现在无法恢复屏幅原来的面貌了。至于署款的墨色浓淡，是画家自己的习惯，本册各开署款墨色均很浓重。不少画家题字，总比作画用墨浓些，这是画家尤其是指画家常有的事，不足为怪。

清代康熙、雍正时期，铁岭汉军高其佩以指画驰名全国，其孙高秉著《指头画说》，评述画法，一时学者甚众。程伟元于乾隆末年居北京，其学习指画，受到高其佩的影响，是极合情理的。和程伟元关系很深的晋昌，也擅长指画，见于晋昌的《戎旃遣兴草》卷上（即《且住草堂诗稿》）。通过这本指画《罗汉册》，可以看出程伟元对指画的造诣也是很深的。

上面回答了对程伟元指画《罗汉册》提出的几点疑问。现再对此册作简单介绍。

《罗汉册》为纸本（熟宣纸），共十二开，每开纵44.2厘米，横32.6厘米。设色浓淡适宜，人物神采飞动。

第一开画一人立坡石间，举目上视，右手持钵。钵内有烟气上腾，招引一鹤。鹤翔高空，原距人较远，改装时，因受册幅限制，鹤身下移，剪裁痕迹明显。右下角粘贴图章二，上"小泉"白文篆书方印，下"不识天地心"白文篆书方印。

第二开画降龙罗汉立石上，仰首怒目，双臂上举，左手持大珠，珠身有火焰上腾。天空左上角画一被制服的蛟龙。改装时，因受册幅限制，龙身下移，剪裁痕迹明显。

第三开画三人立坡石间，左侧一人读书，与中立者面相对，中立者右手持蕉叶，左手一指向前，指书欲语。右为伏虎罗汉，右手按虎头，左手高举一环，作击虎状。

第四开画一人倚树俯视，下有小钵，莲叶挺生，其人左手双指指莲，似有所语。

第五开画二人立树石间，一人双手托塔，仰面虔视，一人手执长柄香斗，作礼塔状。

第六开画一荷杖老人，杖端挂履一只，老人左手握杖，右手提衣带，双目回视，赤足行石间，以示"西归"之意。

第七开画二人渡江，一人头戴披风，袒胸露腹，足踏苇叶，肩荷锡杖，背负蒲团；一人立杯上，意谓"杯渡"。二人瞪目相视，状颇自得。

第八开画夹岸波涛，崖岸草木丛生。此开当是渡江罗汉的一部分。右上侧署款行书"小泉"，下钤"程伟元印"白文篆书方印。

第九开画二人，一老人趺坐洞前，须眉覆颊，面怪伟，以双手分将双眉。左旁一人，偃坐缝补袈裟，双目斜视，右手捏针上举，神态逼真。右侧署款行书"小泉程伟元"，下钤"伟元"朱文篆书圆印、"谈笑有鸿儒，往来无白丁"白文篆书方印。

第十开画二人，一老人双手挂杖中立，右侧一人袒胸露乳，布袋见于肩背，右手握布袋口，缓步前行。此页上端有剪裁补墨痕迹。左侧署款行书"小泉程伟元指画"，下钤"小泉"朱文篆书方印、"只一个耐烦心"白文篆书方印。

第十一开画一人坐松间蒲团上。唐欧阳詹诗"草席蒲团不扫尘，松间石上似无人"，可以作为此图的解说。右上侧署款行书"小泉"，下钤"程伟元印"白文篆书方印。

第十二开画二人侧立坡石间，一人跛足策杖，左手持帚。另一人左手持数珠，右手上举接长柄铃杵，此杵自天外飞来，有降魔之意。左侧署款行书"古吴程伟元指画"，下钤"小泉"朱文篆书方印、"易观"白文鸟篆方印。

以上是《罗汉册》的大致内容。按罗汉于释家为得道之称。嘉庆七年晋昌过生日时，程伟元曾画《罗汉册》作为祝寿的礼物。晋昌在答谢的和诗中称赞说"满幅云烟满幅春，图来寿佛倍精神"，"古墨一螺生艳彩，瑶章三复见清新。"（《壬戌初度小泉以〈罗汉册〉为祝即和原韵》，见《戎旃遣兴草》卷上）可见晋昌对程伟元的作品是十分赞赏的。晋昌的《戎旃遣兴草》，卷上为《且住草堂诗稿》，卷下为《西域虫鸣草》。《且住草堂诗稿》即为程伟元所编定。晋昌前后两次（1810—1813年、1817—1820年）做过伊犁将军，并曾为松筠《西陲总统事略》撰序，在边陲建设上颇有贡献，是一位干练的能员。

文雷同志曾据有关文献资料，推断程伟元可能是苏州人。现在这个新发现的程绘《罗汉册》上，"古吴程伟元"五个大字赫然在目，这就为程伟元属苏州籍提供了一个铁证。

……

——史树青著：《跋程伟元〈罗汉册〉及其他》，原载《文物》，1978年第2期。

朱琦（1769—1850），字玉存，号兰坡，嘉、道间著名文人，著有《小万卷斋诗稿》和《小万卷斋文稿》等。他的名字与《红楼梦》的版本流传有过一些间接的关系。

据李慈铭《越缦堂日记》说："泾县朱兰坡先生藏有《红楼梦》原本，乃以三百金得之都门者，六十回以后与刊本迥异。"可惜，朱琦当时在北京买到的那部《红楼梦》抄本今天没有流传下来。而李慈铭语焉不详，该抄本六十回以后与刊本究竟有什么具体不同的地方，我们一时也不得而知。

在朱琦《小万卷斋诗稿》卷二，有《题柳荫垂钓图》绝句六首：

阴阴春树合，淼淼春波长。
持竿两无言，闲云自来往。

但为纵壑鱼，莫作临风柳。
此意问何人，笑向烟波叟。

不画辋川图，不访桃源洞。
斜风细雨时，一觉严陵梦。

得鱼可忘筌，得钞且沽酒。
日暮不归来，疏星挂寒罶。

那知夷与惠，只知蓑与笠。
歌罢远山青，溪头鹭拳立。

投纶足平生，休轻天下士。
倘有钓璜人，迢迢涉烟水。

这六首诗作于己未，即嘉庆四年（1799）。

我们知道，程伟元在嘉庆年间曾为他的友人善连绘过《柳荫垂钓图》。朱琦在这六首绝句中虽然没有点出画家和画中人的姓名，但他所题的很可能就是程伟元的这幅图画。

善连和朱琦二人嘉庆年间都在北京。如果朱琦这六首绝句确为题程伟元这幅图而作，则可以证明下列两点：

一、程伟元这幅图，当绘于嘉庆四年或在这之前的不久，而不是绘于嘉庆九年至十七年善连在辽东做官的期间，像有的同志所推测的那样。

二、程伟元这幅图，当绘于北京。在嘉庆四年或在嘉庆四年之前的不久，他还没有离开北京。而这一点，我们以前是不太清楚的。

——清芬著：《朱琦·红楼梦·程伟元》，原载《红楼梦研究集刊》
第一辑，上海古籍出版社1979年11月版，第106页。

附录三：

脂评透露八十回后情节摘要

1．第19回正文：袭人见总无可吃之物。

己卯本批语：以此一句，留与下部后数十回"寒冬噎酸齑，雪夜围破毡"等处对看，可为后生过分之戒。叹叹！

2．同上回正文：到生在这里。

己卯本批语：……后观"情榜"评曰："宝玉情不情，黛玉情情。"此二评自在评痴之上，亦属囫囵不解，妙甚。

3．第20回正文："将当日吃茶茜雪出去"一段。

庚辰本批语：茜雪至"狱神"方呈正文。袭人正文标目曰："花袭人有始有终"。余只见有一次誊清时，与狱神庙慰宝玉等五六稿被借阅者迷失。叹叹！丁亥夏，畸笏叟。

4．第21回正文：便权当他们死了，毫无牵挂，反能怡然自悦。

庚辰本批语：此意却（确）好，但袭卿辈不应如此弃也。宝玉之情，今古无人可比固矣。然宝玉有情极之毒，亦世人莫忍为者，看至后半部，则洞明矣。此是宝玉（第）三大病也。宝玉看此世人莫忍为之毒，故后文方能"悬崖撒手"中一回。若他人得宝钗之妻，麝月之婢，岂能弃而为僧哉。玉一生偏僻处。

5．靖藏本第24回回前总批：

"醉金刚"一回文字，伏芸哥仗义探庵（监），余卅年来得遇金刚之样人不少，不及金刚者亦复不少，惜不便一一注明耳。壬午孟夏。

6．第25回正文："通灵玉"一段。

庚辰本眉批：通灵玉除邪，全部百回只此一见，何得再言。僧道踪迹虚实，幻笔幻想，写幻人于幻文也。壬午孟夏，雨窗。

7．第26回正文："红玉、佳蕙闲话"一段。

庚辰本墨笔眉批："狱神庙"回有茜雪、红玉一大回文字,惜迷失无稿。叹叹。丁亥夏,畸笏叟。

8．同上回正文:只见"凤尾森森,龙吟细细"。

甲戌本批语:与后文"落叶萧萧,寒烟漠漠"一对,可伤可叹!

9．同上回回末总评:

甲戌本批语:前回倪二、紫英、湘莲、玉菡四样侠文,皆得传真写照之笔,惜卫若兰射圃文字迷失无稿。叹叹。

10．第31回回末总评:

己卯本批语:后数十回若兰射圃所佩之麒麟,正此麒麟也。提纲伏于此回中,所谓草蛇灰线在千里之外。

11．第64回正文:何不就命名曰五美。

王府本批语:"五美吟"与后"十独吟"对照。

12．第75回回前总批:

乾隆二十一年五月初七日对清。缺中秋诗,俟雪芹。

□□□开夜宴　发悲音

□□□赏中秋　得佳谶

【文彬按】上列十二则早期抄本中的脂批透露《石头记》原稿非止八十回,证据凿凿。今所见者,前八十回如"秦可卿淫丧天香楼"一节已有了重大改动,与第五回判词所判结局不同,其他情节有"迷失无稿"者。从现存抄本的实存回数可知,八十回后未经雪芹增删定稿。由此可推测今见一百廿回程甲、程乙本后四十回亦可能有初稿文字。程高序言、引言所述当属事实,而非如胡适所"猜"为高鹗所"续"。摘录文字聊供识者参考。

程伟元生平年表

1745年 清乾隆十年 乙丑 一岁（？）

程伟元，字小泉。据朝鲜文人李海应著《蓟山纪程》卷二记载"程本籍河南，伊川先生三十一世孙"，知其祖籍为今河南洛阳伊川。后迁江苏苏州府长洲县，故自署"古吴程伟元"。

是年，其同乡"同学友"李粲约四岁，字文辀，号沧云。苏州府长洲人。玉栋（筠圃）生。

曹雪芹三十岁（取康熙五十四年说）。离开城内，居西郊。《红楼梦》初稿当在此前二年已成，并开始披阅、增删工作。

1753年 清乾隆十八年 癸酉 八岁

在长洲读书。李粲十二岁。刘大观生。

曹雪芹三十八岁。《红楼梦》经"披阅十载，增删五次，纂成目录，分出章回"当已完成。凡例附诗有"字字看来皆是血，十年辛苦不寻常"句，抄本已有脂砚斋评语。

1754年 清乾隆十九年 甲戌 九岁

在长洲读书。李粲十三岁。

曹雪芹三十九岁。在西山一带居住，脂砚斋重评《石头记》，世称甲戌本批语："至脂砚斋甲戌抄阅再评仍用《石头记》。"

1756年 清乾隆二十一年 丙子 十一岁

在长洲读书。李桑十五岁。

曹雪芹四十一岁。世称甲戌本有批语："五月初七日对清,缺中秋诗,俟雪芹。"

1757年 清乾隆二十二年 丁丑 十二岁

在长洲读书。李桑十六岁。

是年,曹雪芹四十二岁。世称靖藏本上有畸笏叟仲春眉批："尚记丁巳春日,谢园送茶乎?展眼二十年矣。"

是年,著名学者郝懿行生。

1758年 清乾隆二十三年 戊寅 十三岁

在长洲读书。李桑十七岁。

是年十月十七日寅时高鹗生,乾隆六十年乙卯恩科朱卷履历载鹗字云士,号秋甫,别号兰墅,行一。镶黄旗满洲都统内府汉军延庆佐领下廪善生民籍。

1759年 清乾隆二十四年 己卯 十四岁

在长洲读书。李桑十八岁。高鹗两岁。晋昌生。曹雪芹四十四岁。冬,脂砚斋四评《石头记》。世称庚辰抄本《石头记》中有"己卯冬月定本"题记。该本中有署"己卯"批语多则。

1760年 清乾隆二十五年 庚辰 十五岁

在长洲读书。李桑十九岁。高鹗三岁。曹雪芹四十五岁。秋,脂砚斋四评《石头记》毕,有"庚辰秋月定本"题记。

1762年 清乾隆二十七年 壬午 十七岁

在长洲读书。李桑二十一岁。高鹗五岁。戚蓼生本年中举人。

是年,曹雪芹四十七岁,除夕卒。世称甲戌本第一回眉批："能解者方有辛酸之泪,哭成此书。壬午除夕,书未成,芹为泪尽而逝。……"

本年为畸笏叟再阅评《石头记》,据统计,署"壬午""壬午孟夏雨窗畸笏"之批语42条。

1763年 清乾隆二十八年 癸未 十八岁

在长洲读书。李燨二十二岁。高鹗六岁。

一说曹雪芹卒于本年除夕，即"癸未说"。其根据是敦敏《小诗代简寄雪芹》，曾邀曹雪芹参加敦诚三月初一生日会，雪芹未赴约。

1764年 清乾隆二十九年 甲申 十九岁

在长洲读书。李燨二十三岁。高鹗七岁。善连（怡莑）生。

一说曹雪芹逝于本年岁首，世称"靖藏本"有"甲申八月三日泪笔"批语。

1765年 清乾隆三十年 乙酉 二十岁

在长洲读书。李燨二十四岁。高鹗八岁。

世称"庚辰本"有"乙酉冬畸笏老人"批语一条，据此有研究者认为本年为畸笏叟三评《石头记》。

1767年 清乾隆三十二年 丁亥 二十二岁

在长洲。李燨二十六岁。高鹗十岁。

世称"靖藏本"，第二十二回有批语："前批知者聊聊，不数年，芹溪、脂砚、松（杏）斋诸子皆相继别去。今丁亥夏，只剩朽物一枚，宁不痛杀。"据此，研究者认为本年为畸笏叟四阅评《石头记》。

1768年 清乾隆三十三年 戊子 二十三岁

在长洲。李燨二十七岁。高鹗十一岁。

本年墨香二十五岁，永忠三十三岁。《延芬室集》（北京图书馆藏本）收入《因墨香得观红楼梦小说吊雪芹》三首，其一云：

> 传神文笔足千秋，不是情人不泪流。
>
> 可恨同时不相识，几回掩卷哭曹侯。

诗上有弘旿手批："此三章诗极妙。第《红楼梦》非传世小说，余闻之久矣，而终不欲一见，恐其中有碍语也。"此诗题说明，至迟在乾隆三十三年，《红楼梦》与《石头记》二书名已并存，并非自百廿回本出方称《红楼梦》。

墨香乃敦诚叔父，名额尔赫宜。

夏，畸笏读庾子山文集有感，摘录《哀江南赋》并作批于《石头记》中。

1769年 清乾隆三十四年 己丑 二十四岁

在长洲。李榶二十八岁。高鹗十二岁。

戚蓼生经二十八年、三十一年两次进京赴会试失败后，本年中进士。戚氏三次进京，其得抄本《红楼梦》及写序时间究系哪一年，尚待考证。

1770年 清乾隆三十五年 庚寅 二十五岁

在长洲。李榶二十九岁。高鹗十三岁。

本年明义约三十岁。抄本《绿烟琐窗集》收入《题红楼梦》二十首。诗前小序云："曹子雪芹出所撰《红楼梦》一部，备记风月繁华之盛。盖其先人为江宁织府；其所谓大观园者，即今随园故址。惜其书未传，世鲜知，余见其抄本焉。"小序与二十首诗有三点值得注意：一是所见抄本题曰《红楼梦》；二是二十首诗中已咏及八十回以后故事；三是随园即大观园说始于此。

1771年 清乾隆三十六年 辛卯 二十六岁

在长洲，或参加本年乡试。李榶三十岁，辛卯科长洲县举人。高鹗十四岁。裕瑞生。

世称靖藏本上有"辛卯冬日"批语，研究者认为此为畸笏叟第六次阅评《石头记》。

本年，王尔烈、孔继涵皆中进士。

1772年 清乾隆三十七年 壬辰 二十七岁

李榶三十一岁，中壬辰科进士，授内阁中书，仕至奉天府丞。著《惜分阴斋诗钞》。

程伟元或于本年同李榶一同赴京参加壬辰科考试，落第后客居京城，以备来年再考。

本年高鹗十五岁。

1774年 清乾隆三十九年 甲午 二十九岁

在北京。高鹗十七岁。

世称甲戌本有批语："甲午八月泪笔。"为脂砚斋署名最晚年份。甲午，有研究者认为系"甲申"之笔误。

1777年 清乾隆四十二年 丁酉 三十二岁

在北京。高鹗二十岁。李桎充军机章京。

1782年 乾隆四十七年 壬寅 三十七岁

在北京。高鹗二十五岁。李桎以户部员外郎任河南省提学道。

是年，善连考取候补中书，进入内阁。

1784年 清乾隆四十九年 甲辰 三十九岁

在北京。高鹗二十七岁。

世称甲辰本卷首置梦觉主人《红楼梦序》，署"甲辰岁菊月中浣梦觉主人识"。此本因原藏山西文物局，有研究者称为"脂晋本"；又因序者为"梦觉主人"，有称"梦觉本"。抄本第十九回回前总评："此回写宝玉闲闯书房，偷看袭人，笔意随机跳脱。……原本评注过多，未免旁杂，反扰正文，今删去，以俟观者凝思入妙，愈显作者之灵机耳。"后世白文本或受此本影响。序中"红楼富女，诗证香山"多为研究者征引。

1785年 清乾隆五十年 乙巳 四十岁

在北京。高鹗二十八岁。

金朝觐生。觐字午亭，号銮坡，别号西侯，隶汉军镶黄旗，辽宁锦州义县人。

1788年 清乾隆五十三年 戊申 四十三岁

在北京。高鹗三十一岁。李桎以户部郎中考选湖广道御史。九月九日，中顺天乡试举人。是时张问陶二十五岁，亦中顺天乡试举人，故称高为"同年"。

1789年 清乾隆五十四年 己酉 四十四岁

在北京，或参加本年会试。高鹗三十二岁。

舒元炜、舒元炳兄弟以举人身份赴京参加会试之典，但均名落孙山，客居京华，得与著名藏书家玉栋（筠圃）相识，见抄录《红楼梦》一部，元炜制序，元炳题《沁园春》词一首。世称此本为"舒序本"，或称"已酉本"。序中有云：

> 惜乎《红楼梦》之观止于八十回也。全册未窥，怅神龙之无尾；阙疑不少，隐斑豹之全身。……矧乃篇篇鱼贯，幅幅蝉联。漫云用十而得五，业已有二于三分。从此合丰城之剑，完美无难，岂具探赤水之珠，虚无莫叩。……就现在之五十三篇，特加雠校，借邻家之二十七卷，合付抄胥。核全函于斯部，数尚缺夫秦关。（研究者据序认为，时已有百廿回抄本流传。）

序末署："乾隆五十四年岁次屠维作噩日月上浣，虎林董园氏舒元炜并书于金台客舍序。"序中"当廉使"，周绍良先生考证为"当保"，徐恭时先生考证应为"陆耀"，各有所据，尚待辨析。又，潞村张汝执评点《红楼梦》程甲本卷首《序》云："岁己酉，有以手抄《红楼梦》三本见示者，亦随阅随忘，漫不经意而置之。及梓行于世，遐迩遍传，罔不啧啧称奇，以为脍炙人口。然余仍未之朵颐，而一为染指也。"

清人陈镛在《樗散轩丛谈》卷二记云："《红楼梦》实才子书也。……巨家间有之，然皆抄本，无刊本，曩时见者绝少。乾隆五十四年春，苏大司寇家因是书被鼠伤，付琉璃厂书坊抽换装订，坊中藉以抄出，刊版刷印渔利，今天下俱知有《红楼梦》矣。《红楼梦》一百二十回，系原书仅止八十回，所目击。后四十回乃刊刻时好事者补续，远逊本来，一无足观。"

1790年　清乾隆五十五年　庚戌　四十五岁

在北京，或参加本年恩科考试，结识高鹗。高鹗三十三岁。

春，高鹗参加乾隆帝八旬万寿恩科试，落榜归来作《庚戌三月寓斋枕上闻风雨声》，其诗中云"今日浓阴扫不开"，透露出他落榜后的"苦闷"心情。是科，张问陶中三甲进士，旋选翰林院庶吉士。

舒敦《批本随园诗话》记云："乾隆五十五六年间，见有钞本《红楼梦》一书。"又据周春《阅红楼梦随笔》记云："乾隆庚戌秋，杨畹耕语余云：雁隅以重价购抄本两部，一为《石头记》，八十回；一为《红楼梦》，一百二十回；微有异同。……"雁隅，即徐嗣曾，本姓杨；杨畹耕，即杨芬，号畹耕。

1791年 清乾隆五十六年 辛亥 四十六岁

春，程伟元携历年竭力搜罗的百廿回抄本《红楼梦》往访高鹗，邀其共同整理。高鹗三十四岁，以是书虽稗官野史之流，然尚不谬于名教，欣然释诺，"遂襄其役"。至本年冬至，程高二人经"细加釐剔，截长补短"终将"漶漫不可收拾"之抄本"抄成全部，复为镌板"。"工既竣"，程高各写一序置于卷首。是书题名《新镌全部绣像红楼梦》，以萃文书屋名义活字印刷，公之同好，世称"程甲本"。程伟元在《序》文中，叙其搜罗经过云：

> 《红楼梦》小说本名《石头记》，作者相传不一，究未知出自何人，惟书内记雪芹曹先生删改数过。好事者每传抄一部，置庙市中，昂其值得数十金，可谓不胫而走者矣。然原目一百廿卷，今所传祗八十卷，殊非全本。即间称有全部者，及检阅仍祗八十卷，读者颇以为憾。不佞以是书既有百廿卷之目，岂无全璧？爰为竭力搜罗，自藏书家甚至故纸堆中无不留心，数年以来，仅积有廿余卷。一日偶于鼓担上得十余卷，遂重价购之，欣然繙阅，见其前后起伏，尚属接笋，然漶漫不可收拾。……

是年，十一月十六日，曹雪芹好友敦诚卒，享年五十八岁。又，王衍梅《吊梦文》记载本年见到百廿回本《红楼梦》，后四十回故事与程刻本有异文。女诗人宋鸣琼于本年内写《题红楼梦》诗四首。

1792年 清乾隆五十七年 壬子 四十七岁

在北京，再次修订《红楼梦》。高鹗三十五岁。"程甲本"问世后，程伟元、高鹗"因坊间再四乞兑"，从上年冬至后至本年二月花朝日前"广集核勘，准情酌理，补遗订讹"以便阅读。对后四十回"略为修辑，使其有应接无矛盾。"对前书"未加评点"与"间有纰缪"，略作说明。世称此本为"程乙本"。细按"程乙本"，其不收程伟元序，独保留高鹗序；列程高联署《引言》七则；据汪原放统计，该印次比程甲本增删字数达21506字，前八十回增删15537字。前后移动字数不计在内。

程乙本印后，高鹗写《重订〈红楼梦〉小说既竣题》诗云："老去风情减昔年，万花丛里日高眠。昨宵偶抱嫦娥月，悟得光明自在禅。"以纪感慨。

是年秋，仲振奎取《红楼梦》二十七回"埋香冢飞燕泣残红"故事，写昆曲《葬花》一折。仲自序云："壬子秋末，卧疾都门，得《红楼梦》，于枕上读之……同社刘君请为歌辞，乃成《葬花》一折。"毛庆臻《一亭考古杂记》有云："乾隆八旬盛典后，京板《红楼梦》流行江浙，每部数十金。至翻印日多，低者不及二两。……由是《后梦》《续梦》《复梦》《翻梦》，新书迭出，诗牌酒令，斗胜一时。"又，郝懿行《晒书堂笔录》记："余以乾隆、嘉庆间入都，见人家案头必有《红楼梦》。今二十余年来，此本亦无矣。"

1793年　清乾隆五十八年　癸丑　四十八岁

在北京，或忙于处理发行事。高鹗三十六岁。

是年11月23日，南京王开泰"寅贰号船"由浙江乍浦港开往日本长崎，船载货物中有"《红楼梦》，九部十八套"，是为《红楼梦》一书流传域外最早记录。

1794年　清乾隆五十九年　甲寅　四十九岁

在北京，似在处理发行事。高鹗三十七岁。李鼎任河南乡试主考。

是年，周春《阅红楼梦随笔》成，自序署"甲寅中元日黍谷居士记"。又，约于本年世称"本衙藏板"本《红楼梦》刊印。该书扉页题记："《红楼梦》一书，向来只有抄本，仅八十卷。近因程氏搜集刊印，始成全璧。但原刻系用活字摆成，勘对较难，书中颠倒错落，几不成文；且所印不多，则行不广。爰细加釐定，订讹正舛，寿诸梨枣，庶几公诸海内，且无鲁鱼亥豕之误，亦阅者之快事也。"是书名与程甲乙二本同，底本采用程甲本。

1795年　清乾隆六十年　乙卯　五十岁

在北京，或同高鹗一起参加恩科考试。高鹗三十八岁。时届乾隆帝八旬盛典恩科，高鹗中三甲第一名。四月二十七日"起居注册"记"著以内阁中书用"。高鹗作《小游仙》诗二首："闻道山中萼绿华，昨宵已驾七香车。羊郎空负神仙骨，失却东风第一花。""大罗天上会群公，偷饮流霞气似虹。不道玉阶真个滑，致教臣朔笑儿童。"虽然"失却东风第一花"（即未中一甲一名状元），但仍然一副春风得意样子——"气似虹"！本年，李鼎以吏科给事中任四川提学道。约在此前刻《惜分阴斋诗钞》。俞思谦作《红楼梦歌》七言集古七十二句；孔昭虔著《葬花》一折。沈赤然著《曹雪芹红楼梦题词》七律四首。

1796年 清嘉庆元年 丙辰 五十一岁

在北京。正月二十三日。王尔烈七十寿辰，程伟元进献自绘《双松并茂图》作为贺礼。三月，刘大观升任宁远州知州。

正月，范秋塘遇大赦由伊犁回京。

本年，逍遥子著《后红楼梦》刊行。仲振奎《红楼梦传奇》序云："丙辰客扬州司马李春舟先生幕中，更得《后红楼梦》而读之。"

1797年 清嘉庆二年 丁巳 五十二岁

在北京。是年，仲振奎写成《红楼梦传奇》三十二齣，内含《葬花》一折。

1798年 清嘉庆三年 戊午 五十三岁

在北京。是年晋昌授宗人府右宗人。

1799年 清嘉庆四年 己未 五十四岁

在北京，事迹无载。

晋昌授内大臣，旋授宗人府左宗人，管理健锐营。晋昌与范秋塘重聚于北京。本年，王尔烈七十三岁，年老致仕；离京返乡，任沈阳书院掌教。金朝觐由锦县赴沈阳应童子试。善连补为内阁中书。

世传抱青阁本《红楼梦》刊印，扉页题记："嘉庆己未年镌，绣像红楼梦，抱青阁梓。"又，秦子忱著《续红楼梦》刊印。是书三十卷，接《红楼梦》一百廿回。兰皋居士著《绮楼重梦》约于本年前后刊印，四十回，书接《红楼梦》一百廿回。

1800年 清嘉庆五年 庚申 五十五岁

晋昌转宗人府右宗正，旋授盛京将军。三月，赴陪都盛京（沈阳），延程伟元入幕。程遂随晋昌出京，远走关东。春，李桼授奉天府丞，与晋昌诗酒唱和。王尔烈七十四岁，任沈阳书院掌教。

是年，江宁万荣恩取《红楼梦》《后红楼梦故事》作《醒石缘》传奇成。

1801年 清嘉庆六年 辛酉 五十六岁

在盛京将军幕，佐理案牍。初春，晋昌在巡边途中写《途中寄小泉、畊畬》。秋天，写《八月十五日招小泉、畊畬赏桂，次小泉韵》。冬，程随出边围猎，晋昌写《围次和小泉原韵》。

夏五，临董华亭写意画扇，有题记。

高鹗在内阁中书任。九月，与张问陶同出为辛酉科顺天乡试同考官。

张问陶有《赠高兰墅（鹗）同年》，诗前小注："传奇《红楼梦》八十回以后俱兰墅所补。"

是年，潞村瞿叟张汝执评程甲本《红楼梦》成。王尔烈卒。

1802年 清嘉庆七年 壬戌 五十七岁

在盛京将军幕，兼沈阳书院掌院。正月十七日绘《罗汉册》，给晋昌祝寿。（这部十二开的《罗汉册》于1977年在北京发现，藏者邱大阜先人得于沈阳。第12开左侧署款行书"古吴程伟元指画"，下钤"小泉"朱文篆书方印，"易观"白文鸟篆方印。）晋昌写《壬戌初度小泉以〈罗汉册〉为祝即和原韵》和《题阿那尊像册十二绝》诗作答谢。诗中有"满幅云烟满幅春，图来寿佛倍精神。""古墨一螺生艳彩，瑶章三复见清新。"秋，晋昌写《小泉畊畬为予洗尘即席赋诗》《题指菊赠小泉》二首。十二月一日为晋昌编成《且住草堂诗稿》，并写跋文。中有云："红梨主人性体具备，歌詠咸宜。当歌诗之时，余未之见。及至庚申岁出镇留都，延余入幕，始闻口述，吟咏数十篇……惜乎概未留稿。……于是窃为留稿百馀篇……"是月，晋昌作《且住草堂诗稿序》。同月，晋昌回京，程伟元以上下平韵作诗赠晋昌，晋昌有《壬戌冬还都小泉以上下平韵作诗赠行，因次之》三十首作答。诗中有"文章妙手称君最，我早闻名信不虚""君是风流潇洒客，放怀今古正忘骸""知君高士静门庭，镇日琴书意自宁"的赞誉，更有"况君本是诗书客，云外应闻桂子芬""脱却东山隐士衫，泥金他日定开缄"的深情期盼！是月，刘大观、周篯龄（可庭）"跋"《且住草堂诗稿》文。

孙锡任奉天开原县知县，与程伟元相识当在此后。

1803年 清嘉庆八年 癸亥 五十八岁

在盛京将军幕，兼沈阳书院掌院。

六月二十一日晋昌作《立秋日招小泉（叶）畊畚（周）可庭同饮》二首。八月，晋昌回京述职。李桑在京与晋昌见面，并为《且住草堂诗稿》作"跋"。跋中有云："……莲幕中，如叶畊畚，先生之友也。程君小泉，予之同学友，佐先生奏牍也：俱工于诗。叶又精于铁笔，程亦擅长字画。凡席中联句，邮筒报答，必与二公偕，而更浼之绘图镌笔，以纪其事。"

十二月初六日，朝鲜文人李海应著《蓟山纪程》卷二记在沈阳期间与程伟元见面情景：

> 程伟元书斋。
> 号小（泉），能诗文字画。家在城内西衙衕。因沈教习仕临往见之。程出肃延座。题一绝曰：
>
> > 国语难传色见春，雅材宏都尽精神。
> > 贱生何幸逢青顾，片刻言情尽有真。
>
> 程本系河南籍，伊川先生三十一世孙。见授沈阳书院掌院。
>
> > 郢下歌成白雪春，主人情致憺怡神。
> > 逢迎诗席匆匆话，莫辨浮生梦与真。

朝鲜文人李海应为程伟元保留了唯一可见的一首诗，并记录程伟元的祖籍，诗文皆珍贵难得。

是年，有"亥七号船"载"绣像《红楼梦》袖珍版二部四套，抵日本长崎"。

1804年 清嘉庆九年 甲子 五十九岁

在沈阳书院教习书法、绘画。四月，善连怡莩由侍读补授锦州府知府，其间善与程相识。

1805年 清嘉庆十年 乙丑 六十岁

在沈阳，掌沈阳书院，教习书法、绘画。

八月因嘉庆帝东巡盛京，路经锦州地区，道路泥泞，"龙颜大怒"，善连被降为宁远知州。

是年，《红楼复梦》刊印，红香阁小和山樵南阳氏编辑，款月楼五陵女史月文氏校订。一百回，书接一百廿回。海圃主人著《续红楼梦》成，作者"自序"署"乙丑",或刊于本年。

又,《鸾坡居士红楼梦词》七律三十二首自嘉庆三年（1798）至本年完成（见吴蕙跋文）。

1806年　清嘉庆十一年　丙寅　六十一岁

疑本年年前程伟元或有苏州之行。或仍任沈阳书院掌院,教授书法、绘画。

程伟元序《新刊红楼梦》由苏州宝兴堂（见《历代刻书考述》）刊行。扉页题"嘉庆丙寅新刻全部绣像红楼梦,宝兴堂藏板"。此本独存程伟元序。《贩书偶记续编》卷十二有"嘉庆丙寅小泉程伟元校刊"字样。疑程伟元自嘉庆八年后曾有苏州之行,所谓"校刊""新刻""新刊"的记载,值得版本研究者注意。

是年,吴兰征著《绛蘅秋》问世,共二十八折。卷首许兆桂序云："乾隆庚戌秋,余至都门,詹事罗碧泉告余曰:'近有《红楼梦》,其知乎?虽野史,殊可观也。'……丙寅春,俞生悼亡,亟刻其结襈吴夫人梦湘《绛蘅秋》三十阙于《零香集》《三生石传奇》之后。……"自《珠沉》《瑛吊》至《天圆》皆为其夫所续。

1807年　清嘉庆十二年　丁卯　六十二岁

疑此年程伟元仍在苏州,或在沈阳书院。

是年,孙荪意作《贺新凉·题红楼梦传奇》一阕载《衍波词》。归真道人作《题画扇》七律一首。"扇中画红楼梦中黛玉、湘云于凹晶馆联句,妙玉于山石后窃听,一鹤高飞,梧桐月桂"。

1809年　清嘉庆十四年　己巳　六十四岁

程伟元似于此年已回沈阳书院。途中经锦州时,他顺道拜访了刚刚被降任宁远州知州的善怡葊,并绘《柳荫垂钓图》,其意在劝慰善以姜公垂钓的心态对待"革职留任"一事。

是年,高鹗由内阁侍读考选江南道御史,刑科给事中。沈谦作《红楼梦赋》二十首。

1810年　清嘉庆十五年　庚午　六十五岁

疑此年程伟元当已回沈阳书院。

是年，四月二十一日，高鹗有《奏严禁新疆书吏役满久留折》。又，潘德舆作《红楼梦题词》七绝十二首；王芝岑作《题红词》三十二阙。

1811年 清嘉庆十六年 辛未 六十六岁

在沈阳书院（？）。

金朝觐中十三年戊辰科举人，本年中辛未科进士，宦游四川，任荣经县知县。著有《三槐书屋诗钞》四卷（稿本）。道光二十年（1840）卒。

是年，世称东观阁本《红楼梦》重刊，一百廿回。扉页题"嘉庆辛未重镌文畬堂藏板东观阁梓行，新增批评绣像红楼梦"。其"原本"当是白文本，系翻印萃文书屋程甲本，时在乾隆五十七年后至嘉庆元年之间。如皋范日觐以散曲题《红楼梦》。

1812年 清嘉庆十七年 壬申 六十七岁

在沈阳书院（？）。

四月，高鹗应麟庆之邀参加典籍厅芍药诗会。麟庆《鸿雪因缘图记》第一集《凤阁吟花》记："每入直，在典籍厅办事。厅前芍药一池，久枯萎，壬申四月忽发数枝。沈春皋前辈濡笔作图，邀高兰墅侍读（名鹗，汉军进士，后官给事中）、蒋云簪、李涪庭、桂一山三舍人及余赋诗。……"然，高鹗诗不存。

是年，二知道人著《红楼梦说梦》刊行，一卷一百四十则。卷首朱黼嘉序署"嘉庆十七年"。

1813年 清嘉庆十八年 癸酉 六十八岁

在沈阳书院。

是年善连被发往湖北"以道员用"，署理荆南道（宜昌）。十月，裕瑞缘事革去一切职任并辅国公封号，移送盛京。翌年，永远圈禁。在沈期间著有《沈居集咏》手写本。此间当与晋昌相见往来，亦有可能与程伟元相识。高鹗"掌江南道刑科给事中"。二月二十六日高鹗"奏外用旗员丁忧服满宜回原省折"，朱批"吏部议奏"。《京察二等官员册》记录："都察院掌江南道监察御史：操守谨，政事勤，才具长，年力壮。考语：勤职。"

十月二十八日，嘉庆帝"谕内阁失察林清一案之科道官员著分别申饬议处", 十一月初九日, 吏部尚书筹奏处理结果, 高鹗因任一年以上, 依失察罪被"降二级调用。"是日"谕著将高鹗等改为降三级调用。"此后, 高鹗经历不见提及。

1814年 清嘉庆十九年 甲戌 六十九岁

在沈阳。二月晋昌由乌鲁木齐都统调任盛京将军。秋八月高鹗为麟庆之母恽珠《红香馆诗草》制序; 刘大观应善连之邀往访湖北, 对酒怀旧, 展观程伟元绘《柳荫垂钓图》, 刘即席挥毫写下《题觉罗善观察怡莼〈柳荫垂钓图〉》。诗中有"此图出自小泉手, 我与小泉亦吟友""将军持节万里遥, 小泉今亦路迢迢"。

是年, 裕瑞著《枣窗闲笔》(稿本)约成于本年至二十五年间。书中记云: "雪芹二字, 想系其字与号耳, 其名不得知。曹姓, 汉军人, 亦不知其隶何旗。闻前辈姻亲有与之交好者。其人身胖头广而色黑, 善谈吐, 风雅游戏, 触景生春。闻其奇谈娓娓然, 令人终日不倦, 是以其书绝妙尽致。"又记云: "程伟元续红楼梦自九(八?)十回至百二十回。"程伟元续写后四十回说自此始。"曾见抄本卷额有其叔脂砚斋之批语, 引其当年事甚确。"得舆《京都竹枝词》稿成。得舆"自序"。二十二年刊行, 其"时尚门"诗云: "开谈不说《红楼梦》, 读尽诗书也枉然。"梦梦先生著《红楼圆梦》刊行, 三十一回, 书接一百廿回, 红蔷阁刻本。

1815年 清嘉庆二十年 乙亥 七十岁

在沈阳。自上年晋昌二度持节盛京将军, 程伟元似仍佐案牍。

是年, 荆石山民(吴镐)填词、黄兆魁订谱《红楼梦散套》, 十六折, 由蟾波阁刊行。焕明作《金陵十二钗咏》七律十二首, 有裕瑞评。

1816年 清嘉庆二十一年 丙子 七十一岁

在沈阳, 或已退休。

春三月, 高鹗及门弟子增龄在《月小山房遗稿》序云: 兰墅夫子因家贫官冷, "竟赍志以终"。据此推知高鹗当卒于上年底或本年二月初之前。

是年, 改琦为上海李筠嘉(筠香)作《红楼梦图》成。

1817年 清嘉庆二十二年 丁丑 七十二岁

在沈阳。

二月，晋昌由盛京将军任调伊犁将军任。孙锡任宁远州知州，有《赠程小泉（伟元）》诗，句中有"冷士到门无暑意"。

是年，苕溪渔隐著《痴人说梦》刊行，附《大观园图》。

1818年 清嘉庆二十三年 戊寅 七十三岁

在沈阳。

是年，金陵藤花榭本《红楼梦》刊印。道光三年（1823），曹耀宗《红楼梦百咏词》跋："予昔游金陵，适藤花榭板初刊，偶携一册，杂置书丛，今越五载，长夏无事，检取评点之。"据此前推，可知藤花榭初刊本时间当在本年。李汝珍著《镜花缘》刊于苏州。

1819年 清嘉庆二十四年 己卯 七十四岁

在沈阳。

本年，归锄子著《红楼梦补》刊印，四十八回，藤花榭本，书接《红楼梦》第97回。又，谭光祜《红楼梦曲》、石韫玉《红楼梦传奇》行世。见吴云序。

1820年 清嘉庆二十五年 庚辰 七十五岁

程伟元弟子金朝觐《题程小泉先生画册》小序云："辛酉、壬戌，小泉程夫子居东都留守将军晋公幕府。余时肄业书院，以及门时亲笔墨。暨先生下世后，求其遗纸，如片鳞只爪，不可多得。景堂二兄以旧纸嘱题，余喜得见先生手泽，因志数语于巅。时嘉庆庚辰清和月之八日。"

是时，金朝觐在四川宦游，得知程伟元逝世消息，故推知程伟元极可能逝于二十四年底或二十五年三月间。金诗中有"吁嗟二十年，风流成往事。"程伟元于嘉庆五年赴盛京作幕，至本年恰是二十年，似可断定其卒年应为本年初为是。

又，朝鲜使清使团书状官朴来谦于道光九年（1829）著《沈槎日记》，本年九月一日中有"来闻程小泉伟元作故已久"句，亦可佐证程伟元卒于嘉庆二十五年较为合理。

是年，嫏嬛山樵著《补红楼梦》刊印，四十八回，本衙藏板，书接《红楼梦》一百廿回。

1821年　清道光元年　辛巳　卒后一年

诸联著《红楼评梦》刊印，其评《红楼梦》云："吾以三字概之，曰真，曰新，曰文。"

2011年7月初稿
2011年9月23日修改稿

程伟元研究论著索引

　　本索引系据笔者阅读书籍、报纸、杂志所作的卡片整理而成。因研究论著中大多将程高并提，文中又侧重对高鹗的批评，故在分类上出现许多困难。本索引重在涉及程伟元个人较集中的论著，另一部分则收入拙著《高鹗与红楼梦》一书中，略作区隔。凡收入文题后有※者，系笔者代拟。由于本人见闻有限，难免有挂一漏万之讥，敬请阅者指教，不胜感激！

　　是为说明。

程伟元续《红楼梦》自九十回至一百廿回书后

裕瑞著，载《枣窗闲笔》稿本，上海古籍出版社1984年4月影印本，第161—172页。

《红楼梦》一百廿回均曹雪芹作

宋孔显著，载《青年界》第7卷第5期，上海北新书局1935年5月版。

红楼梦脂砚斋本、戚蓼生本、程伟元本文字上的一些比较

俞平伯著，载上海《文汇报》"磁力"，1950年8月7日。

后三十回的《红楼梦》

俞平伯著，载《人民文学》第4卷第2期，1951年6月。

《红楼梦》后四十回的作者问题

王佩璋著，载《光明日报》1957年2月3日。

《红楼梦》后四十回评价

[日]村松暎著，载《中国文学》（庆应义塾创立百年纪念论文集），
1958年。

程伟元是出版商※

赵冈、陈钟毅著，载《红楼梦新探》下篇"后四十回续书"第二节，台北
晨钟出版社1971年4月1日初版，第272—289页。

程高刻本《红楼梦》之刊行及流传情形

同上，第272—379页。

程伟元刊《新镌全部绣像〈红楼梦〉》小考

[日]伊藤漱平著，载《鸟居久靖先生花甲纪念论集》，1972年。

程伟元与《红楼梦》

文雷著，载（北京）《文物》月刊，1976年第10期；又载辽宁第一师范
学院中文系编《红楼梦研究资料选集》第三集（下册），1977年12月印，第
143—162页；又收入胡文彬、周雷著《红学丛谈》，山西人民出版社1983年10
月版，第255—276页。

程伟元刊《新镌全部绣像〈红楼梦〉》小考补说

[日]伊藤漱平著，载《东方学》第53辑，1977年1月。

程伟元的画——有关《红楼梦》的新发现

张寿平著，载台北《联合报》1977年3月28日；收入张寿平著《红楼梦外
集》，台北淑馨出版社1996年10月初版，第148—153页。又收入胡文彬、周雷
编《台湾红学论文选》，百花文艺出版社1981年10月版，第772—775页。

红学史上一公案——程伟元伪书牟利的检讨

潘重规著，载台北《联合报》1977年4月17日。又载《红学论集》，台北

三民书局1992年1月版，第135—140页。又收入胡文彬、周雷编《台湾红学论文选》，天津百花文艺出版社1981年10月版，第767--771页。

新发现的程伟元生平资料——《红楼梦》卷外编选刊之一

文雷编，载辽宁第一师范学院中文系编《红楼梦研究资料选集》第三集（下册），1977年12月印，第163—208页。本稿于1976年12月1日定稿于北京。

关于《程伟元指画罗汉册》的一封信

史树青著，载辽宁第一师范学院中文系编《红楼梦研究资料选集》第三集下册，1977年12月印，第277—278页；又载《图书与读者》，1978年第1期。

有关《红楼梦》的新发现——记程伟元的画

张寿平著，载香港《大成》月刊，第49期，1977年12月。

高鹗、程伟元与《红楼梦》后四十回

王利器著，载《扬州师范学院学报》1978年第1—2期；又载《耐雪堂集》，中国社会科学出版社1986年10月版，第403—410页。

程伟元刊《新镌全部绣像〈红楼梦〉》小考余说

[日]伊藤漱平著，载《东洋文化》第58辑，1978年3月。

跋程伟元《罗汉册》及其他

史树青著，载《文物》月刊，1978年第2期。

从"脂稿本"看《红楼梦》后四十回的作者

薛洪著，载《社会科学战线》1978年第3期。

朱珔·红楼梦·程伟元

清芬著，载《红楼梦研究集刊》，1979年第1辑，上海古籍出版社1979年11月版，第106页。

孙锡《赠程小泉（伟元）》诗新笺

徐恭时著，载《沈阳师范学院学报》1979年第3期。

程伟元指画《罗汉册》的发现

鲍蹈著，载《红楼梦研究集刊》第1辑，上海古籍出版社1979年11月版，第448页。

论程丙本

文雷著，载《红楼梦学刊》1980年第4期。

《红楼梦》前八十回与后四十回语言差异十例

李阳春著，载《湖南师院学报》1981年第2期。

有关后四十回作者问题的材料考辨

陆树伦著，载《红楼梦学刊》1981年第2期。

新发现程伟元的《双松并茂图》

邹宝库著，载《红楼梦学刊》1981年第2期。

程伟元与辽宁

马国权著，载《红楼梦学刊》1981年第3期。

《秋风红豆图》不是程伟元的作品

江慰庐著，载（济南）《东岳论丛》1981年第6期；又收入江慰庐著《曹雪芹·红楼梦种种》，黄山书社1998年5月版，第200—203页。

辽阳发现程伟元《双松并茂图》

载《红楼梦研究集刊》第7辑，上海古籍出版社1981年10月版，第366页。

程伟元和高鹗以及"程高本"

韩进廉著，载《红学史稿》，河北人民出版社1981年11月，第87—95页。

程伟元的一幅"寿"字画

章衣著，载《我读红楼梦》，天津人民出版社1982年1月版，第319页。

续梦贾假与甄真——程伟元、高鹗与《红楼梦》新语

徐恭时著，载《红楼梦学刊》1982年第4期。

《枣窗闲笔》中《红楼梦》的作者问题

那宗训著，载《红楼梦探索》，台北新文丰出版公司1982年9月版，第29—34页。

谈广文新刊三种程伟元本《红楼梦》

那宗训著，同上，第63—82页。

谈程伟元刻本只有两种

那宗训著，同上，第83—94页。

重新估价程伟元在《红楼梦》续作中的地位

白盾著，载《徽州师专学报》，1983年第1期。又载《徽州师专学报》（文科版），1987年第3期，第55页。

漫谈程伟元、高鹗其人

傅世悌著，载《龙门阵》，1983年第2期，第68页。

程伟元、高鹗与《红楼梦》后四十回

陶恂若著，载《宁波师专学报》1983年第3期，第86页。

程伟元与"程丙本"

顾鸣塘著，载《文汇报》，1984年11月9日。

程伟元三印《红楼梦》

徐恭时著，载《新民晚报》1984年11月23日。

论新发现的《红楼梦》第三次印本

顾鸣塘著，载《全国高等学校文科学报文摘》，1984年第3期至1985年第7期。又载《上海师范大学学报》，1986年第1期。

程伟元生平事迹、前人对程伟元生平事迹考证、近人考证的结果

岑佳卓编著，载《红楼梦探考》第二章，台北胜昱印刷公司1985年9月初版，第280页。

双松并茂祝瑶峰——辽阳发现程伟元绘"双松并茂图"

胡文彬著，载《红边脞语》，辽宁人民出版社1986年6月版，第191—172页。

傲骨凌霜伴高贤——程伟元与王尔烈

胡文彬著，同上，第173—174页。

惭愧天涯作客人——程伟元在沈阳的传说

胡文彬著，同上，第175—178页。

孤艳不争团扇宠——孙锡交游诗录

胡文彬著，同上，第178—181页。

芳情重奉一枝春——裕瑞与晋昌

胡文彬著，同上，第181—183页。

千载传闻每异辞——晋昌与金朝觐

胡文彬著，同上，第184—185页。

清嘉庆元年王尔烈寿屏

邹宝库著，载《文物》月刊1986年第10期，第76—96页。

现存台北的程伟元《松柏双寿图》试析

江慰庐著，载《红楼梦学刊》1987年第4期。又载《曹雪芹·红楼梦种种》，黄山书社1998年5月版，第204—214页。

后四十回的作者问题

曾扬华著，载《红楼梦引论》，广东高等教育出版社1988年5月版，第

370—372页。

程伟元与高鹗

曾扬华著，同上，第373—375页。

对后四十回的评价

曾扬华著，同上，第376—391页。

《红楼梦》摆印地点在北方※

胡适著，《重印乾隆壬子本〈红楼梦〉序》，载《胡适红楼梦研究论述全编》，上海古籍出版社1988年8月版，第149页。

论《红楼梦》悲剧在后四十回的结局

石昌渝著，载《红楼梦研究集刊》第14集，上海古籍出版社1989年10月版，第243—266页。

关于程本历史评价的几个问题

应必诚著，同上，第308—327页。

试探《红楼梦》八十回以后的原稿问题

刘广定著，原载《"国立中央图书馆"馆刊》新23卷第1期，1990年，第131—141页。又收入作者《化外谈红》，台北大安出版社2006年7月版，第263—280页。内容有"《红楼梦》一百二十回""程高本后40回并非伪作""八十回后的'原稿'""八十回后迷失部分""结论"。

话说《红楼梦》后四十回

王蒙著，载《红楼梦学刊》1991年第2期。

程高本是《红楼梦》和"红学"的功臣

王永健著，载《苏州大学学报》，1992年第2期，第59—63页。

不可企及的曹雪芹——从美学素质看后四十回

吕启祥著，载《红楼梦会心录》，台北贯雅文化公司1992年4月版，第

136—151页。

程伟元

黄进德编著，载《江苏历代文学家》，江苏古籍出版社1992年6月版，第355—361页。

程伟元、高鹗是文化特务吗？

苍耳著，载《社会科学辑刊》，1993年第2期。

后四十回为程伟元所补※

周梦庄著，载《红楼梦寓意考》，台北黎明文化公司1994年3月版，第3页、第77页。

关于后四十回的考证与评价

陈继征著，载《红楼梦艺术论》，陕西人民出版社1994年7月版，第5—9页。

为程伟元高鹗一辨——兼论一百廿回本《红楼梦》

马国权著，载《92'中国国际红楼梦研讨会论文集》，文化艺术出版社1995年9月版，第68—97页。

《程伟元的画》续记

张寿平著，载《红楼梦外集》，台北淑馨出版社1996年10月版，第148—158页。

后四十回基本上出自曹雪芹之手吗？

张国风著，载《红楼梦趣谈与索解》，春风文艺出版社1997年10月版，第78—79页。

贾宝玉为什么要出家？

张国风著，同上，第202—206页。

黛玉是自沉于水吗？

张国风著，同上，第219—222页。

宝玉和宝钗的婚姻合法吗?

张国风著，同上，第227—229页。

后四十回未能呼应的伏线

张国风著，同上，第294—297页。

千秋功罪费评章——程伟元与《红楼梦》

胡文彬著，载《梦香情痴读红楼》，中国书店1998年4月版，第227—232页。

新诗清润胜琅玕——程伟元"工诗"的记载

胡文彬著，同上，第233—238页。

满眼云霞满眼春——程伟元"擅画能书"的记载

胡文彬著，同上，第239—249页。

将军本色是诗人——程伟元与晋昌的交谊

胡文彬著，同上，第250—257页。

总念辽东作客人——李鲦生平资料一得录

胡文彬著，同上，第258—260页。

子孙自有书香气——李鲦家世资料拾零

胡文彬著，同上，第261—263页。

为惜分阴答旧知——程伟元与李鲦的交谊

胡文彬著，同上，第264—273页。

恼人最是迹难寻——周可庭与程伟元的交谊

胡文彬著，同上，第274—277页。

我与小泉亦吟友——刘大观与程伟元的交谊

胡文彬著，同上，第278—285页。

同是辽东作客人——叶畊畚与程伟元的交谊

胡文彬著，同上，第286—291页。

红豆香多入瘦吟——孙锡与程伟元的交谊

胡文彬著，同上，第292—297页。

展卷托言鸣相思——金朝觐与程伟元的交谊

胡文彬著，同上，第298—303页。

聚散升沉是慷慨——善怡莘与程伟元的交谊

胡文彬著，同上，第304—307页

谁能识人真面目——范秋塘与程伟元的交谊

胡文彬著，同上，第308—311页。

笔花生彩墨花香——程伟元绘《柳荫垂钓图》目见记

胡文彬著，同上，第312—313页。

世事如烟梦难圆——高鹗与程伟元

胡文彬著，同上，第314—318页。

程伟元画扇

周汝昌著，载《红楼梦新证》第八章《文物杂考》，华艺出版社1998年8月版，第655—656页。

程脂"优劣"论

吴国柱著，载《红楼》，1999年第4期。

神秘文化与《红楼梦》后四十回

李庆之著，载《红楼》，1999年第4期。

柳荫画卷存遗墨——徐绩生平追踪

胡文彬著，载《引君入梦话红楼》，山西教育出版社1999年12月版，第

116—117页。

今对此图心已醉——张映汉生平述略
胡文彬著，同上，第118—119页。

书院题联辽海情——李棨题沈阳书院联的发现
胡文彬著，同上，第120—121页。

本厂扇料与祥泰字号——关于程本摆印地点新证
胡文彬著，载《魂牵梦萦红楼情》，中国书店2000年1月版，第242—244页。

千秋功罪，谁与评说——程伟元"书商"之说纯系臆测
胡文彬著，载《梦里梦外红楼缘》，中国书店2000年1月版，第233—234页。

重新估价程伟元之说
吴世昌著，载《红楼梦探源》第五卷第十八章，北京出版社2000年10月版，第368页。

论黛玉弹琴兼及《红楼梦》后四十回之创作
颜湘君著，载《红楼梦学刊》2001年第2辑。

春风画图芥子园——程伟元"画扇"之来历
胡文彬著，载《冷眼看红楼》，中国书店2001年7月版，第291—292页。

关于《红楼梦》后四十回
陈炳藻著，胡晴译，载《红楼梦学刊》2002年第3辑。

从"忙"和"连忙"看后四十回作者问题
严安政著，载《红楼梦散论》，香港天马图书公司2003年1月版，第290—297页。

谈后四十回妙玉形象的改变
王婷婷著，载《红楼梦学刊》，2005年第1期。

《红楼梦》前八十回与后四十回不同的创作主旨

王婷婷著，载《红楼梦学刊》，2006年第1期。

双松并茂祝瑶峰——程伟元绘"双松并茂图"

胡文彬著，载《读遍红楼》，书海出版社2006年6月版，第252—253页。

傲骨凌霜伴高贤——程伟元与王尔烈

胡文彬著，同上，第254—255页。

惭愧天涯作客人——程伟元在沈阳的传说

胡文彬著，同上，第256—258页。

新发现程伟元一首诗

林骅著，载（天津）《今晚报》2007年4月10日"日知录"。

新发现的程伟元佚诗及相关红学史料的考辨

赵建忠著，载《红楼梦学刊》，2007年第6期。

由明义所见《红楼梦》引起的思考

童力群著，载《红楼研究》，2008年第4期。

鸡不可能飞得像鹰那么高——《红楼梦》后四十回为曹雪芹原作的力证

冯守卫著，载《红楼研究》，2008年第4期。

评"无名氏"《红楼梦》后四十回说

胡文炜著，载《河南教育学院学报》，2008年第6期。

不完美的《红楼梦》也是完美的

王研著，载《辽宁日报》，2009年2月3日"文化周刊"。

《王尔烈寿屏图录》序

杨仁恺著，同上，第81—82页。

《王尔烈墨迹选》序

史树青著，载马宪丽、邹宝库编著《王尔烈史料集注》，吉林文史出版社2009年5月版，第82—83页。

胡文彬在红学会上谈王尔烈寿屏

胡文彬著，同上，第83页。

《红楼梦》后四十回的作者是曹雪芹

胡文炜著，载《〈红楼梦〉后40回的作者是曹雪芹》，中国戏剧出版社2010年8月版，一册，第186页。

《红楼梦》后四十回之谜

柯仁风著，载《红楼之谜》，中国文化出版社2010年10月版，第77—86页。

《红楼梦》是一部完整的文学作品

胡文炜著，载《红楼梦研究辑刊》第1辑，香港文汇出版社2011年版，第285—309页。

《红楼梦》程丙本版本问题考辨

顾鸣塘著，载《红楼梦研究辑刊》第2辑，香港文汇出版社2011年7月版，第67—82页。

关于后四十回续书"探春远嫁"的思考

宋庆中著，同上，第243页。

《红楼梦》后四十回文字是否拙劣

雪森著，同上，第350—360页。

从书内外人物的思想行为看后四十回的作者

刘可滇著，载《红楼研究》，2011年第3期，第14—18页。

《红楼梦》后四十回叙事的意脉

郑铁生著，载《红楼梦学刊》，2011年第5期，第193—206页。

红楼梦程甲本探究——纪念《程甲本刊行220周年学术研讨论文集》

北京曹雪芹学会编，当代中国出版社2012年5月版。

红学论战：驳程伟元、高鹗续书说

朱眉叔著，辽海出版社2017年4月版。

《红楼梦》后四十回的作者究竟是谁？

刘丁远著，载《中国西部首届红楼梦学术研讨会论文集》（2018年12月8日）第121—128页。

后　记

　　历史的光影是珍贵的！但随着时代风云的变幻又常常出现被遮蔽或被扭曲！作为《红楼梦》流传史上作出重大贡献的程伟元一生的遭际恰恰证明了这一点！或许心存此念，自二十世纪七十年代中后期之后，我一直在追踪有关程伟元的生平资料，并取得了许多意想不到的收获。1985年，我曾计划将所搜罗的相关资料和几位学者的研究论文编述一集，工作完成之后遇到了出版上的困难，最终希望落空了。那之后的一段时间里，我的兴趣转移到其他方面，偶尔碰到相关的资料只是抄录一纸，塞到资料袋中收藏起来。直到九十年代之后，我才把封存的资料打开，抽出一些来写一些长长短短的小文章，发表在各种红学刊物上，后来把这些文章收录在《梦香情痴读红楼》等集子中。但在我的心底，总希望有一天能够静下心来，将沉睡多年的想法付之笔端，公诸于世，与广大读者共同分享我的快乐。

　　恰逢辛卯年是世传程甲本刊印220周年，于是我下定决心完成程伟元生平资料的整理工作，并将我对这批资料的初步研究心得写出来。从7月间开始，我放弃了所有学术活动的邀请，经过几个月的时间终于完成了初稿、修改稿到最后的定稿。至今还记得，当我即将把这部浸透着痴情追寻的书稿送到出版社的时候，心情格外激动。我希望这本小书的问世能够给广大读者带来乐趣，给那些一直关注着程伟元身世、贡献的研究者们提供一些有益的思考。我清醒地知道，有关程伟元的生平资料搜罗有赖更多的朋友参与，如俗言"众志成城"，方能实现真正地还历史一个公道，还程伟元一个清白！这是我写作本书的一点小小的心愿，也是我的真正目的！

为了广泛征求学界友人的批评指正，本书成稿后自费印了二百册分赠朋友。其后，陆续收到许多朋友的来信，指出许多排印中的错误之外，还对援引史料的错讹提出修订意见。岁月匆匆，几年间因杂事蝟集而搁置至今，对读者的期待深感愧疚！

近日得宽余，重检旧稿改谬订讹增补遗漏后交纪麟思学友帮助安排出版事宜。今蒙中国文史出版社允以出版，谨申谢忱！

本书初稿、修改稿都是由小女力元协助整理和输入电脑，并担负了校对与初排工作。顾斌、殷鑫二位小友在繁忙的工作之余，承担了部分定稿的输入和校对，均在此一并表示谢忱。文友张胜利、纪麟思女史曾对拙稿提出了许多建设性的意见，我都认真地拜读、采纳。对无私地支持与鼓励我的家人和朋友们，我将永远铭记心扉！

愿本书浓浓的墨香带给你温馨，也给你送来一片思考的新天地！

略记往事以作"后记"。

胡文彬

己亥端月于古月山房